기초자산 디지털화와 증권시장 혁신

블록체인과 증권

| STO를 위한 증권실무와 법제 |

김종현 · 이승준 공저

박영사

프롤로그

01 논의의 출발점에서

2023년 한 해 동안 토큰증권은 세인의 이목을 집중시키며 증권가의 화제로 떠올랐다. 블록체인 기술과 증권이 만나면서 새로운 상품에 목말라하던 업계는 앞다투어 시장 선점을 위한 경쟁에 나서고 있는 모습이다.

정부 당국도 시장의 요구에 부응하여 기술혁신의 변화를 수용하고 새로운 증권상품을 발굴하고자 2023년 2월 '토큰증권 발행·유통 규율체계 정비 방안'을 발표하였고, 국회에서도 관련 전자증권법 개정안과 자본시장법 개정안을 발의한 바 있다.

외관상으로는 토큰증권 수용이 활발하게 진행되는 듯 보였지만, 그 진행에 앞서서 깊이 있는 논의와 연구가 아직 부족하다는 지적이 있고 정리도 완벽하지 않다는 의견이 존재한다.

준비 단계에 이러한 지적과 의견에 대한 문제점을 바로 잡지 않고 곧바로 제도를 시행할 경우, 운영상의 비효율과 논란이 지속될 가능성이 높다. 다소 부족할 수 있지만 공저자들은 이 책을 통해서 토큰증권 수용에 필요한 기준들을 제시하고 쟁점이 될 만한 부분을 살펴봄으로써 토큰증권이 우리 시장에 순조롭게 도입되고, 새로운 시장의 성장동력으로 자리하는 데 조금이나마 보탬이 되었으면 한다.

02   토큰증권은 과연 무엇인가?

토큰증권은 문자 그대로 증권인데, 분산원장 기술을 사용하여 복수의 장부에 동일한 내용을 중복하여 기재하는 기술상의 특성으로 인해 기존의 증권에 적용하던 기술과는 뚜렷하게 구별되는 전자증권의 한 유형에 해당한다.

토큰증권은 블록체인 기술과 분산원장 기술을 적용한다는 점에서 전통적인 IT 기술을 적용한 기존의 전자증권과 구별되지만, 해당 기술을 적용하였다고 해서 증권으로서의 본질이 변하는 것은 아니다.

2019년 9월에 시행된 전자증권제도는 어떠한 IT 기술을 전자증권에 사용해야 한다는 내용을 담고 있지 않은데 증권이라는 상품이 아무리 다른 기술을 사용한다고 해도 증권은 단지 증권일 뿐이며 특정의 증권이 담고 있는 권리 내용이 변경되지는 않기 때문이다.

다만 블록체인 및 분산원장 기술을 사용하게 되면, 기존의 전자증권과는 거래 내용을 기록하는 방식과 장부의 구성 체계가 다르므로 그에 걸맞게 전자증권법의 내용을 변경해 줄 필요가 있다.

이와 관련하여 증권의 장부에 관한 법적 근거와 효력, 절차 등을 전문적으로 취급하는 기관이 시장에 흔치 않고 워낙 낯선 영역이기도 해서 관련한 내용을 상세하게 담아내는 책이 아직 출간되지 않았기 때문에, 이 책을 통해서 토큰증권을 증권 실무자의 관점에서 체계적으로 이해하고 다양한 핵심 이슈들에 대해서도 살펴 보고자 한다.

03 토큰증권의 오해와 이슈들

토큰증권에 대해 오해가 있거나 정리가 필요한 주제는 매우 다양하지만, 토큰증권도 결국은 증권이라는 본질을 그대로 수용하고 증권으로서 기능하기 위한 요건들을 제도의 실제 작동 원리에 맞게 적용한다면, 앞으로 예상되는 시행착오들을 어느 정도는 사전에 방지하거나 줄일 수 있을 것으로 기대한다.

이 책의 중심적 생각은 블록체인이 증권시장의 새로운 기회가 될 것이라는 점에 깊이 공감하며 실제로도 블록체인이 시장에 불러올 몇 가지 혁신적인 변화를 진심으로 고대하고 있다.

다만 블록체인 기술을 증권시장에 성공적으로 도입하기 위해서는 블록체인의 일부 특성에 대해 사고를 전환해야 하는 측면도 있고, 현행 증권 관계 법규도 블록체인의 기술적 특성을 제대로 반영하기 위한 변화가 일부 필요하다는 것이다.

그러나 이러한 논의의 중요한 출발점은 아마도 토큰증권과 관련한 개념이나 용어 등 기준을 먼저 정비하고, 그 토대 위에 블록체인 기술과 증권 실무 적용을 위한 법과 제도를 만들어 가는 것이라 할 수 있다.

용어와 관련된 오해의 한 예로 '증권형 토큰'이라는 용어는 증권에 토큰의 성격을 부여했다거나 토큰인데 증권의 성격이 있는 것이라는 의미로 해석될 수 있어서 증권이 아닌 다른 것으로 받아들이게 하는 여지가 있다. 이러한 오해에 기인하여 증권규제를 적용하지 말아야 한다거나 대폭 완화해야 한다는 주장으로 이어져서는 곤란할 것이다.

이 밖에 이슈가 예상되거나 정리가 필요한 부분이 증권성 판단, 익명성, 탈중앙성, 개인키, 메인넷의 형태, 합의 알고리즘, 처리 속도, 법적 장부의 구조, 적용 대상 증권, 스마트 컨트랙트(Smart Contract) 등 매우 다양한데, 현재까지 주어진 조건에 맞추어 최대한 살펴볼 계획이다.

04 블록체인 기술이 증권의 영역에 들어오면

블록체인 기술을 이용한 가상자산 시장은 기술의 혁신성을 기반으로 기존 금융규제를 우회하며 2010년대 이후 빠르게 성장해 왔다. 하지만 가상자산에 대한 제도적 미비로 인해 적절한 규제도 없이 사기적 거래나 불법적인 자금세탁의 수단으로 활용되는 등의 문제점을 드러냈다.

현재 우리 정부는 가상자산 시장에서의 문제점에 대응해 증권성 인정 여부에 따라서 가상자산과 토큰증권으로 나누어 규율하는 방향으로 제도를 정비해 가고 있다.

증권성이 인정되지 않는 가상자산에 대해서는 2021년 특정금융정보법 개정을 기초로 자금세탁 방지 및 가상자산사업자와 관련한 기본적인 규율을 도입하였고, 이어 2단계 입법을 통해 가상자산을 규율할 계획이다. 그에 따라 2023년 6월 투자자 보호를 중심으로 하는 1단계 입법인 가상자산이용자보호법(가상자산 이용자 보호 등에 관한 법률)이 통과되어 2024년 7월 시행되었다.

증권성이 인정되는 토큰증권에 관해서는 금융위원회가 2023년 2월 6일 '토큰증권 발행·유통 규율체계 정비 방안'을 통해 자본시장법과 전자증권법의 적용 방침을 밝혔다.

하지만 아직 가상자산제도와 토큰증권제도의 규율이 제대로 정비되지 않아, 우리나라 디지털자산 시장에는 여전히 잘못된 이해와 혼란이 남아 있다.

가상자산업계와 토큰증권업계에서는 시장에 대한 강한 규제가 해당 산업과 기술의 발전을 위축시킨다며 규제 완화를 요구하고 있지만, 금융시장의 안정과 투자자 보호에 대한 책임이 있는 금융당국의 입장에서는 복잡하고 난해한 블록체인 기술의 특성에 대한 확신이 없는 채로 가상자산과 토큰증권에 대하여 섣불리 기존 금융시장보다 완화된 규제를 적용하기란 매우 곤란할 것이다.

집중적인 연구와 논의를 통해 블록체인의 기술적 특성과 투자자 보호를 위한 규제에 관해 올바로 이해하고 사회적 공감대가 형성되어야 비로소 블록체인이 금융시장에 안착하고 디지털자산 시장의 한 축으로 성장하게 될 것으로 생각한다.

05 토큰증권 수용을 지켜보며

토큰증권이 신속하게 시장에 정착하지 못하는 이유는 근거법의 마련이 지연되는 측면도 있지만, 실상은 기존의 증권상품을 통한 접근보다는 비금전 신탁수익증권이나 투자계약증권과 같은 신종 금융상품에 치중하기 때문일 수 있다.

증권제도의 근간은 주식, 채권과 같은 전통적 증권이 오랜 기간 시행착오를 통해 성장과 발전을 거듭하면서 형성되어 온 것이다. 반면 비금전 신탁수익증권이나 투자계약증권과 같은 신종 금융상품의 경우 시장에서 수요가 높고 시장의 기대가 큰 측면도 있지만, 토큰증권 제도가 정비되기 전에는 혁신금융서비스를 이용해야 하고 토큰증권의 특성이 반영되지 않은 상태에서 기존 증권제도의 틀에 맞추어 발행해야 하는 등 현실 상황에서의 운영이 쉽지 않다.

만일 토큰증권에 대한 기대와 시각이, 무언가 그동안 시장에서 거래되지 않았던 새로운 자산만을 대상으로 접근한다면, 토큰증권의 도입이 더 어려워지는 상황으로 전개될 수 있다. 토큰증권 논의를 신종 금융상품에만 한정하지 않고 기존의 증권 유형까지 적극 포함하여 진행해 간다면 좀 더 안정적으로 토큰증권제도 도입이 이루어질 가능성이 있다.

한편으로 토큰증권을 별도의 법으로 수용하지 않는 한 전자증권법으로 수용할 가능성이 높은데, 현행 전자증권법의 장부구조는 토큰증권에 적합하지 않기 때문에, 토큰증권을 위해 현행과는 다른 별도의 계좌부 구조를 고려해 볼 필요가 있다. 새로운 상품이나 서비스가 시장에 도입될 때 구조적으로 맞지 않는 틀을 씌우게 되면 두고두고 문제가 될 수 있고, 사후적인 개선도 쉽지 않을뿐더러 기존의 문제를 걷어내는 것 자체가 불가능할 수가 있으므로, 도입 초기 단계부터 적용할 규제의 틀을 정교하게 검토하는 노력이 중요한 맥점이 될 수 있다.

의외로 증권에 대한 블록체인 기술 적용에 대해 무용론을 언급하는 분들을 종종 접할 수 있었는데, 블록체인의 제도권 도입이 아직은 사회적으로 이해와 공감을 얻지 못하는 정도가 상당하다는 점도 진행을 어렵게 하는 요인으로 작용하고 있어서 이를 불식시키기 위한 노력도 상당히 힘든 과정이 될 것이다.

하지만 열거한 이 모든 난관에 앞서서 가장 중요하게 고려해야 할 것은 무엇보다도 토큰증권에 대한 올바른 개념적 이해와 증권으로서 기능하는 데 필요한 법과 기술 및 실무적 기준을 명확하게 세우는 것이다. 이러한 기준들이 올바로 제시되지 않았기 때문에, 시장에서 크고 작은 논란과 시행착오가 지속되는 원인으로 작용하고 있어서 한시바삐 명확한 정리가 필요해 보인다.

06 서문을 마치며

토큰증권과 관련하여 이미 많은 시간이 흘러버렸기 때문에 앞으로 논의에 있어서만큼은 좀 더 명확한 기준을 가지고 관련 이슈들을 정리해 가야 할 것이다.

이 책의 내용은 블록체인 기술이 증권의 영역에 들어오면서 제기될 수 있는 이슈들을 최대한 열거하고, 논의의 기초가 되는 개념과 고려해야 할 기준의 정리, 법제 개선의 방향에 이르기까지 공저자들의 고민과 생각을 정리해 본 것이다.

공저자들이 정리한 내용이 다소 빈약하고 주관적 시야에 매몰되는 한계점도 분명히 존재할 것이기 때문에, 학계와 업계 등 다양한 이해관계자분들이 이 책의 내용 중에 참고할 수 있는 부분이 있다면 가급적 비판보다는 발전적인 논의와 연구에 활용하기를 희망하며, 나아가 블록체인 기술이 한때의 유행에 그치지 않고 금융시장 효율화와 디지털자산 시장 성장에 긍정적인 역할을 하게 될 것을 기대해 본다.

추천사

토큰증권 제도화를 위한 기준 제시
- 전인태, 가톨릭대 교수 겸 금융위원회 금융규제혁신회의 위원

정부는 디지털 금융 혁신을 위한 국정과제의 하나로 자본시장법 규율 내에서 STO를 허용하기로 하고 이를 위해 토큰증권 발행·유통 및 규율체계 정비를 추진하고 있다. 토큰증권이 제대로 발행·유통될 수 있도록 하는 제도 개선의 주요 이슈는 '토큰증권을 전자증권법 제도상 증권발행 형태로 수용', '직접 토큰증권을 등록·관리하는 발행인 계좌관리기관 신설', '투자계약증권·수익증권에 대한 장외거래중개업 신설' 등이다.

이와 같이 토큰증권의 발행과 유통이 현실화되었지만, 아직 토큰증권에 대한 기준이 완전하게 정립되지 않은 면이 있고 체계적이고 심도 있는 연구가 필요한 부분도 있다. 이 책에서는 저자들의 증권 관련 풍부한 실무경험과 깊이 있는 지식을 바탕으로 가상자산 및 블록체인 관련 기술과 제도를 심도 있게 연구하여 토큰증권 관련 전문성을 확보하고 이를 토대로 토큰증권의 제도화와 활성화에 필요한 기준들을 제시하고 있다. 또한 토큰증권에 대한 오해와 주요 이슈들을 살펴봄으로써 토큰증권이 우리 시장에 순조롭게 도입되고, 새로운 시장의 성장동력으로 자리 잡는 데 크게 기여하게 될 것으로 기대된다.

한국 토큰증권시장 활성화의 지침서

– 펀헤이븐 대표 김도형

한국의 토큰증권시장이 활성화되는 중요한 시기에, '블록체인과 증권'은 이 분야에 꼭 필요한 지침서이다. 이 책은 자본시장 인프라, 블록체인 기술, 가상자산 및 토큰증권에 대한 깊이 있는 이해를 제공하며, 독자들이 이 분야의 기본을 튼튼히 다질 수 있도록 설계되었다. 저자들은 자본시장, 기술, 법의 복잡한 교차점에서 발생하는 중요한 이슈들을 깊이 있고 명확하게 풀어내며, 블록체인 금융 산업에 미치는 혁신적인 영향력을 정확히 분석하였다.

'블록체인과 증권'은 지적 정보를 넘어서, 새로운 사업 기회를 모색하고, 혁신적인 사업 모델을 구상하는 데 필요한 사고의 기반을 마련해준다. 특히, 한국의 토큰증권시장에 관심 있는 법률 전문가, 기업가, 학자 그리고 사업가들에게 새로운 가능성을 체계적으로 탐색할 수 있도록 기회를 제공하여 준다.

이 책은 블록체인과 자본시장에 새롭게 입문하는 이들에게도, 이미 경험이 있는 전문가들에게도 통찰력 있는 가이드가 될 것이다. 한국의 토큰증권시장이 떠오르는 이 시점에서, 새로운 사업적 상상력을 키우고, 미래의 혁신 금융을 선도할 준비가 되어 있는 이들에게 필독서로 강력히 추천한다.

실무경험에 바탕을 둔 토큰증권 해석

– 세종텔레콤 부사장 박효진

2019년 겨울 무렵 STO(증권형 토큰) 사업 도전을 시작할 때 한국예탁결제원 분들과 금융위원회 회의실에서 테이블을 두고 마주 앉은 경험이 있습니다. 그때 우리나라에서는 법 개정 없이 STO를 사업화하기는 불가능하기에 많은 우려와 반대에도 불구하고 기존 전자증권법도 준수하며 분산원장 방식도 활용하는 미러링 방식이라는 다소 비효율적 방법으로 우선 특례를 받아 부산 블록체인 규제자유 특구 내에서 증권을 토큰과 연동한 부동산 조각투자 사업을 수행하게 되었습니다.

이제서야 토큰증권에 대한 사회적 분위기가 무르익고 법 개정 절차가 진행되고 있는 지금 토큰증권에 대한 여러 의견과 해석이 분분합니다.

특구사업을 수행하며 알게 된 한국예탁결제원의 김종현 부장님과 이승준 변호사님은 이런 토큰증권에 대한 혼잡한 해석과 의견에 대하여 그분들의 전문적인 지식과 실무경험을 바탕으로 보다 명확한 법리적 해석과 방향을 제시하여 개인적으로 많은 영감을 얻어 사업 수행에 참고하기도 하였습니다.

이 책은 토큰증권에 대한 기술적 이해는 물론 발행과 유통 프로세스상의 권리관계에 대한 폭넓은 이해와 새로운 제도화에 대한 통찰력을 제공합니다. 또한 규제에 대한 우려와 함께 토큰증권의 발전을 위한 방향성을 제시하여 토큰증권 분야의 전문가뿐만 아니라 일반 독자들에게도 유익한 정보를 제공할 것으로 생각됩니다.

특히 금융위원회의 토큰증권 가이드라인에 대한 이 두 분의 연구 깊이가 상당하며, 규제와 혁신 사이의 균형을 잡는 과정에서 토큰증권의 잠재력과 가능성을 탐구하고 금융 분야의 변화를 이해하고자 하는 분들에게 이 책을 추천합니다.

시장 발전과 투자자 보호의 균형을 찾으려는 시도

– 경북대 법학전문대학원 교수 정대익

2009년 비트코인의 출현으로 인류는 새로운 유형의 재화를 경험하고 있다. 새로운 재화의 출현 시 상당 기간 혼란과 불안정을 겪은 후 제도적으로 안착하는 과정을 우리는 역사적 경험을 통해 이미 알고 있다.

2023년 유럽연합이 암호자산시장법(MiCAR)을 통과시켰고, 2024년 미국은 비트코인의 실물 상장지수펀드(ETF) 편입을 법적으로 승인함으로써 가상자산의 제도적 편입은 이제 거스를 수 없는 대세가 되었다.

디지털자산에 대한 정확한 이해와 평가를 바탕으로 디지털자산의 순조로운 제도화와 합리적 투자 문화가 정착되어야만 디지털자산을 둘러싼 부작용을 줄이고 시장의 건전한 발전을 통해 디지털자산의 편익을 모든 시장참여자가 공유할 수 있다.

현재 시장에는 다수의 디지털자산 관련 서적이 난무하고 있는데, 특정 부분만 강조하거나 지나치게 전문적 내용으로 가득하거나 혹은 지나치게 입문적 수준의 서적들이 대부분이다. 디지털자산에 대해 일정한 수준이 담보된, 정확한 지식을 전달하는 책이 필요한 시점에 공저자 2인이 실무적 경험을 토대로 오랜 시간 담금질하여 전문성과 가독성을 동시에 갖춘 디지털자산에 관한 길라잡이 역할을 할 책이 출간된다는 기쁜 소식을 들었다.

독자의 입장으로 책의 내용을 살펴보니, 이 책은 가상자산의 기술적 기초인 블록체인, 토큰증권의 성격, 토큰증권 투자자 보호, 토큰증권에 대한 권리자 확정과 권리 행사, 토큰증권 관련법 개정안, 토큰증권의 미래에 대한 전망 등 토큰증권을 종합적으로 이해하는 데 꼭 필요한 주제를 모두 다루고 있다. 디지털자산의 모습(fact)과 디지털자산에 대한 규범(norm)을 동시에 다루고 있어 디지털자산의 참모습을 전달하고, 왜, 어떠한 디지털자산 규제가 필요한지를 설득력 있게 설명하고 있다.

이 책은 가능한 쉬운 용어로 디지털자산에 대한 이해를 돕고 있으며, 전자증권제도의 안착에 관여한 실무적 경험을 바탕으로 토큰증권 규제의 문제점을 지적하고 개선안을 제시한 점이 특히 돋보인다. 디지털자산에 대한 근거 없는 오해와 불신에 대해서는 해명하고, 디지털자산에 대한 지나친 낙관과 느슨한 태도에 대해서는 비판을 회피하지 않은 점도 눈여겨볼 만하다.

특정금융정보법 개정과 가상자산이용자보호법 제정을 통해 가상자산에 관한 1단계 입법만 완료한 한국은 가상자산에 대한 법규 제정에 있어서 first mover는 아니며, 2단계 입법을 통해 가상자산에 관한 입법을 조속히 완성해야 하는 중대한 과제를 앞두고 있다.

이 책이 강조하듯이 한국은 디지털자산 산업의 발전과 투자자 보호 및 디지털자산 시장의 건전성 확보라는 목표를 동시에 달성할 수 있는 합리적인, 종합적 디지털자산 법규를 완성해야 하는 중대한 지점에 서 있다. 전대미문의 새로운 재화인 디지털자산에 대한 입법은 무에서 유를 창조하는 것과 같은 어려운 과정이며, 증권과 재산권에 관한 전통적 지식과 새로운 재화의 특성을 반영한 창의적이고 진보적인 지식이 결합해야만 소기의 성과를 거둘 수 있다. 이 책은 전통적 증권과 전자증권에 대한 철저한 이해를 기초로 디지털자산의 특성에 부합하는 규제를 모색하고, 디지털자산 시장의 발전과 투자자 보호의 균형을 찾으려 시도한 점에서 이상적인 집필 방향을 보여주고 있다.

공저자가 심혈을 기울인 이 책이 이미 제정된 가상자산 관련 법규의 보완점을 발견하고 가상자산을 포함하여 디지털자산 법규의 완성

시 시행착오를 줄이는 데 도움을 줄 수 있기를 바란다.

　　디지털자산의 제도적 안착을 희망하는 사람으로서 출간의 기쁨을 함께 나누고 독자들에게 일독을 강력히 권한다.

CONTENTS

Part 4

토큰증권의 권리 공시하기
권리이전 관점에서의 토큰증권(민법, 상법, 전자증권법)

Part 5

토큰증권의 법적 장부와 증권 실무

Part 6

토큰증권 정비 방안과 관련 법 개정안 분석

Part 7

토큰증권의 미래

Part 1

토큰증권의 등장과 블록체인 기술

토큰증권의 출발점

1.1 가상자산의 증권성 논란

　최근 가상자산에 대한 증권성 논란은 전 세계 가상자산 시장에서 돌풍의 중심이었다. 논란이 이어지면서 미국 증권거래위원회(SEC)는 2017년 초 'The DAO'[1]에 대한 증권규제 이후 2019년 디지털(암호 또는 가상)자산[2]에 대한 증권규제 가이드라인인 'Framework for "Investment Contract" Analysis of Digital Assets'를 발표하고, 2020년 미등록 증권 공모를 통해 13억 달러 이상을 모금한 혐의로 XRP 토큰의 배후에 있는 리플랩스를 고소하는 등 디지털자산 시장에 대해 지속적인 증권법 규제를 취하고 있었다.

　그러던 중 2021년 디지털자산 시장에 대해 적극적인 증권규제를 주장하는 게리 겐슬러 전 MIT 교수가 SEC 위원장으로 임명되면서 디지털자산 시장에 대한 증권규제가 본격화되었다.

　SEC는 2022년 디지털자산 관련 사건을 담당하는 사이버 부서의

1　DAO(Decentralized Autonomous Organization; 탈중앙화 자율 조직)는 탈중앙화된 자율 조직을 나타내는 용어로서 블록체인 기술과 스마트 계약을 기반으로 작동하는 조직을 의미한다. DAO는 중앙화된 중앙 집권적 조직 구조 대신 분산된 네트워크를 통해 의사결정 및 운영을 수행된다. The DAO는 2016년 만들어진 이더리움 블록체인상의 스마트 계약을 기반으로 한 투자 및 운영을 위한 자금을 조달하고 운영할 목적의 탈중앙화된 자율 조직 투자 플랫폼이다.

2　미국에서 증권거래위원회 등이 사용하고 있는 디지털자산이라는 용어는 토큰증권 또는 가상자산을 포괄하지만 여기서는 암호화폐에 관한 내용에 해당하여 암호자산(Crypto Asset) 또는 가상자산(Virtual Asset)의 의미로 사용된다고 볼 수 있다(Part 1의 5. 토큰증권 관련 개념의 이해 참고).

규모를 거의 2배 가까이 늘리고[3] 디지털자산에 대한 규제를 강화하여 2022년에만 30건에 달하는 조치를 취했으며,[4] 특히 테라-루나 사태와 FTX 사태가 발생하면서 디지털자산 시장이 두 차례 폭락하는 충격을 겪자, SEC는 증권법 규제를 이용해 관련자들의 책임을 묻고자 하였다. 이처럼 디지털자산에 대한 증권규제가 본격화되면서 SEC의 규제 향방에 따라 디지털자산 시장은 요동쳤다.

SEC의 디지털자산거래소 기소

SEC의 디지털자산에 대한 증권규제는 세계 최대 디지털자산거래소인 바이낸스와 코인베이스에 대해 소송을 제기하면서 정점을 찍었다. 미국증권거래위원회(SEC)는 2023년 6월 5일 세계 최대 암호화폐자산거래플랫폼인 Binance.com을 운영하는 Binance Holdings Ltd.('Binance')를 상대로,[5] 2023년 6월 6일에는 Coinbase를 상대로 증권법 위반 혐의를 내용으로 하는 소송을 제기했다.[6]

SEC의 두 가상자산거래소에 대한 소송으로 인해 시가총액이 가장 큰 두 암호화폐인 비트코인과 이더리움은 기소 이후 10일 동안 약 10%가 하락했으며, 같은 기간 동안 전 세계 암호화폐 시가총액 또한 약 10%가 감소했다. 특히, 같은 해 6월 초부터 SEC가 바이낸스와 코

---

3 SEC Press release, SEC Nearly Doubles Size of Enforcement's Crypto Assets and Cyber Unit(2022-78), Washington D.C., May 3, 2022, https://www.sec.gov/news/press-release/2022-78.

4 Cornerstone Research, SEC Cryptocurrency Enforcement: 2022 Update, 2023, https://www.cornerstone.com/wp-content/uploads/2023/01/SEC-Cryptocurrency-Enforcement-2022-Update.pdf.

5 SECURITIES AND EXCHANGE COMMISSION, SEC Files 13 Charges Against Binance Entities and Founder Changpeng Zhao(2023-101), June 5, 2023, https://www.sec.gov/news/press-release/2023-101.

6 SECURITIES AND EXCHANGE COMMISSION, SEC Charges Coinbase for Operating as an Unregistered Securities Exchange, Broker, and Clearing Agency(2023-102), June 6, 2023, https://www.sec.gov/news/press-release/2023-102.

인베이스를 상대로 한 소송에서 증권으로 지목된 19개 가상자산이 눈에 띄게 하락했다.

리플 판결

그러나 2023년 7월 13일 리플 소송에서부터 상황은 반전되었다. 2020년 12월 SEC가 리플랩스(Ripple Labs, Inc.)의 가상자산 'XRP'가 증권법을 위반했다며 리플랩스에 대해 소를 제기하면서 시작된 리플랩스와 SEC 간의 소송에서 2023년 7월 13일, 뉴욕 남부지방법원은 약식판결을 통해 리플랩스가 기관투자자에게 XRP를 판매한 행위는 증권이지만, 그 외 거래소 또는 알고리즘을 통해서 XRP를 개인투자자들에게 판매한 행위는 증권이 아니라고 판단하였다.[7] 이 판결에 따라 XRP는 당일에 96% 급등하였고 SEC가 미등록 증권으로 간주했던 토큰들도 일제히 큰 폭의 가격 상승을 나타냈다.

이처럼 2023년 한 해 동안 전 세계 가상자산 시장은 SEC의 증권규제와 그 결과에 따라 희비가 교차했다.

1.2 화제의 토큰증권

가상자산의 증권성 논란과 SEC를 중심으로 한 금융당국의 증권규제 적용이 가상자산 시장에 돌풍을 일으키던 와중에 토큰증권은 증권가에서 뜨겁게 떠오르는 화제가 되었다.

토큰증권은 해외에서 먼저 주목이 되고 있었다. 세계 최대 자산운용사인 블랙록(Black Rock)의 래리 핑크(Larry Fink, Laurence Douglas

---

7 Securities and Exchange Commission v. Ripple Labs, Inc., Bradley Garlinghouse, and Christian A. Larsen, 20 Civ. 10832 (AT), United States District Court Southern District of New York, July 13, 2023.

Fink)는 2022년 11월 30일 뉴욕 타임즈와의 인터뷰에서 "시장의 다음 세대, 증권의 다음 세대는 증권의 토큰화라 믿는다(I believe the next generation for markets, the next generation for securities, will be tokenization of securities)."라고 말한 바 있다.[8]

미국에서는 tZero, Polymath와 같은 플랫폼이 토큰증권의 발행 및 유통을 위한 인프라를 제공하기 시작하였으며, 일찍부터 부동산과 예술작품 등을 기초로 한 토큰을 거래했다. 한편 스위스, 싱가포르, 홍콩 등에서는 입법이나 정책을 활용해 토큰증권을 위한 제도적 지원을 시행하고 있다.

국내에서는 토큰증권과 관련한 정부 정책이 발표되면서 토큰증권에 대한 관심이 불타오르기 시작했다. 금융위원회가 2023년 2월 '토큰증권 발행·유통 규율체계 정비 방안'[9]을 발표한 데 이어 7월에는 국회에서 의원 입법 형식으로 토큰증권 도입을 위한 자본시장법 개정안과 전자증권법 개정안이 발의되었다.

금융위원회가 토큰증권 정비 방안을 발표하면서 토큰증권에 대한 제도화가 가시화되자 증권가는 토큰증권시장을 선점하기 위해 발 빠르게 움직였다. 토큰증권이 앞으로의 증권시장을 이끌어갈 새로운 기회가 되리라는 희망을 품고 증권회사는 물론 일반의 금융회사와 조각투자 사업자, 블록체인 기술회사 등 다수의 기관이 토큰증권 사업에 선제적으로 투자하고, 사업 기회 모색과 시장 확보를 위해 활발하게 연합체 구성을 진행해 갔다.

그와 함께 다양한 기관에서 토큰증권시장의 성장에 대해서 밝은 전망을 예상하였다. 보스턴 컨설팅 그룹(BCG)과 싱가포르 토큰증권

---

8 New York Times Events, BlackRock C.E.O. Larry Fink on ESG Investing, [비디오]. 유튜브. 2022.12.1., https://www.youtube.com/watch?v=PSVpth7uqb4.

9 이하 '금융위원회 정비 방안' 또는 '토큰증권 정비 방안'이라 한다.

플랫폼인 ADDX가 함께 작성한 보고서에 따르면, 자산의 토큰화 규모가 2030년까지 전 세계 GDP의 10%인 16조 1,000억 달러에 달할 것으로 예상했다. 이 보고서는 또한 같은 기간 동안 토큰증권 총발행 규모가 4조 달러 이상에 달할 것으로 추정했다.[10]

홍콩의 컨설팅 회사인 Quinlan and Associates의 보고서에 따르면, 전 세계 토큰증권의 상장 거래량은 2030년까지 162.7조 달러로 증가하고, 같은 기간 동안 토큰증권의 총발행량은 4조 달러가 넘을 것으로 예상했다.[11]

하나금융경영연구소는 보스턴 컨설팅그룹에서 발표한 시장 전망을 토대로 우리나라의 토큰증권시장 규모를 추정한 결과, 2024년부터 토큰증권 발행과 유통이 시작된다면 첫해 시가총액은 34조 원 수준일 것으로 예상했으며, 2026년에는 세 배가 늘어난 119조 원까지 커지고, 2030년에는 367조 원에 달할 것으로 전망했다.[12]

1.3 토큰증권의 이슈들

토큰증권과 관련하여 국회와 정부가 움직이고 증권가와 사업자들이 잰걸음을 보이면서, 시장의 이목이 토큰증권에 집중되고 여러 긍정적인 전망과 함께 대체로 환호하는 분위기가 형성됐다.

하지만 정부의 토큰증권제도 발표에 대해 일부 이해관계자들 사이에서는 의문도 제기됐다. 그들이 볼 때 블록체인을 통해 토큰으로

---

10 ADDX, BCG, Relevance of On-chain Asset Tokenization in 'Crypto Winter', SEPTEMBER 12, 2022, https://www.bcg.com/publications/2022/relevance-of-on-chain-asset-tokenization.

11 Quinlan and Associates, Cracking The Code: The Outlook for Digital Securities, February 14, 2022, https://www.quinlanandassociates.com/cracking-the-code-the-outlook-for-digital-securities.

12 하나금융경영연구소, (하나Knowledge+) 토큰증권 시대의 개막, 2023.2.24. http://www.hanaif.re.kr/boardDetail.do?hmpeSeqNo=35581.

증권을 거래하는 경우 별다른 문제가 없어 보이는데, 금융위원회가 어떤 연유에서 토큰증권과 관련한 제도를 만드는지 의문점이 생기는 것이었다.

위와 같은 의문이 일어나는 한편으로, 업계에서 지속하여 오해가 발생하는 부분이 있는데, 바로 '증권형 토큰'이라는 용어가 그중 하나이다. 금융위원회가 토큰증권 정비 방안을 발표하기 전에는 증권형 토큰이라는 용어가 많이 사용되었다. 이 용어는 증권에 토큰의 성격을 부여했다거나 토큰인데 증권의 성격이 있는 것이라는 의미로 해석될 수 있어서 증권이 아닌 다른 것으로 받아들이도록 하는 오해의 여지가 있었다.

어떠한 제도의 도입 초기에 개념이나 용어에 관한 의미가 제대로 정리되지 않는 경우, 이후에도 계속해 문제의 원인으로 작용할 수 있으므로 명확한 정리가 선행될 필요가 있다.

그 외에도 향후 토큰증권의 수용과정에서 오해와 논란이 될 수 있는 사안들이 있는데, 예를 들자면 증권성 판단, 블록체인의 익명성, 탈중앙성, 개인키, 메인넷의 형태, 합의 알고리즘, 처리 속도, 법적 장부의 구조, 적용 대상 증권, 참가자 자격(요건), 발행과 유통, 권리행사와 결제, 스마트 컨트랙트, 투자자의 참가 방식, 개방형 토큰의 증권 수용 등 매우 다양한 주제들이 있다.

이 책은 토큰증권의 본질과 제도화에 관한 내용들을 다룬다. 구체적으로는 토큰증권의 제도화를 중심으로 이야기를 전개하면서 앞서 언급한 블록체인과 증권의 경계선상에 놓여있는 이슈들을 연결하며, 토큰증권을 둘러싼 다양한 의문들을 풀어갈 예정이다.

공저자들은 토큰증권을 바라보는 여러 관점을 증권 법제와 실무에 비추어 체계적으로 정리하는 것을 목적으로 작업을 진행했다.

다만 이 책은 공저자들의 순수한 시각에서 토큰증권에 대한 이해를 넓히고자 작성하였음에 따라, 2023년 정부의 토큰증권 정비 방안이나 같은 해 발의된 전자증권법 및 자본시장법 개정안과는 다른 방향의 접근과 내용이 존재한다.

　먼저 이 장에서는 이러한 토큰증권이 왜 등장하게 되었고, 분산원장과 블록체인 기술의 특징이 무엇인지에 관해 알아본다.

비트코인의 등장과 디지털자산 시장의 성장

2.1 비트코인의 등장

비트코인은 2009년에 사토시 나카모토에 의해 쓰인 '비트코인: 개인 간 전자화폐 시스템(Bitcoin: A Peer-to-Peer Electronic Cash System)'이라는 논문에 기반하여 개발되었다.

사토시 나카모토는 이 논문에서 블록체인 기술을 활용하여 거래기록을 담은 장부를 서로 다른 컴퓨터에 분산 저장하고, 암호화와 검증을 통해 장부를 조작 또는 변경하기 어렵게 하는 분산원장 시스템을 제안했다. 이 논문에 근거하여 만들어진 비트코인은 분산원장 기술인 블록체인을 기반으로 네트워크 구성원이 자발적으로 분산원장을 구성하고 데이터를 검증하여 중앙관리기관이 없는 거래를 허용하는 특징을 가지게 되었다.

비트코인은 블록체인과 암호화 기술을 활용하여 거래의 투명성과 안전성을 제공한다. 게다가 중앙은행과 같은 중앙기관에 의존하지 않기 때문에 환율 변동, 국가에 의한 통화정책이나 재정정책 등에 제약을 받지 않는 특성으로 인해 시간이 지나면서 글로벌 경제 시스템에서 자유롭게 거래하고 투자하는 가치 저장 수단으로 인식되기 시작했고, 투자자들 사이에서 인지도와 수요가 꾸준히 증가했다. 그 결과 비트코인의 가치도 꾸준히 상승하여 2024년 2월에는 시가총액 약 8,500억 달러(약 1,150조 원)에 가까운 디지털자산으로 성장하기에 이르렀다.[13] 이러한 비트코인의 영향으로 인해 이더리움(Ethereum), 리플(Ripple) 등 비트코인과 유사한 원리로 작동하는 알트코인(대체 코인)들이 속속 등장하였다. 다양한 알트코인들이 생겨나면서 가상자산 시장은 더욱 급격하게 성장했고, 알트코인 개발로 자금을 모집하는 ICO(가상화폐공개)로 발전했다.

ICO는 Initial Coin Offering의 약자로, 가상자산 개발사가 제안하는 프로젝트에 근거한 토큰을 대중에게 판매(발행)하여 자금을 조달하는 것이다. ICO를 통해 가상자산 개발사는 투자자들에게 암호화폐 토큰을 판매함으로써 자금을 조달할 수 있게 되었다.

ICO가 때로는 투자자들에게 큰 이익을 안겨주기도 했지만, ICO 등장 초기에는 적절한 규제가 적용되지 않아 투자 위험성이 제대로 설명되지 않았고 사기성 프로젝트들로 인해 많은 투자자에게 손해를 입히기도 했다.[14]

2.2 가상자산 규제 움직임

이러한 ICO의 문제로 인해 각국은 다양한 방식으로 ICO를 규제하기 시작했다. 중국은 2017년 9월 중국 국무원 산하 '인터넷금융위험 판공실'을 통해 ICO를 금지하였고, 그로 인해 중국 기반의 프로젝트들은 다른 국가로 진출하거나 토큰발행을 중단해야 했다.

유럽연합에서는 유럽증권시장감독청이 2017년 ICO에 대한 투자자[15] 및 기업[16]에 대한 경고를 내놓았고, 2019년 1월 ICO 및 암호

---

13 2024년 2월 3일 CoinMarketCap 기준.
14 Part 3의 2. 디지털자산 시장과 증권시장의 투자자 피해 참고.
15 ESMA, ESMA alerts investors to the high risks of Initial Coin Offerings (ICOs), 13 November 2017.
16 ESMA, ESMA alerts firms involved in Initial Coin Offerings (ICOs) to the need to meet relevantregulatory requirements, 13 November 2017.

화폐 자산에 대한 조언(Advice)[17]을 발표했다. 이 조언에서 대중에게 공개되는 ICO가 양도 가능 증권에 해당하게 되면 투자설명서 규제 (prospectus rules)를 적용해야 하고, AML(자금세탁 방지) 및 CFT(테러 자금 조달 방지) 규제 조치를 해야 하며, 투자자들이 자금을 투자하기 전 적절한 위험 공시 요건을 마련해야 한다고 주장했다. 이에 기초해서 각국은 자체적으로 ICO에 대한 규제를 수행하고 있다.

또한 2019년 EU 차원에서 가상자산 고유의 투자자 보호 규제를 내용으로 하는 MICA(Market in Crypto Asset Regulation)를 발의하였는데, 이 법안은 2023년 유럽의회를 통과하여 2024년 7월 18일부터 시행 되었다.

한편 미국은 2017년 증권거래위원회(SEC)가 ICO를 통한 토큰발 행에 대해 증권법상 규제를 적용하기 시작했다. SEC의 규제는 토큰이 증권으로 분류될 수 있는지를 평가하고, 필요한 경우 증권 등록을 요 구하거나 규제 조치를 가했다.

The DAO 사건과 HOWEY TEST

SEC의 가상자산 규제는 The DAO 사건[18]에서 본격적으로 시작됐 는데, 이 사건을 계기로 SEC는 The DAO Report[19]를 발간하여 DAO 토큰이 증권으로 분류될 수 있다고 발표하였고, 향후 ICO에 대해 규 제가 필요하다는 입장을 밝혔다.

The DAO Report에서 SEC는 연방대법원 판례에 근거한 Howey

---

17 ESMA, ESMA Advice - Initial Coin Offerings and Crypto-Assets, 9 January 2019.

18 The DAO는 ICO를 통해 자금을 모았는데, 2016년에 DAO 시스템이 해킹되어 약 3,800만 달러에 달하 는 이더리움이 탈취당했다.

19 SECURITIES AND EXCHANGE COMMISSION, Report of Investigation Pursuant to Section 21(a) of the Securities Exchange Act of 1934:The DAO, July 25, 2017.

Test 기준을 활용하여 디지털자산이 증권으로 분류되는지를 판단하였다. Howey Test는 1946년 Howey 사건에 대한 연방대법원 판례[20]에 적용된 증권성 판단 기준이다.

SEC는 2017년 The Dao 사건에서 Howey Test를 기초로 본격적인 규제를 시작하여 2018년에는 디지털자산거래소인 AirFox와 Paragon 등에 대해 불법 토큰 판매에 따른 벌금을 부과했다.[21] 또한 2019년에는 '디지털자산의 투자계약 분석 프레임워크(Framework for 'Investment Contract' Analysis of Digital Assets)'를 발표하여 Howey Test에 기초한 토큰규제를 정교화해가기 시작했다.[22] SEC는 2020년 12월 리플 소송 그리고 2022년 테라-루나 사태를 기점으로 증권규제를 강하게 추진하면서 2023년에는 바이낸스, 코인베이스 등 가상자산거래소와 솔라나 등 알트코인들에 대해 증권법 위반으로 소송을 제기했다.

토큰증권의 등장

이러한 SEC의 증권규제는 토큰증권[23]이 등장하게 되는 배경이 되었다. 각국이 ICO를 금지하자 블록체인 개발사들은 증권규제를 준수한 토큰발행을 모색하거나 블록체인을 기초로 한 증권발행을 추진하게 되었는데, 블록체인 기술에는 증권 유통 기술로서 적합한 특성도 일부 존재하기 때문이었다.

블록체인 토큰은 트랜잭션을 기본적인 기능으로 갖추고 있어서

---

20 Securities and Exchange Commission v. W.J. Howey Co., 328 U.S. 293 (1946).
21 SECURITIES AND EXCHANGE COMMISSION, Two ICO Issuers Settle SEC Registration Charges, Agree to Register Tokens as Securities(2018-264), Nov. 16, 2018.
22 SECURITIES AND EXCHANGE COMMISSION, Statement on "Framework for 'Investment Contract' Analysis of Digital Assets", April 3, 2019.
23 토큰증권 용어에 대한 설명은 Part 1의 '5.4 토큰증권의 다양한 표현' 참고.

유통성을 띠는 것이며, 합의 알고리즘의 검증 절차를 거치면서 이중 지불의 문제가 발생하지 않기 때문에[24] 토큰의 총량이 유지되는 특성으로 인해 화폐보다 증권에 적합한 측면이 있었다.

또한 증권의 보호예수[25]와 유사한 방식으로 블록체인 기술에서도 유통을 제한하는 기능인 락업(Lock-up)이나 스테이킹(Staking)이 가능하고, 스마트 컨트랙트(Smart Contract)를 통한 권리행사 등 증권에 필요한 기능을 모두 수행할 수 있어 보이기도 하였기 때문이다.

미국에서는 SEC가 ICO를 금지한 후 Harbor, tZero, Securitize, Polymath 등의 회사에서 토큰증권을 발행하였는데, 이들 기관이 토큰증권을 발행할 수 있었던 것은 통일상법전인 UCC(Uniform Commercial Code)가 기술 중립적인 증권에 관한 거래법을 Article 8에 규정하였기 때문이다.

하지만 미국을 제외한 상당수 국가는 토큰증권을 발행 및 유통하려면 관련 법률의 개정이 필요하다. 그 이유는 토큰증권을 곧바로 발행하여 유통하기에는 기존 증권제도에 법리적 한계가 있거나 기술 중립성이 떨어지는 규정으로 인해 수용에 어려움이 있기 때문이다.

다음 주제로는 우리나라의 현행 증권제도 환경에서 블록체인 도입과 관련한 어려움에 대해 살펴본다.

---

24 Part 4의 '4. 블록체인을 통해 권리를 유통하기 위한 기술상의 쟁점' 참고.
25 증권의 보호예수는 증권시장에 새로 상장되거나, 인수·합병·유상증자 등이 있을 때 일정 기간 최대 주주 등이 주식을 팔지 못하도록 한 제도이다.

현행 증권규제와 토큰증권 발행의 한계

3.1 현행 전자증권법상 전자증권과 토큰증권의 차이점

토큰증권으로 관심이 집중되던 초기에 시장 일각에서는 블록체인 및 분산원장 기술을 사용하기만 하면 곧바로 토큰증권을 전자증권으로 발행하여 유통할 수 있는 것으로 보는 시각이 있었다. 하지만 증권제도의 후선 인프라와 증권에 관한 법적 효력을 규정하는 현행의 전자증권법(2019.9.16. 시행) 체계는 블록체인 기술과 맞지 않는 부분이 존재한다.

우리 전자증권법에서는 전자등록 및 전자등록계좌부의 정의에 '전자적 방식의 기재'만을 규정하여 일견 블록체인 방식의 토큰증권도 현행 전자증권법으로 수용이 가능한 것처럼 보인다.[26]

하지만 블록체인이 작동하는 기술적인 방식과 비교해 볼 때, 블록체인에 전자증권법의 방식과 체계를 그대로 사용하기에는 무리가 따른다.

블록체인은 트랜잭션(양도자의 주소에서 양수자의 주소로 토큰 수량을 이전하는 거래내역)을 분산원장에 기록하는 방식이다. 반면에 현행 전자증권법은 계좌간 대체의 전자등록에 있어 양도자의 고객계좌에는 감소의 전자등록을, 양수자 고객계좌에는 증가의 전자등록을 하며, 전자등

---

26 전자증권법 제2조(정의) 3. "전자등록계좌부"란 주식등에 관한 권리의 발생·변경·소멸에 대한 정보를 전자적 방식으로 편성한 장부로서 다음 각 목의 장부를 말한다.

록기관의 고객관리계좌부에서도 증감을 기록하고, 계좌관리기관 및 전자등록기관 간에 상호 통지하도록 구체적인 절차를 정하고 있다.

증권 권리의 계좌간 대체의 전자등록과 블록체인의 트랜잭션 결과가 해석상 서로 같은 값을 나타내므로 관점에 따라 현행 전자증권법의 계좌간 대체 규정을 유추 해석하는 방식으로 우회하여 별도로 법을 개정하지 않는 방법도 생각해 볼 수 있다.

하지만 블록체인의 트랜잭션 방식을 계좌간 대체의 전자등록으로 수용한다고 하더라도 블록체인의 1-Tier 계좌구조와 현행 전자증권의 2-Tier 구조는 상호 호환되기 어렵기 때문에, 현행 전자증권법의 2-Tier 구조에 블록체인 방식을 그대로 수용하기는 어렵다.

전자증권법은 2-Tier 구조로서 증권마다 전자등록기관이 관리하는 ① 발행인관리계좌부와 ② 고객관리계좌부, ③ 계좌관리기관 자기계좌부 등 3개의 계좌부와, ④ 계좌관리기관이 관리하는 고객계좌부, ⑤ 명의개서대행회사가 계좌관리기관의 자격으로 관리하는 특별계좌부를 포함하여 총 5개의 계좌부가 유기적으로 상호작용하면서 증권의 보유내역을 기록하도록 규정되어 있다.

하지만 블록체인은 발행된 모든 토큰이 분산원장에 기록되는 것이 원칙이다. 따라서 토큰증권을 도입하기 위해서는 전자증권법을 개정하거나 토큰증권을 위한 별도의 법률을 제정해야 한다.

국내에 토큰증권에 관한 법률적 근거는 아직 마련되어 있지 않고, 관련하여 2023년 7월 의원 입법으로 발의되었던 전자증권법 개정안은 2024년 5월 29일 제21대 국회가 종료되면서 폐기되어 관련 법제·개정 논의가 제22대 국회로 넘어가게 되었다.

시장에서는 블록체인을 활용하여 신종 금융상품을 설계하거나, 비상장 증권 거래플랫폼을 구축하려는 시도가 활발하지만, 법률적 근거 마련이 지연되고 증권 관련 규제까지 유지되다 보니 섣불리 토큰증권

플랫폼 구축에 본격적으로 투자하기는 어려운 상황이다.

따라서 토큰증권 정비 방안에 따른 전자증권법 및 자본시장법이 통과되기 전까지 정부는 규제 완화의 한 방편으로 금융규제 샌드박스 등 샌드박스제도를 이용해 다수의 사업자가 블록체인을 활용해 한시적으로라도 사업을 추진할 수 있도록 지원하고 있다.

3.2 규제샌드박스제도의 한계

규제샌드박스제도는 금융위원회의 금융규제 샌드박스, 중소벤처기업부의 규제자유특구 규제샌드박스 등 총 6개 부처가 각각의 관련 법에 근거를 마련하여 시행하고 있다.

이 중 혁신금융서비스(금융규제 샌드박스)는 금융위원회가 금융혁신지원 특별법(2019.4.1. 시행)에 따라, 사업자가 신기술을 활용해 새로운 제품이나 서비스를 출시하여 시장에서 테스트해 볼 수 있도록, 일정한 기간(최초 2년, 연장 2년) 동안 관련한 규제의 전부 또는 일부를 적용하지 않는 제도이다.

혁신금융서비스로 인정받는 경우 ① 사업 또는 사업자의 인허가 등록 신고, ② 사업자의 지배구조 및 업무 범위, 건전성, 영업행위, ③ 사업자에 대한 감독 및 검사와 관련된 금융 관련 법령에 대한 규제를 완화한다. 현재 카사(2019.12.18. 지정), 루센트블록(2021.4.14. 지정), 펀드블록글로벌(2021.5.26. 지정) 등이 블록체인 기반의 혁신금융서비스로 지정받아 수익증권 발행유통 플랫폼 사업을 수행하고 있다.

하지만 법률의 개정 없이 금융규제 샌드박스만으로 토큰증권을 발행하기에는 현실적으로 여러 한계점이 존재한다. 먼저 증권의 보유 내역을 블록체인에 기록함으로써 법적 효력을 부여할 수 있도록 하는 사항은 민사법상 권리의무에 관한 사항이어서 금융규제 샌드박스를 통한 규제 완화의 대상이 되지 않는다.

즉, 공법(公法)과 사법(私法)[27]을 명확하게 분리하는 국내 법체계에서 금융규제만을 대상으로 규제를 완화하는 금융규제 샌드박스로는 민사법에 속하는 전자증권법의 규율을 완화할 수 없다. 그에 따라 증권적 권리의 권리의무에 관한 사항을 규율하는 법률인 기존 전자증권법의 개정 없이는 블록체인을 통해 증권의 보유내역을 기록하여 법률상 효력을 부여하는 것은 가능하지 않다.

현재 금융규제 샌드박스를 통해 블록체인 기반의 수익증권 발행·유통 플랫폼 사업을 진행하는 사업자들의 방식도 블록체인에 대한 기록만으로 증권의 보유내역을 관리하지 않으며, 기존 전자증권법 체계에 맞추어 블록체인에 기록된 증권의 보유내역을 데이터베이스(Database; DB) 방식인 계좌관리기관의 고객계좌부에 복제하여 현행의 법률상 효력을 부여하는 미러링 방식으로 사업을 진행하였다.

다음으로 금융규제 샌드박스를 통해 자본시장법 등의 금융규제를 전부 또는 일부 적용받지 않는다고 하더라도 금융규제 샌드박스 지정 시로부터 2년, 추가 연장 최대 2년까지 규제 완화 혜택이 주어진다. 즉 최대 4년까지만 규제 특례를 적용하는 시한부 조치이다. 따라서 혁신금융서비스로서 사업이 진행되는 동안 입법을 통해 법률적 근거가 마련되어야만 혁신금융서비스로 지정된 사업을 계속 수행할 수 있게 된다.

다시 말해 현재의 샌드박스를 통한 토큰증권서비스는 금융규제를 우회하기 위해 정부가 허용하고 있는 금융규제 샌드박스를 주로 활용하고 있으나, 금융규제 샌드박스라는 것은 관련 법이 마련되면 종료될 수밖에 없는 임시방편에 불과하다. 따라서 혁신금융서비스로 지정

---

27 Part 4의 '1. 토큰증권의 법적 효력' 중 '공법과 사법' 참고.

받았다고 하더라도 섣불리 금융규제 샌드박스에만 의존하여 사업을 수행하는 경우 어려움에 직면하게 될 수 있다.

조금 더 살펴보면, 정부 당국의 정책적 판단에 따라서 규제 완화를 위한 법 개정이 사업자에게 유리하게 이루어지지 않을 수 있고, 법제 구성의 방향에 따라 사업을 중단해야 하는 등 다양한 변수가 발생할 수 있다. 이러한 정책 및 법률 개정 리스크는 혁신금융서비스 사업에 대한 불확실성을 증대시킨다.

이와 관련하여 금융위원회는 금융규제 샌드박스의 한계를 해결하고 본격적으로 토큰증권을 제도권으로 수용하기 위해서 1년간의 실무작업을 통해 2023년 2월 '토큰증권 발행·유통 규율체계 정비 방안'을 발표하기에 이르렀다.

이 책에서는 금융위원회의 토큰증권 정비 방안과 관련하여 토큰증권의 제도화를 위한 다양한 이슈와 구상에 대해 다루고자 한다.

토큰증권을 위한 제도화 방향

　기존금융과 블록체인은 서로 다른 기술적 특성에 의해 큰 차이를 나타내기 때문에, 현행의 증권제도를 그대로 적용하는 데에는 한계가 있다. 따라서 블록체인 기술의 혁신을 수용하고, 투자자를 보호하기 위해서는 새로운 법제 구성이 필요하다.

　기존금융에 사용되는 기술과 블록체인의 기술적 특성에 기인하는 차이에 관해 요약해 보자면, ① 장부 구성 체계가 기존금융이 2-Tier 계좌구조인 데 비해 블록체인은 1-Tier 구조라는 점, ② 장부에 기재하는 방식에서 기존금융은 양도자의 계좌에서 감소 기재한 만큼 양수자의 계좌에 증가 기재를 하지만 블록체인은 양도자의 주소에서 양수자의 주소로 토큰 수량을 이전하는 방식이라는 점이다.

4.1 기술적 특성과 제도 수용의 관점

　이러한 차이점에 기초하여 블록체인을 위한 새로운 법제를 구성하는 일에 있어서 블록체인의 어떠한 기술적인 특성을 중심으로 수용할 것인지, 기존의 제도를 얼마만큼 변경해야 할지에 대해 고민하게 된다.

　먼저 블록체인 기술의 특성을 무엇으로 이해할지의 문제이다. 즉, 블록체인과 기존의 증권 유통 기술 간에는 어떤 차이가 있으며, 그 차이들을 어느 정도만큼 증권 법제에 반영할지의 문제이다.

대표적인 블록체인 기술의 특성으로 알려진 ① 사후적 조작 방지 능력, ② 탈중앙화와 익명성, ③ 초국경성에 대해서 살펴본다.

사후적 조작 방지 능력

먼저 블록체인의 ① 사후적 조작 방지 능력에 대해서는 네트워크의 구조 및 합의 알고리즘의 종류에 따라서 다소 차이가 있으나, 잘 구성된 블록체인의 경우 블록체인에 기재된 기록에 대한 사후적 조작을 방지하는 능력이 존재한다는 점에 대해선 이견이 없다.

탈중앙화와 익명성

하지만 ② 탈중앙화와 익명성이라는 특성을 어느 정도 수준까지 받아들여야 할지에 관해서는 논란이 있다. 블록체인의 탈중앙화는 중앙화된 기관이나 중앙 서버 없이 시스템이 운영되는 특성으로서 블록체인 네트워크 안에서 중앙의 관리기관이나 중앙 서버 없이도 투명하고 안전하며 신뢰성 있는 거래를 할 수 있는 특성을 나타낸다.

블록체인에서 익명성은 블록체인 이용자의 네트워크 계정(주소), 거래 정보 등만 암호화되어 블록에 기재됨에 따라 이용자가 특정되지 않는 것에서 나타나는 특성이다. 탈중앙화와 익명성은 퍼블릭 블록체인에서 거래되는 가상자산을 기준으로 삼아 토큰증권을 이해하면서 제기된 특성에 해당한다.

탈중앙화와 익명성은 블록체인 기술의 핵심이므로 이를 살리는 방식으로 제도를 구현해야 한다는 주장에 따르면 블록체인 기술에 기반한 탈중앙화를 통해 규제 중심적인 기존금융의 한계를 극복할 수 있으므로 블록체인 기술에 맞는 증권시장을 구축해야 한다고 주장할 수 있다.

하지만 금융당국의 입장에서는 토큰증권에 탈중앙성을 인정하기가 쉽지 않다. 먼저 증권제도는 증권의 발행, 거래, 결제, 권리행사 등의 운영을 위한 의사결정 및 관리, 네트워크 및 참가자 관리, 증권정보 관리, 참가자의 민원이나 법률적 분쟁의 중재 및 관리, 세금 관계의 처리 등을 위해 경영자 또는 관리인 등 중앙화된 주체의 존재가 불가피하므로 탈중앙화가 구현되기 어렵고, 증권시장에서 증권을 거래하는 것은 권리의무관계와 연결되어 실명성에 기반하고 있으므로 권리의무관계의 주체를 특정할 수 없는 익명성의 특성은 증권제도로 수용하기가 쉽지 않다.

아울러 탈중앙화에 따라 익명성을 인정하게 되면, 증권을 강제집행 할 방법이 제한되며, 토큰증권 범죄와 관련한 원상회복이 불가능하게 될 수 있고, 토큰증권 영역에서 법원 판결에 근거한 사법부의 최종적인 분쟁 해결이 실효성을 잃게 될 수 있다.

그리고 위와 같은 우려를 모두 고려하여 현행 증권제도를 개편해 탈중앙화에 기반한 새로운 증권규제를 구성해야 하므로 제도화를 위한 연구에 많은 시간과 비용이 필요하게 된다.

하지만 현재 시장에서는 이미 블록체인을 이용한 증권거래를 시도하는 등 토큰증권의 빠른 제도적 도입을 원하고 있어서, 탈중앙화와 익명성을 인정하는 정책 방향을 설정하여 제도를 설계하는 경우 토큰증권을 시장이 원하는 적절한 시기에 도입하기 어려워질 수 있다.

하지만 분산장부의 구조적 특성을 활용하여 특정한 관리인에게 집중된 기능을 여러 참가자에게 분배하거나 복수의 관리자 기능을 통합하고 단계를 축소하는 방식으로 중앙화를 완화하고 분산하는 접근은 현재의 증권제도에도 일부 수용이 가능할 수 있다.

기존 증권시장에서는 인프라 간의 기능적 분리를 통해 이해 상충을 방지하였으나, 분산장부 네트워크는 하나의 중앙집중적인 관리자가 아니라 다수의 노드에 의한 상호 검증을 통해 단일한 기관에 의한 조작을 방지할 수 있다. 이러한 구조로 인해 업무수행 과정을 노드들이 상호검증하도록 할 수 있어 이해 상충 방지를 위하여 기능에 따라 분리되었던 인프라가 통합될 수 있는 여지를 만들어낸다. 이미 해외에서는 분산장부를 이용해 증권시장 인프라를 변화시키는 다양한 시도가 일어나고 있으며 이 책에서도 이와 관련된 이야기를 다룬다.

초국경성

마지막으로 토큰증권에 대해서 탈중앙성과 더불어 가상자산의 ③ 초국경성에 관해서도 많은 논의가 있다. 이 역시 퍼블릭 블록체인상에서 가상자산 시스템에 빗대어 토큰증권을 이해하면서 제기된 특성이다.

퍼블릭 블록체인으로 돌아가는 메인넷은 전 세계 누구든 노드로 참여할 수 있고, 토큰 역시 퍼블릭 블록체인에 접속할 수 있으면 전 세계 누구든 보유할 수 있으며, 만약 토큰증권의 초국경성이 인정되어 전 세계 누구나 거래할 수 있다면, 토큰증권을 통해 전 세계 투자자를 대상으로 자금을 조달하거나 다른 나라의 토큰증권에 투자하여 투자수익을 얻을 수 있게 된다는 것이다.

하지만 현실적으로 토큰증권에 대해서 초국경성이 인정되기는 매우 어렵다. 토큰증권은 금융의 영역이므로 여타 다른 가상자산과는 차이가 있다. 토큰증권에 관해 초국경적인 성질을 인정하는 것은 금융 주권의 문제, 규제 프레임워크의 차이, 리스크 관리상의 문제, 경제적 격차의 문제 등으로 접근이 쉽지 않다.

만약 토큰증권에 초국경적인 성격을 인정한다면 국가 간 금융규제 차이를 이용하려는 다양한 시도가 존재하게 될 것이며, 그로 인해 예상하지 못했던 투자자 피해가 발생할 수도 있고 국내외 자본시장에 여러 악영향을 미칠 수도 있다. 또한 국가 간 준거법의 차이로 인해 복잡한 법률문제가 발생할 소지도 존재한다.

이러한 상황에서 금융당국의 입장에서는 충분히 연구되지 않고 리스크가 파악되지 않은 초국경적인 성격의 토큰증권 거래를 허용하기는 어려울 것이다. 이와 같은 문제로 인해 여러 국가에서는 우선 자국을 위한 토큰증권제도를 설계하고 있다.

현재의 증권제도에서도 외화증권 거래는 가능하지만 증권이 직접 국경을 넘어 거래되지 않고 일반적으로 각국의 보관기관을 통해 예탁 및 결제가 이루어진다.

결과적으로 빠른 토큰증권제도를 도입하기 위해서는 토큰증권의 기술적 특징과 관련하여 ① 사후적 조작 방지 능력까지는 인정되어 제도적인 수용이 가능할 수 있지만, ② 탈중앙화와 익명성, ③ 초국경 성과 관련해서는 장기적 과제로 검토될 수밖에 없을 것이다.

4.2 블록체인과 증권제도의 균형

다음으로 토큰증권을 위한 기반 기술에 맞추어 기존의 증권제도를 얼마만큼이나 적용하고 어떻게 변화시켜야 할지가 중요하다.

토큰증권의 활성화를 주장하는 측에서는 토큰증권에 대해 현행의 높은 규제 장벽을 낮춰달라고 요구할 수 있지만, 과도하게 규제를 완화하게 되면 그로 인해 투자자 피해가 커져 사회적 비용이 상승하고 토큰증권에 대한 신뢰가 무너져 토큰증권 산업 또한 발전할 수 없게 될 수 있다.

가상자산을 제도권으로 수용하기 위한 규제 체계 마련은 세계적으로도 이미 본격화 단계에 접어들었고, 가상자산 중에서도 증권적 규제가 필요한 경우는 충분히 예상되며, 전통 증권에 대해서도 블록체인을 도입하려는 큰 흐름이 대세를 이루고 있다. 그에 따라 블록체인의 혁신성을 최대한 살려서 현행의 제도와 균형을 이루도록 하는 것이 중요한 과제이다.

앞서 언급한 바와 같이 블록체인은 장부의 구성 체계와 기재 방식, 기재의 신뢰성 부여 방식이 기존의 금융과는 다르다. 따라서 현행의 전자증권법 체계를 그대로 적용하게 되면 법안의 구성 체계와 효력 등에서 정합성의 문제가 제기되므로, 토큰증권을 위한 별도의 장부 구성 체계와 절차가 마련되도록 하는 것을 고려할 필요가 있다.

토큰증권 관련 개념의 이해

5.1 개념 이해의 필요성

토큰증권의 제도화를 본격적으로 다루기에 앞서 토큰증권과 연관된 다양한 표현들에 대해 정리해 보고자 한다.

현재 특정금융정보법 개정 및 가상자산이용자보호법에 의거 가상자산이라는 용어가 법률상 규정된 표현으로 정의되었으며, 2023년 2월 금융위원회가 토큰증권 정비 방안을 발표하면서 토큰증권이라는 용어가 공식적으로 사용되었다. 하지만 여전히 디지털자산, 암호자산, 증권형 토큰 등 다양한 용어가 사용되고 있어 용어에 관한 혼란은 여전히 존재한다.

따라서 용어와 관련된 혼란을 해소하고 개념을 명확화하기 위해 가상자산 및 토큰증권과 관련된 다양한 용어의 출처와 의미를 정리할 필요가 있다. 이 책에서는 토큰증권과 관련하여 사용되는 용어에 대해 그리고 향후의 논의가 통일성 있고 개념적으로 혼동되지 않도록 맥락에 따른 용법과 사용에 대해 정리해 보고자 한다.

5.2 가상자산 및 디지털자산과 그 분류

국내의 여러 문헌이나 논문, 기고 등을 살펴보면 토큰증권을 포함하여 디지털자산, 암호자산, 가상화폐, 암호화폐, 유틸리티 토큰,

NFT, 기타 토큰 기술을 적용한 자산에 대해 가상자산으로 통칭하여 부르는 경우가 많은데, 일정한 기준이 없는 용어의 사용은 오류와 혼란을 불러일으키므로 적절한 용어의 사용을 위한 정리가 필요하다.

특히 블록체인 기술과 관련된 자산을 통칭할 때 가상자산이라고 부르기보다는 디지털자산(Digital Asset)이나 암호자산(Crypto Asset)이라고 표현하는 사례가 더 많은 것으로 파악된다.

사실 가상자산과 디지털자산, 암호자산이라는 용어는 일반적으로 의미하는 바가 비슷하게 받아들여지고 있어서 혼용하여 사용해도 크게 문제가 되지 않을 수 있다. 다만 가상자산, 디지털자산, 암호자산이라는 각 표현의 의미와 용법, 유래를 명확히 이해한다면 효과적인 의미 전달에 도움이 될 수 있다는 생각이다.

국내에서 '가상자산'이라는 용어는 '특정 금융거래 정보의 보고 및 이용 등에 관한 법률(이하 특정금융정보법)'에서 공식화되었고, 현재 가상자산에 관한 기본법인 '가상자산 이용자 보호 등에 관한 법률(이하 가상자산법)'에서 동일하게 정의되어 있다.[28]

특정금융정보법에서 다루고 있는 가상자산의 대상을 살펴보면 기존의 제도권에서 규정하고 있는 자산 중에서 전자증권이나 전자어음

---

28 특정금융정보법 제2조 제3호 및 가상자산법 제2조 제1호의 가상자산의 정의는 다음과 같다.
　"가상자산"이란 경제적 가치를 지닌 것으로 전자적으로 거래 또는 이전될 수 있는 전자적 증표(그에 관한 일체의 권리를 포함한다)를 말한다. 다만, 다음 각 목의 어느 하나에 해당하는 것은 제외한다.
　가. 화폐·재화·용역 등으로 교환될 수 없는 전자적 증표 또는 그 증표에 관한 정보로서 발행인이 사용처와 그 용도를 제한한 것
　나. 「게임산업진흥에 관한 법률」 제32조제1항제7호에 따른 게임물의 이용을 통하여 획득한 유·무형의 결과물
　다. 「전자금융거래법」 제2조제14호에 따른 선불전자지급수단 및 같은 조 제15호에 따른 전자화폐
　라. 「주식·사채 등의 전자등록에 관한 법률」 제2조제4호에 따른 전자등록주식등
　마. 「전자어음의 발행 및 유통에 관한 법률」 제2조제2호에 따른 전자어음
　바. 「상법」 제862조에 따른 전자선하증권
　　「한국은행법」에 따른 한국은행(이하 "한국은행"이라 한다)이 발행하는 전자적 형태의 화폐 및 그와 관련된 서비스
　아. 거래의 형태와 특성을 고려하여 대통령령으로 정하는 것

등 전자적으로 저장된 대부분의 증권적 권리를 제외하고 있다.

이러한 점에서 미루어 볼 때 가상자산은 주로 가상자산거래소 등에서 거래되는 스테이블코인을 포함해 지불형 토큰, 유틸리티 토큰 등을 지칭하는 것으로 이해할 수 있다. 현재 시행 중인 특정금융정보법이나 2023년 6월 통과된 가상자산법뿐만 아니라 국회에서 의원 입법 형식으로 발의된 다수의 법안에서 가상자산이라는 용어가 사용되고 있다.

국내에서 실제 사용되는 예를 보면, 가상자산이 가장 넓은 범위로서 디지털자산까지도 포괄하는 개념으로 사용되기도 하고, 반대로 디지털자산이 가상자산을 포괄하는 개념으로 쓰이기도 한다.

또 어떤 때는 가상자산이 디지털자산을 대신하거나 암호자산을 지칭하기도 하고, 가장 흔하게는 가상화폐를 대신하는 용어로 사용되는 등 명확한 기준이 무엇인지 알기가 어렵다. 하지만 우리나라에서 '가상자산'이란 용어는 법률상에서 정의된 표현이므로 해당 법률에서 정의된 맥락과 방식으로 사용하는 것이 더 적절하다.

다시 말하자면 국내에 한정하여 어떤 글에서 가상자산이란 표현이 사용된다면, 일반적으로 그 글이 '특정금융정보법'과 '가상자산법'의 맥락에서 가상자산이란 표현이 사용된 것으로 볼 수 있다.

가상자산이라는 용어를 영어로 표현하면 단순히 'Virtual Asset'으로 옮겨볼 수 있다. 우리나라의 가상자산이란 용어는 자금세탁방지 국제기구인 FATF(The Financial Action Task Force)가 사용한 가상자산(Virtual Asset)이라는 용어에서 따온 것이다.

가상자산

　가상자산은 자금세탁 및 테러리스트 자금 조달 방지를 목표로 FATF에 의해 정의된 표현으로서 "디지털 방식으로 거래하거나 양도할 수 있고, 지불 또는 투자 목적으로 사용할 수 있는 가치의 디지털 표현(Digital representation of value that can be digitally traded or transferred and can be used for payment or investment purposes)"을 의미한다.

　FATF의 권고에 따라 가상자산의 정의에서, 이미 다른 영역에서 다루어지는 명목 화폐, 증권 및 기타 금융자산의 디지털 표현은 제외된다.[29] FATF의 '가상자산'이라는 용어를 사용함으로써 여러 디지털자산 중 익명으로 거래되고 이전되어 자금세탁 및 테러리스트 자금 조달의 위험이 더 큰 디지털 가치에 대해 구체적으로 표현할 수 있다.

　한편 앞서 언급한 바와 같이 우리나라에서도 특정금융정보법에서 FATF의 정의를 이용하여 가상자산을 정의하였으며, 이후 가상자산법에서 특정금융정보법의 가상자산 정의를 이용하여 블록체인산업과 가상자산에 관한 기본법으로서 가상자산의 개념을 폭넓게 확장하여 사용하고 있다.

디지털자산

　미국에서 디지털자산이라는 용어는, 과거에는 블록체인에 국한하여 사용되지는 않았다. 하지만 최근에는 분산원장 기술을 사용한 디지털 표현에 집중하여 사용되며, 특히 미국의 블록체인 산업규제와 관련하여 많이 쓰이고 있다.

---

[29] Virtual assets do not include digital representations of fiat currencies, securities and other financial assets that are already covered elsewhere in the FATF Recommendations(출처: FATF, Recommendation 15 and its Interpretive Note, 21 June 2019).

미국 백악관은 2022년 3월 9일 행정명령에서 '디지털자산'을 "사용된 기술과 관계없이 모든 CBDC와 기타 가치 표현, 금융자산 및 도구, 지불 또는 투자하거나 자금을 전송 또는 교환하는 데 사용되는 분산원장 기술을 사용하여 디지털 형식으로 발행되거나 표시된 청구권 또는 이에 상응하는 것"[30]이라고 정의하였다.[31] SEC와 CFTC(미국상품선물거래위원회)는 2022년 8월 디지털자산의 정의에 관해 소위 '가상통화', '코인', '토큰'을 포함하는 분산원장 또는 블록체인 기술("분산원장 기술")을 사용하여 발행 또는 전송되는 자산[32]으로 정의하기로 한 것이라 알려졌다.[33]

또한 다양한 법안에서 디지털자산을 정의하여 이를 기초로 블록체인 산업을 규제하려 한다. 예컨대, 미국 공화당에 의해 2023년 7월 20일 발의된 Financial Innovation and Technology for the 21st Century Act. 법률안에서는 '디지털자산'을 "중개자에 대한 의존 없이 개인 대 개인으로 독점적으로 소유 및 양도할 수 있고 암호화로 보호

---

30 The term "digital assets" refers to all CBDCs, regardless of the technology used, and to other representations of value, financial assets and instruments, or claims that are used to make payments or investments, or to transmit or exchange funds or the equivalent thereof, that are issued or represented in digital form through the use of distributed ledger technology. For example, digital assets include cryptocurrencies, stablecoins, and CBDCs. regardless of the label used, a digital asset may be, among other things, a security, a commodity, a derivative, or other financial product. Digital assets may be exchanged across digital asset trading platforms, including centralized and decentralized finance platforms, or through peer-to-peer technologies.

31 The White House. "Executive Order on Ensuring Responsible Development of Digital Assets." The White House, 9 Mar. 2022, https://www.whitehouse.gov/briefing-room/presidential-actions/2022/03/09/executive-order-on-ensuring-responsible-development-of-digital-assets/.

32 An asset that is issued and/or transferred using distributed ledger or block-chain technology ("distributed ledger technology"), including, but not limited to, so-called "virtual currencies," "coins," and "tokens."

33 Commodity Futures Trading Commission & Securities and Exchange Commission, Release No. IA-6083, Form PF; Reporting Requirements for All Filers and Large Hedge Fund Advisers (Aug. 10, 2022), https://www.sec.gov/rules/proposed/2022/ia-6083.pdf [hereinafter "Release No. IA-6083"].

되는 공개 분산원장에 기록되는 대체 가능한 디지털 가치 표현"[34]을 의미한다고 정의하고 있다.

암호자산

한편 암호자산은 일반적으로 암호화(cryptograph) 및 분산원장 기술을 사용하여 가치를 지니는 자산을 의미하였지만, 최근 유럽연합의 MICA(Market in Crypto Asset Regulation) 규제에서 정의되면서 규범적 의미를 갖게 되었다.

MICA 제3조 1. (5)에서는 '암호자산(crypto-asset)'을 "분산원장 기술 또는 이와 유사한 기술을 사용하여 전자적으로 이전되고 저장될 수 있는 어떤 가치 또는 권리의 디지털 표시"[35]로 정의한다. 다만 MICA 제2조 4에 따라 금융상품, 예금, 보험 등의 기존 금융상품은 제외된다.

MICA는 투자자 보호와 블록체인 산업육성을 위한 종합적인 법안이므로 암호자산에 대한 정의는 우리나라의 특정금융정보법 또는 가상자산법상 가상자산의 정의와 유사하다. 실제로 MICA의 암호자산과 우리나라의 가상자산에 대한 규제 범위는 상당 부분 유사한 것으로 보인다. 따라서 일반적인 문맥에서 암호자산이라는 표현은 가상자산과 유사하게 이해해도 좋을 것이다.

---

34 "any fungible digital representation of value that can be exclusively possessed and transferred, person to person, without necessary reliance on an intermediary, and is recorded on a cryptographically secured public distributed ledger."

35 Article 3 1. (5) 'crypto-asset' means a digital representation of a value or of a right that is able to be transferred and stored electronically using distributed ledger technology or similar technology;

디지털자산이 상위 개념

이 책은 우리나라의 토큰증권에 관한 법제화를 다루고 있다. 그에 따라서 용어의 의미를 명확히 하기 위해 블록체인과 관련된 자산을 포괄하는 의미로써 디지털자산이란 표현을 사용하고, 디지털자산을 토큰증권과 가상자산(또는 암호자산)의 상위 개념에서 사용하고자 한다.

만약 블록체인과 관련된 자산을 통칭하는 의미로써 가상자산(또는 암호자산)을 사용한다면 증권성 있는 자산을 포함하게 되므로 이미 법률적으로 증권성이 없는 것들로 정의된 가상자산이란 표현과 혼동될 수 있다. 따라서 국내에서 법적으로 정의된 의미대로 사용하기 위해 이 책에서는 디지털자산이라는 용어를 토큰증권(증권인 디지털자산)과 가상자산(디지털자산 중 증권성이 없는 것) 등보다 상위의 개념으로 표현하여 기술하고자 한다.

5.3 지불형 토큰, 증권형 토큰, 유틸리티 토큰

디지털자산에 대한 해외의 대표적인 분류 사례로서 국제유가증권관리자협회(ISSA)는 2019년 11월에 발표한 보고서[36]를 통해 Digital Asset(디지털자산)을 기점으로 Crypto Asset(암호자산)과 Non-Crypto Asset(비암호자산)으로 분류하고, Crypto Asset의 하위에서 토큰을 세 가지 유형으로 분류하고 있다.

---

36 'DLT - Crypto Assets: Moving from Theory to Practice(2019.11.15.)'

▌ ISSA 보고서(2019) 내의 디지털자산 분류체계

Figure 1 : What is a Crypto Asset?

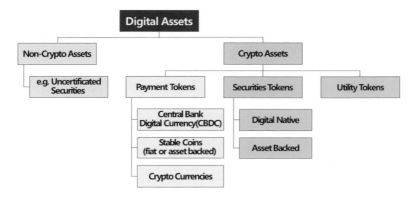

블록체인 기술이 국내에서만 사용되지 않는다는 점과 자본시장의 국제 간 연결성을 고려해 볼 때, ISSA의 분류 사례와 같이 국내에서도 디지털자산(Digital Asset)을 기준으로 암호자산(Crypto Asset)과 비암호자산(Non-crypto Asset)으로 나누는 분류를 고려해 볼 필요가 있다. 그리고 비암호자산의 분류에는 현행 전자증권법 등 데이터베이스 기반의 전자적 기록이 포함될 수 있다.

ISSA의 분류는 암호자산(Crypto Asset)의 하위에 지불형 토큰(Payment Tokens), 증권형 토큰(Security Tokens[37]),유틸리티 토큰(Utility Tokens) 등 세 가지 형태로 분류하고 있다.

간단하게 살펴보면, 첫 번째 지불형 토큰(Payment Tokens)은 지불 또는 결제의 수단으로 사용되는 화폐적 성격이 강한 토큰으로 분류할 수 있고, 두 번째 증권형 토큰(Security Tokens)은 증권의 성격을 가진 것, 세 번째 유틸리티 토큰(Utility Tokens)은 제품이나 서비스의 사용

---

37 이 책에서는 혼란을 줄이기 위해 일반적으로 증권형 토큰(Security Token)도 토큰증권으로 표현한다.

권을 부여하는 등의 기능을 가진 것으로 분류할 수 있다.

그러나 이러한 분류도 각 유형의 특징에 따라서 구분해 보는 정도일 뿐이며 전체를 포괄하거나(Collectively Exhaustive) 상호 배제적인(Mutually Exclusive) 분류체계는 아니다.

또한 이 세 가지 형태의 가상자산을 다루다 보면 그 경계를 명확하게 나누기 어려울 때가 있다. 예컨대 증권형 토큰(Security Tokens)을 '증권의 성격을 가진 것'이라 표현하였는데, 지불형 토큰(Payment Tokens)과 유틸리티 토큰(Utility Tokens) 중에서도 증권의 성격이 있거나 증권으로 분류되는 토큰의 가능성을 배제하기 어렵다. 따라서 위와 같은 분류에 제한되지 않고 상황에 맞게 올바른 분류와 용어의 정의를 고안하는 것이 새로운 제도를 담아내는 일에 있어 중요한 작업으로 선행되어야 할 것이다.

5.4 토큰증권의 다양한 표현

금융위원회의 정비 방안 발표 전까지 업계에서는 주로 '증권형 토큰(Security Tokens)'을 사용하였는데, 해당 용어가 주는 의미가 '토큰인데 증권의 성격을 가진 것'으로 오해를 일으킬 여지가 있기 때문이었는지 정부안의 발표에 따라 용어의 공식 명칭이 증권이라는 점을 강조한 용어를 사용하게 된 것으로 이해된다.

앞서 살펴본 가상자산이라는 용어와 마찬가지로 토큰 기술을 적용한 증권(Security Tokens)의 명칭에 대해 개념적으로 살펴보고 어떤 한글 명칭이 적합할지 생각해 볼 필요가 있다.

이 장에서는 금융위원회의 토큰증권 정비 방안에서 언급된 토큰증권을 중심으로 토큰증권을 지칭하는 다양한 표현과 각각의 뉘앙스, 그러한 표현의 적절성 등에 대한 의견을 제시해 보고자 한다.

ISSA의 Digital Assets 중 하나인 'Securities Token'에 대한 한글 명칭 선택은 여러 관점에서 분류와 사용 예를 참고해 볼 수 있다.

이에 관해서는 다양한 접근이 가능하겠지만, 이 책에서는 아래의 세 가지 방향에서만 살펴본다. 첫 번째는 블록체인 기술의 특성을 강조하고 증권이라는 용어를 앞뒤로 사용한 명칭으로서 증권형 토큰, 암호증권, 토큰증권 등을 열거해 볼 수 있다. 두 번째는 분산저장 기술을 강조한 명칭인 분산장부증권, 분산원장증권 등이 있을 수 있으며, 마지막으로는 분산원장 기술을 전자증권법에 수용하는 것을 전제로 분산저장과 전자등록을 접목한 분산전자등록증권, 분산등록증권이라는 명칭을 생각해 볼 수 있다.

먼저 증권형 토큰, 암호증권, 토큰증권 등은 꼭 그렇다고만 할 수는 없지만, 암호학에 기반한 블록체인 기술이 담기는 객체로서의 증표에 무게중심을 두는 명칭들이다.

이는 디지털자산 중 암호자산으로 분류하는 체계와 연속성을 가진다고 할 수 있다.

증권형 토큰

'증권형 토큰'은 초기에 사용되던 용어로서 단어 자체가 증권이라는 측면보다는 토큰에 방점을 둠에 따라 증권의 성격을 가진 토큰으로 오해할 여지가 계속해서 남는다.

증권형 토큰이라는 용어 자체가 증권의 의미보다는, '토큰인데 증권성이 있는 것' 또는 '증권의 성격을 가진 토큰'이라는 의미로 이해될 수 있어서, 증권이 아닐 수 있다는 의미로 받아들여질 수가 있다.

우리나라에서 증권은 재산적 가치를 표현하는 권리 내용의 실질에 따라 판단·분류하고, 증권의 성질을 가진 권리로서의 자산에 대해서는 증권으로 정의하고 있으며, 관련한 법률을 제정하여 따르도록 규정하고 있다. 따라서 증권의 성질이 있으면 증권으로 정의해야 하고 그 명칭도 증권임이 드러날 필요가 있다.

암호증권

한편 '암호증권'은 문자 그대로 암호학 기술 적용을 강조한 용어이다. 2021년 6월 전자증권법을 시행한 독일은 해당 법에서 암호증권 또는 암호유가증권으로 해석되는 용어를 사용하고 있다.

토큰증권

'토큰증권'은 실무상 비공식적으로 종종 증권적 특성을 강조하기 위해 사용된 경우가 있었으나 금융위원회의 정비 방안 이전에 공식적으로는 잘 사용되지 않았던 용어이다.

토큰증권은 증권이라는 개념에 무게중심을 둔 용어이다. 증권으로 끝맺는 용어 구성에 더해 블록체인 기술 및 분산원장 기술이라는 다소 길게 느껴지는 표현을 토큰 기술로 통칭한다는 전제로 '토큰'이라는 용어를 단어의 앞에 배치하여 만들어졌다.

정부의 토큰증권 정비 방안에는 그동안 사용되었던 증권형 토큰이라는 용어를 토큰증권으로 대체하였다. 이와 관련하여 당시의 금융위원회 자본시장과장은 토큰증권이라는 명칭을 사용하게 된 이유를, "증권의 형태 중에 실물 증권, 전자증권이 있고, (실물) 증권 (전자) 증권으로 끝나는 것(명칭)에 (더해) 제3의 증권 형태다."라고 설명하고, 토큰증권의 개념에 관해 소개했다.[38]

---

38 '논란의 토큰증권, 설계자에게 듣는다'(3PRO TV 언더스탠딩 인터뷰, 2023년 4월 4일 송출).

미국의 논의: Tokenized Security, Security Token

미국에서 분산원장 기술을 적용한 증권은 다양한 방식으로 불리고 있으며, 표현 방식에 따라 조금씩 다른 뉘앙스를 가지고 있는데, 대표적으로 앞에서 다룬 Tokenized Security와 Security Token에 대해 알아보자.

미국 증권산업금융시장협회(The Securities Industry and Financial Markets Association; SIFMA)와 PwC가 2020년 11월 함께 발간한 'Security Tokens: Current Regulatory and Operational Considerations for Broker-Dealers and Look Towards the Future'에서 'Tokenized Security'와 'Security Tokens'에 대한 개념구분을 제시하고 있다.[39]

'Tokenized Security'는 분산원장이 아닌 플랫폼에서 발행된 증권을 분산원장으로 표현한 것을 의미한다. 'Tokenized Security'의 기초자산인 증권은 증권 또는 금융상품의 법적 요건을 충족해야 한다.

'Security Token'은 그 자체가 현지 법률에 따른 증권이나 금융상품의 정의를 충족하는 토큰이다. 분산원장에서만 발행되고 증권 또는 금융상품의 법적 요건을 충족하는 토큰 또는 분산원장이 아닌 플랫폼에서 발행된 증권이나 금융상품을 분산원장에서 나타내는 토큰을 모두 포함한다.

기초자산인 증권의 디지털 표현인 'Tokenized Security'는 기초자산인 증권과 동일한 증권으로 인정받지만, 'Security Token'은 기초자산인 증권과는 다른 새로운 증권으로 인정받을 수 있다.

한편 블록체인 활용의 관점에서 'Tokenized Security'와 'Security

---

39 SIFMA, and PwC. "Security Tokens: Current Regulatory and Operational Considerations for Broker-Dealers and Look Towards the Future." November 2020.

Token'을 구분하는 경우가 있다.[40] 'Tokenized Security'는 토큰만
을 이용할 뿐 이외의 사항은 전통 시스템을 이용하는 것을 말하고,
'Security Token'은 대부분 프로세스가 블록체인에서 일어나는 것이
라 한다.

현재 이 책에서 주로 다루고 있는 우리나라의 '토큰증권'은 금융
위원회 정비 방안에서 'Security Token'으로 표현하고 있으나,[41] 자
본시장법상 증권으로서 분산원장 기술을 기반으로 디지털화된 토
큰의 형식을 통해 발행 유통하는 증권이라는 의미로 해석한다면
'Tokenized Security'로 보는 것이 위 분류에 더 적절할 것이다.

분산저장 기술을 강조한 명칭: 분산원장증권, 분산장부증권

분산원장증권이나 분산장부증권은 데이터의 분산저장 기술 사용
에 중점을 둔 용어들이라 할 수 있다.

분산원장 기술은 일반적으로 네트워크화된 복수의 장부에 권리자
정보와 거래 정보를 동일하게 기록하는 기술로 이해할 수 있는데, 블
록체인 기술의 개념을 포함하고는 있지만, 법적 장부를 구성하는 방
식으로서 분산원장 기술이 강조된 것이다.

이 책에서는 금융위원회의 정비 방안에서 사용한 분산원장 기술
이란 용어를 주로 사용하고 있는데, 분산장부 기술이라 칭하여도 무
방하다.

---

40 Cryptopedia Staff. "What Are Security Tokens?" Cryptopedia, 21 June 2021, [https://www.gemini.
com/cryptopedia/security-token-offering-vs-initial-coin-offering-stos] 2024년 3월 9일 확인.

41 금융위원회. "토큰증권(Security Token) 발행·유통 규율체계 정비 방안," 2023년 2월, 1면.

🤝🅑 분산원장과 분산장부의 차이점

다만, 분산원장과 분산장부가 무슨 차별점이 있을까에 대해 의문을 가질 수 있다. 굳이 원장과 장부의 개념을 구분한다는 것에 큰 의미를 부여할 것까지는 없겠으나, 두 용어가 기준도 없이 혼용되는 것도 바람직하지는 않다.

우리는 상법이 정의하고 있는 증권에 대한 준거 장부로서 주주명부, 사채원부 등을 지칭할 때 법적 장부라 표현하지만, 법적 원장이라는 표현은 잘 사용하지 않는다.

평상시 원장과 장부를 구분하지 않고 사용한다 해도 별다른 문제가 발생할 것 같지도 않지만, 금융권에서 원장이라 한다면 대게 거래의 세부 명세나 기록 등을 의미하며, 이러한 원장들이 장부의 구성을 보조하는 개념에서 사용되는 것으로 이해된다.

1990년대를 전후하여 수익증권, 기업어음, 양도성예금증서가 증권예탁제도(이하 예탁제도)[42]에 수용되었는데, 초기 이러한 상품들이 자본시장법(구 증권거래법)상 증권으로 정의되지 않았기 때문에, 예탁제도에서는 이들 증권 보유내역에 대한 장부 기재의 효력이 법적으로 인정되지 않음에 따라 한동안은 해당 증권이 기재된 명세를 장부라 하지 않고 원장이라 칭하기도 하였다.

다음으로 'Security Token'에 대한 한글 명칭 선택을 위한 세 번째 방향으로, 분산저장과 전자등록을 접목한 분산전자등록증권이나 분산등록증권이라는 명칭에 대해서는 다음 '5.5 토큰증권의 전자적인

---

[42] 예탁자가 예탁결제기관에 증권을 보관하면 예탁결제기관은 인도받은 증권을 혼합보관하면서 이를 관리하는 장부인 계좌부를 운영하고, 보관된 증권에 대한 권리의 이전이나 변경을 당사자들의 계좌에서 서로 바꾸어 기재, 즉 대체 기재(book-entry transfer)하는 방식으로 처리하는 제도(출처: 증권예탁결제제도 제4판, 제3장 증권예탁결제제도의 역사적 발전 과정), 증권예탁제도는 증권의 거래에 따른 증권의 인도와 대금의 지급을 종결시키는 결제 행위에 관한 증권결제제도와 결합하여 증권예탁결제제도라 불린다.

등록 방식'에서 분산전자등록 또는 분산등록에 관해 알아본 후에 간략하게 설명한다.

5.5 토큰증권의 전자적인 등록방식

분산전자등록 또는 분산등록

앞서 설명한 바와 같이 토큰증권의 전자증권법 수용과 관련하여 기존 전자등록의 개념으로는 토큰증권의 전자등록을 설명할 수 없음에 따라 토큰증권 고유의 등록방식을 위한 별도의 접근이 필요하다.

대체기재 방식(Book-entry Transfer)에서 증권의 권리를 이전하기 위해서는 전자등록계좌부상의 양도인에 대해 감소 기재하고, 양수인에 대해 증가 기재하면 된다. 전자증권법은 이 방법을 계좌간 대체의 전자등록으로 정의하고 있고, 그밖에 주식등의 신규 전자등록, 질권 설정 및 말소의 전자등록, 신탁재산이라는 사실의 표시 및 말소의 전자등록, 권리의 소멸 등에 따른 변경·말소의 전자등록을 법률로 규정하고 있으며, 이러한 등록방식들을 통칭하여 '전자등록'으로 줄여서 표현하고 있다.

그런데 토큰증권은 전자증권에 해당하기는 하지만 기존의 데이터베이스에 기반한 전자증권과는 다른 기술인 블록체인 및 분산원장 기술에 근거하고 있다. 따라서 전자증권의 전자등록과는 별개의 개념인 토큰증권에 대한 별개의 등록 개념을 사용할 수도 있을 것이다.

기존 전자증권법은 데이터베이스를 기반으로 참가자 구조 및 계좌부 구조를 규정하였으나, 분산장부를 기반으로 한 토큰증권에서는 기술의 차이로 인해 참가자 구조 및 계좌부 구조가 변화할 수 있으므로 토큰증권에 맞는 전자적인 방식의 등록이라는 행위를 분산원장(분산장부) 기술과 접목한 용어로서 분산전자등록이나 분산등록 등을 생각해 볼 수 있다.

토큰증권의 권리 등록과 이전 방식은 현행 전자증권법이 정의하는 전자등록의 증감 기재가 아니라, 양도인의 주소에서 양수인의 주소로 토큰증권 수량이 이전되는 트랜잭션이 여러 노드에 동일한 데이터로서 분산되어 등록(기재)되는 방식이다.

거래에 관한 데이터가 합의 검증 절차를 거쳐 복수의 장부에 동일하게 분산하여 저장되는 기술적 특성을 반영하여 토큰증권의 등록방식에 대해 표현하자면 '분산전자등록' 또는 '분산등록'[43]으로 표현하는 것이 적합해 보인다.

전자등록이 단일 집중된 형태의 기재 방식이라 한다면, 분산전자등록이나 분산등록은 말 그대로 분산된 방식의 기재를 대표할 수 있는 표현으로 일반적인 전자등록과는 다른 토큰증권의 특징을 잘 드러낼 수 있는 표현이 될 수 있다.

그리고 두 용어 중 하나를 선택해야 한다면 간결하면서도 전자등록과 대칭을 이루는 '분산등록'을 정식의 용어로 사용할 수 있을 것이다. 아울러 분산등록은 뒤에서 예시로 설명할 독일 전자증권법의 중앙등록과도 정확히 대칭을 이루는 측면에서도 더 적절한 용어라 생각된다.

분산전자등록증권 또는 분산등록증권

그리고 그에 따라 전자증권법상 토큰증권을 일컫는 표현으로 분산전자등록증권 또는 분산등록증권을 생각해 볼 수 있다.

---

[43] 안성포, "증권형 토큰과 전자등록제도와의 정합성", 상사법연구 제35권 제4호(2022. 12. 31.).

그런데 분산전자등록증권은 분산원장 기술과 전자증권의 특성을 최대한 담아낸 용어이지만 명칭이 길어서 불편한 측면이 있다. 한편 분산등록증권은 간결하면서도 등록이라는 단어 자체가 전자적인 방식을 내포하고 있어서 비교적 간결하면서도 충분히 대표성을 지니는 명칭이 될 것으로 생각한다.

이와 관련하여 2023년 7월 28일에 의원 입법으로 발의된 주식·사채 등의 전자등록에 관한 법률 일부개정법률안에서는 "주식등의 정보를 다수 참여자가 공동으로 기록하고 관리하여 무단 삭제 및 사후적인 변경으로부터 보호하는 분산원장을 정의하고, 분산원장인 전자등록계좌부에 전자등록한 주식등을 분산원장등록주식등으로" 정의하고 있다.

'분산원장등록주식등'이라는 용어를 사용한 것은 현행 전자증권법의 대상 증권을 통칭하여 '전자등록주식등'으로 정의한 것과 유사한 방식이라 할 수 있다.

해당 용어를 구성하는 단어만으로 볼 때 토큰증권의 법률용어로써 DLT(Distributed Ledger Technology) 기술로 구성된 원장에 등록한다는 것에 중점을 두고 있음을 알 수 있다.

그런데 여기에서 '분산장부' 표현이 아닌 '분산원장'을 채택함에 따라 증권을 원장에 등록한다는 개념을 사용한 것은 아쉬움이 있다.

큰 의미를 둘 필요까지는 없지만 장부와 원장이라는 용어 중 어느 쪽을 사용하더라도 DLT를 우리말로 해석하는 데서 이견이 있을 수 있고, 용어 자체가 길어지는 측면도 있는 관계로, 더 간략한 표현으로 '분산등록'이라는 용어를 사용하는 편이 더 간결하고 의미 전달도 명확해지는 느낌이 있으므로 '분산등록'이라는 용어로 통일하여 사용하는 것을 추천해 본다.

그렇게 되면 현행의 전자증권이나 전자등록주식등이라는 용어와 구별하여 분산등록증권, 분산등록주식등이라는 용어를 사용할 수 있을 것이다.

🤲Ⓑ 독일 전자증권도입법의 중앙등록과 암호증권등록 사례

독일의 전자증권도입법의 사례는 우리나라의 토큰증권에 대한 전자등록방식, 명칭부여, 입법방식 등에 관하여 시사점을 제공한다.

전통의 전자증권과 토큰증권(독일 전자증권도입법상 '암호증권')을 단일의 법 제정으로 담아낸 독일은 전통 기술에 의한 전자적인 방식의 증권 등록 행위를 중앙등록의 개념으로 접근하고 있음을 참조해 볼 필요가 있다.[44]

그리하여 기존 데이터베이스 방식의 중앙집중식 중앙등록부증권과 분산원장 방식의 암호증권을 전자증권의 유형으로서 동일한 위상의 개념으로 보아 병렬적으로 입법하였다. 다시 말해 독일 전자증권도입법은 전자적 방식의 유가증권을 전자증권으로 규정하고 전자증권의 하위 개념으로서 중앙등록부증권과 암호증권을 나누어 규정하여, 각 기술의 특성에 따라 다른 법 규정이 적용되도록 입법하였다.

우리나라에서 전자증권법을 통해 토큰증권을 도입하는 경우에도 데이터베이스에 기반한 전자등록과 분산장부에 기반한 전자등록은 서로 다른 법 규정이 적용될 수 있으므로 구분하여 사용할 필요성이 있다.

분산장부에 기반한 증권은 적용되는 법리와 계좌부 구조 등이 기존 데이터베이스에 기반한 증권과 다를 수 있기 때문이다. 따라서 기

---

44 독일은 전자증권도입법을 제정하면서 전자증권을 독일 민법 제90조에 의한 물건으로 본다는 의제 방식을 도입하였기 때문에, 정확하게는 전자증권이라기보다 전자유가증권이 더 정확한 표현이라 할 수 있다 (Part 4의 5. 유가증권의 방식(독일 전자유가증권도입법) 참고).

존 전자등록과 별개로 분산장부에 기반한 등록방식을 규정할 필요성
이 존재한다. 독일의 입법사례에서도 중앙등록부증권과 암호증권은
규율 방식에 차이가 있으므로 별도로 구분하게 되었다.

Part 2
토큰증권의 블록체인 기술

분산컴퓨팅과 탈중앙화 컴퓨팅

토큰증권에 대해 구체적으로 알아보기에 앞서 이번 Part에서는 블록체인 기술의 구성과 기능에 관해 다룬다.

시장에는 블록체인 기술에 대한 영상과 서적이 다양하게 존재해서, 이미 많은 분들이 이 기술에 대해 높은 수준에서 이해하고 있다. 하지만 아직 블록체인 기술에 대해 익숙하지 않은 분들도 많으며, 처음 접하는 분들이 블록체인 기술을 체계적으로 이해하기란 쉽지 않은 측면이 있다.

Part 2에서는 블록체인 기술 전체가 아닌 토큰증권을 이해하는 데 중요하거나 일부 오해가 발생하고 있는 기본적인 개념을 중심으로 살펴보고자 한다. 특히 블록체인을 처음 접하는 경우 분산장부의 전체 구조에 대해 파악하기 어려운 경우가 많은데, 분산컴퓨팅과 대비되는 탈중앙화 컴퓨팅의 관점에서 블록체인을 설명하는 것이 처음 블록체인을 이해하는 데에 가장 효과적이라고 보아 탈중앙화 컴퓨팅의 관점으로 블록체인을 일관성 있게 설명하고자 한다. 물론 기술에 대해 충분히 잘 이해하고 있는 정도라면 이 부분을 건너뛰고 Part 3부터 읽어도 무방하다.

1.1 컴퓨터 구조

현재 금융시장에서 운영 중인 중앙화 데이터베이스와 대비하여 블록체인 분산장부의 차이를 이해하기 위해서는 일반적으로 현재 금융시장의 중앙화 데이터베이스가 기반하는 분산컴퓨팅(Distributed Computing)과 분산장부 기술이 기반하는 탈중앙화 컴퓨팅(Decentralized Computing)의 뉘앙스 차이를 이해할 필요가 있다.

분산컴퓨팅과 탈중앙화 컴퓨팅은 모두 하나의 컴퓨터에 의한 연산의 한계를 극복하기 위해서 만들어진 개념인데, 블록체인은 분산컴퓨팅과 탈중앙화 컴퓨팅의 특성을 모두 갖는다. 하지만 분산컴퓨팅과 탈중앙화 컴퓨팅은 서로 다른 측면에 주목한 개념으로서 독특한 특성을 가진다.

먼저 컴퓨팅에 관한 이해의 기초가 되는 컴퓨터의 구조에 관해 알아보고, 다음으로 분산컴퓨팅과 탈중앙화 컴퓨팅의 구조에 관해 비교설명하면서 분산장부의 특징에 관해 이해해 보도록 한다.

컴퓨팅에 관해 알아보기 위해서는 현재 컴퓨터 설계의 기본 구조로 삼고 있는 폰 노이만 구조 컴퓨터에 대해서 살펴볼 필요가 있다.

1940년대 이후 대부분의 컴퓨터는 폰 노이만 구조의 컴퓨터로 만들어졌다. 폰 노이만 구조의 컴퓨터는 컴퓨터 구조를 제안한 헝가리 출신의 미국 컴퓨터과학자이자 수학자인 폰 노이만(John von Neumann)의 이름을 따 명명된 컴퓨터 구조이다.

간단하게 보자면 폰 노이만 구조는 현재 대부분의 컴퓨터 구조로서 ① 처리장치와 컨트롤유닛을 포함한 중앙처리장치(CPU), ② 데이터 및 프로그램으로 구성되는 메모리, ③ 입출력장치, ④ 외부저장장치까지 네 가지 요소로 구성되어 있다.

프로그램과 데이터는 ④ 외부저장장치에서 불러 들어와 ② 메모리에 기록되고 메모리에서 프로그램과 데이터를 추출하여 ① CPU(Central Processing Unit)를 통해 연산을 실행한다. 모니터와 키보드 등 ③ 입출력장치를 통해서 연산을 실행한 결과가 표현되고 사용자의 명령이 입력되어 컴퓨터와 사람 사이에 커뮤니케이션이 이뤄진다. 폰 노이만 컴퓨터 구조는 단일 컴퓨터를 가정하여 하나의 시스템에 의한 제어(Control)를 전제로 CPU, 메모리, 입출력장치를 통제한다.

현대 대다수의 컴퓨팅 기술은 폰 노이만 컴퓨터 구조를 기반으로 발전하였으며 앞으로 설명할 분산컴퓨터, 탈중앙화 컴퓨터 구조 또한 폰 노이만 구조를 기반으로 발전한 것이다.

1.2 분산컴퓨팅

20세기 후반 폰 노이만 구조를 기초로 발전한 컴퓨터의 성능은 프로세서와 메모리의 성능 향상으로 매우 좋아졌다. 하지만 하드웨어의 성능 향상이 있었음에도, 컴퓨터 응용 분야 중에는 대규모 데이터베이스 운영, 인공지능, 일기예보, 로보틱스, 신호처리 등 초고속 컴퓨터의 성능으로도 처리 시간이 매우 오래 걸리는 컴퓨팅 문제들이 많이 존재한다. 또한 CPU 성능이 좋아졌음에도 불구하고 단일 CPU의 속도는 물리적 한계로 인하여 처리 성능 향상에도 한계가 있다.

이러한 한계를 극복하기 위해 다수의 프로세서(CPU)를 이용하여 컴퓨터 응용 프로그램을 분담하여 동시에 처리하는 기술인 병렬처리 기술이 발달하게 되었다. 병렬처리 기술은 두 가지 방향으로 발전하였는데, 하나는 단일 컴퓨터 내에서 다수의 프로세서(CPU)를 이용한 멀티프로세싱(Multiprocessing)[1]과 스레딩(Threading)[2] 기술이었고, 다른 하나는 다수의 컴퓨터를 이용한 분산컴퓨팅 기술이었다.

---

[1] 멀티프로세싱(Multiprocessing)이란 여러 CPU를 활용하여 여러 작업을 동시에 수행하는 컴퓨팅 기술을 말한다. 각 CPU가 독립적인 작업을 병렬로 처리함으로써 전체 시스템의 처리 능력과 효율을 향상시킨다.
[2] 스레딩(Threading)이란 단일 응용 프로그램을 여러 개의 독립적인 실행 단위(스레드)로 나누어 동시에 실행하는 기술을 말한다. 각 스레드는 동일한 메모리 공간을 공유하면서 작업을 병렬로 수행하여 리소스 사용과 실행 시간을 최적화한다.

분산컴퓨팅

　분산컴퓨팅이란 네트워크를 통해 연결된 여러 컴퓨터가 협력하여 하나의 컴퓨팅 작업을 수행하는 기술을 말한다. 이 방식은 각 컴퓨터가 작업의 일부분을 처리하고 결과를 공유함으로써, 큰 규모의 데이터 처리나 복잡한 계산 작업을 더 효율적으로 완료할 수 있도록 한다. 그리고 분산컴퓨터는 공통의 문제를 해결하거나 일련의 작업을 수행하기 위해 함께 작동하는 상호 연결된 컴퓨터의 네트워크를 의미한다. 분산컴퓨팅은 고성능 계산, 대규모 데이터 분석, 웹 서비스, 클라우드 컴퓨팅, 과학연구 등 대규모 컴퓨팅이 필요한 다양한 분야에 이용된다.

　모든 분산컴퓨팅이 성능 향상을 목적으로 하지는 않지만, 일반적으로 분산컴퓨팅은 연산 처리 성능을 향상하기 위한 목적으로 사용된다. 분산컴퓨팅은 일반적으로 다수의 컴퓨터를 이용하여 하나의 컴퓨터가 여러 대의 컴퓨터 성능과 동일한 성능으로 처리하는 것과 같은 결과를 갖게 한다.

　분산컴퓨팅에서는 프로세서의 작업부하를 나누어서, 사용되지 않는 컴퓨터의 자원을 활용해 효율적으로 복잡한 계산을 할 수 있다. 그에 따라 분산컴퓨팅에서는 문제가 여러 작업으로 나누어지고, 이때 세부적으로 나누어진 작업은 메시지 전달을 통해 서로 통신하는 다수의 컴퓨터 중 하나에 할당되어 할당된 컴퓨터의 CPU에 의해 처리된다. 이때 모든 컴퓨터는 단일한 운영체제에 의해 사실상 하나의 컴퓨터처럼 작동되므로 개별 컴퓨터 메모리로 구성된 단일한 메모리의 접근권한을, 통신을 통해 상호 공유하는 방식으로 작업한다.

　분산컴퓨팅에서도 블록체인 네트워크에서와 마찬가지로 각 컴퓨터는 노드로 불린다. 분산컴퓨팅은 개인이 소유한 컴퓨터들을 이용해서 구현하기도 하지만 일반적으로 대규모 컴퓨팅 설비를 구축한 기업에서 분산컴퓨터를 운영하고 소유하며, 소요 비용이나 관리에 따른 책임 역시 컴퓨팅 자원을 보유한 기업이 부담한다.

일반적으로 성능 향상을 목적으로 한 중앙화된 분산컴퓨팅의 특징은 다음과 같다.

1) 모든 컴퓨터는 중앙 관리자에 의해 제어되며, 다수의 컴퓨터가 마치 하나의 컴퓨터처럼 효율적으로 협력하여 작동한다. 중앙 관리자는 각 컴퓨터에 구체적인 역할을 할당하며, 전체 시스템의 조율을 담당하여 통일된 작업 수행을 보장한다.

2) 네트워크 내 모든 컴퓨터의 메모리는 중앙 관리자에 의해 효율적으로 관리된다. 이는 각 컴퓨터가 수행하는 작업에 따라 메모리의 내용이 다를 수 있음에도 불구하고, 전체 시스템으로서 하나의 목적을 달성하기 위해 메모리를 최적화하고 조정한다.

3) 일반적으로 효율적 자원의 활용을 위해서 각 컴퓨터 메모리에는 서로 다른 내용의 기록이 저장되어 있다. 중앙 관리 시스템은 전체 네트워크의 자원을 효율적으로 활용하기 위해 각 컴퓨터에 저장된 메모리 내용이나 할당된 작업을 조정한다.

이렇게 중앙화된 분산컴퓨팅 시스템은 중앙 관리자의 통제하에 효율적인 작업 수행과 자원 관리를 통해 전체 시스템의 성능을 최적화하는 것을 목적으로 한다.

분산컴퓨팅의 예시: 클라우드 컴퓨팅

성능 향상을 목적으로 하는 분산컴퓨팅의 대표적인 예시로는 클라우드 컴퓨팅이 있다. 클라우드 컴퓨팅이란 인터넷 네트워크를 이용한 서버의 컴퓨팅 자원을 클라이언트에게 공유하는 기술을 말한다. 클라우드 컴퓨팅은 기업이 자신의 서비스를 위해 필요한 컴퓨팅 자원을 개별 기업이 모두 확보해야 하는 문제를 해결하기 위해 고안되었다.

클라우드 컴퓨팅에서는 컴퓨팅 능력을 제공하는 주체를 서버라고 하고, 컴퓨팅 능력을 사용하는 주체를 클라이언트라고 부르는데, 클라이언트들은 클라우드 서비스를 이용할 경우, 대규모 컴퓨팅에 필요한 디지털 인프라를 자체적으로 확보할 필요가 없고 컴퓨팅 자원이 필요할 때마다 컴퓨팅 자원을 서버에서 빌려서 활용할 수 있다.

또한 서버 측은 사용하지 않는 컴퓨팅 파워를 외부에 판매함으로써 유휴 컴퓨팅 리소스를 활용하여 효율적인 경영을 할 수 있다. 이처럼 클라우드 서비스를 이용하면 대규모 컴퓨팅을 요하는 서비스를 적은 비용으로 운영할 수 있게 된다.

따라서 클라우드 컴퓨팅을 사용하면 사용자는 자신의 컴퓨팅 인프라를 소유하고 유지 관리하는 부담 대신, 서버 측의 컴퓨팅 자원을 임차하여 사용할 수 있고, 컴퓨팅 설비 관리 비용 및 관리에 대한 책임은 서버 측이 부담하게 된다. 서버 측은 대규모 컴퓨팅 자원을 확보하고 분산컴퓨팅 기술을 활용하여 클라우드 서버를 확보해서 클라우드 컴퓨팅 서비스를 해준다. 클라우드 컴퓨팅에서 서버는 자신이 가진 컴퓨팅 자원을 분산컴퓨팅 방식으로 관리하면서 직접 통제하여 클라이언트에게 임대하는 방식으로 사업을 한다.

분산컴퓨팅으로서 블록체인

물론 블록체인도 분산컴퓨팅의 특성을 띠고 있다. 블록체인 네트워크는 합의에 도달하고 스마트 컨트랙트를 실행하는 등 공동의 목표를 달성하기 위해 함께 일하는 여러 노드로 구성된다. 또한 다수의 컴퓨터로 운영되어 단일실패지점[3]이 발생하지 않으며, 네트워크를 이루는 노드들이 각자 연산을 수행하여 병렬처리를 통해 효율적인 연산을 수행할 수 있다. 따라서 블록체인 네트워크도 분산컴퓨팅의 일종으로 볼 수 있다.

하지만 성능 향상을 목적으로 하지 않고, 합의 알고리즘에 따라 단일한 주체에 의한 변경과 조작을 방지하고자 하는 공동의 목표를 달성하는 것을 목적으로 하는 블록체인 네트워크의 경우 분산컴퓨팅보다는 탈중앙화 컴퓨팅이라는 개념으로 설명하기가 더 쉽다.

1.3 탈중앙화 컴퓨팅

분산컴퓨팅에 비해 탈중앙화 컴퓨팅(Decentralized Computing)은 생소한 개념이다. 탈중앙화 컴퓨팅은 분산컴퓨팅의 한 형태로, 각 컴퓨터 노드가 상당한 수준의 자율성을 가지며 독립적으로 작업을 수행한다. 탈중앙화 컴퓨팅은 다수의 컴퓨터 자원을 이용한 컴퓨팅이지만 제어 능력과 메모리를 모두 개별 컴퓨터가 통제한다. 탈중앙화 컴퓨팅 역시 컴퓨팅 자원의 효율적 분배를 통해 대규모 컴퓨팅 문제를 해결하려는 목적에서 처음 고안되었다.

다만, 탈중앙화 컴퓨팅은 개별 컴퓨터가 제어 권한을 가지기 때문에 여러 컴퓨터가 하나의 문제를 해결하기 위해서는 필연적으로 여러 컴퓨터 간의 협의가 필요해지므로 협의 및 커뮤니케이션에 따른 비용이 발생하면서 운영 효율성이 낮아진다. 따라서 분산컴퓨팅에 비해

---

3 단일실패지점(Single Point of Failure; SPOF)은 시스템 내의 어떤 특정 부분이 고장날 경우, 전체 시스템의 작동이 중단될 수 있는 구성요소를 말한다. 이는 네트워크, 소프트웨어, 하드웨어 시스템 등 다양한 환경에서 발견될 수 있으며, SPOF의 존재는 시스템의 신뢰성과 가용성에 중대한 위험을 초래한다. 따라서 시스템을 설계할 때는 이러한 단일실패지점을 제거하거나 최소화하는 것이 중요하며, 이를 위해 중복성 및 장애 복구 기술을 적용하는 것이 일반적이다.

대규모 컴퓨팅 문제 해결을 위한 방식으로 널리 사용되지 않았고 실제 활용 사례도 많지 않았다.

하지만 단일 컴퓨터에 의해 다른 컴퓨터와 시스템이 통제되지 않는다는 구조적인 특성으로 인해, 블록체인 기술에서 탈중앙화 컴퓨팅은 단일 주체에 의한 컴퓨팅과 데이터 통제가 되지 않도록 방지하기 위한 목적으로 사용되었다.

탈중앙화 컴퓨팅의 특징은 분산컴퓨팅과는 달리 제어 능력과 메모리가 모두 분산되는 구조를 가진다는 것이다. 즉, 각각의 컴퓨터는 자신의 CPU와 메모리만을 통제할 뿐 다른 컴퓨터를 통제할 수 없다.

탈중앙화 컴퓨팅은 문제 해결을 위해서 다수 컴퓨터의 컴퓨팅 능력을 활용하지만, 탈중앙화 컴퓨팅을 수행하는 각 컴퓨터는 다른 컴퓨터의 제어에 따라 통제되지 않고, 각각이 개별적으로 제어된다. 따라서 컴퓨터를 제어하는 자의 개별적인 협력에 따라서 컴퓨팅 파워가 공유된다.

각 컴퓨터의 메모리 또한 개별 컴퓨터에 의해서 제어된다. 따라서 각 컴퓨터의 메모리에는 서로 다른 기록이 저장되어 있을 수도 있지만, 분산장부와 같이 해결하고자 하는 문제의 특성에 따라서 모두 같은 내용의 데이터를 공유할 수도 있다.

한편으로 탈중앙화 컴퓨팅에서는 여러 컴퓨터가 각자 자신만의 운영체제를 가져 스스로 제어 능력을 유지하고, 단일한 제어에 따라 통제되지 않으므로 여러 컴퓨터가 서로 협력하기 위해서는 일정한 규칙이 필요하다.

그에 따라 탈중앙화 컴퓨팅은 대게 아래와 같은 특성을 갖는다.

1) 각 컴퓨터는 스스로 제어한다.
2) 각 컴퓨터의 메모리 역시 스스로 보유, 통제한다. 목적에 따라 각 컴퓨터 메모리에는 서로 같은 내용의 기록이 저장될 수 있다.

3) 여러 컴퓨터가 서로 협력하여 컴퓨팅을 수행하기 위해 약속이
   필요하다.

탈중앙화 컴퓨팅으로서 블록체인

블록체인 네트워크는 서로 다른 컴퓨터(노드)들이 공동의 목표를
위해 컴퓨팅한다는 측면에서 분산컴퓨팅의 특성을 가지지만, 여러 노
드가 단일한 제어에 따라 통제되지 않고, 여러 컴퓨터가 독자적으로
트랜잭션을 검증하고 합의하는 측면에서는 탈중앙화 컴퓨팅의 특성
을 가진다.

그리고 블록체인은 탈중앙화 컴퓨팅을 통해 잘 이해할 수 있다. 블
록체인은 분산원장의 기재 내용에 관해 단일의 주체에 의한 임의적인
조작 및 변경을 불가능하게 할 목적으로 탈중앙화 컴퓨팅 방식에 따
라 운영되는 대표적인 시스템이다. 모든 노드(컴퓨터) 각자가 독립적
으로 작동하며 제어 능력을 보유하여 블록과 그 안에 담긴 내용을 구
성하는 트랜잭션의 조작 여부를 검증하고 진정한 블록과 트랜잭션을
확인한다. 그리하여 검증하고 합의한 모두 같은 내용의 검증 내용을
각 컴퓨터의 메모리에 유지하는 탈중앙화 컴퓨팅 방식이다.

블록체인 네트워크를 탈중앙화 컴퓨팅의 관점으로 본다면 구성요
소로서 ① 컴퓨터로서 네트워크의 단위인 노드, ② 블록체인 네트워
크에서 각 노드에 공동으로 저장되는 블록과 블록의 구성요소로서 거
래의 단위인 트랜잭션, ③ 트랜잭션과 블록에 대해 검증하는 기능인
합의 알고리즘이 있다.

앞서 설명한 바대로 개별적인 노드에 의한 임의적인 조작을 방지
하기 위해서는 일정한 약속이 필요하다. 그러한 약속의 방법론으로써
트랜잭션 검증을 위한 합의 알고리즘이 필요하게 되는데, 이를 실현하

기 위한 기술이 블록체인 기술과 합의 알고리즘 기술이다. 이와 관련해서는 이후 목차인 '3. 합의 알고리즘'에서 자세히 알아보기로 한다.

블록체인의 구조

블록체인 기술을 이해할 수 있는 전문적인 내용은 다른 매체에서 자세히 설명하므로 여기서는 토큰증권에서 중요한 블록체인 기술의 특징에 대해 탈중앙화 컴퓨팅의 관점에서 간단하게 알아본다.

2.1 블록체인에서의 노드

블록체인 네트워크를 구성하는 컴퓨터를 노드라고 부른다. 노드는 블록체인의 핵심 구성요소로서, 탈중앙화와 보안 측면에서 중요한 역할을 담당한다.

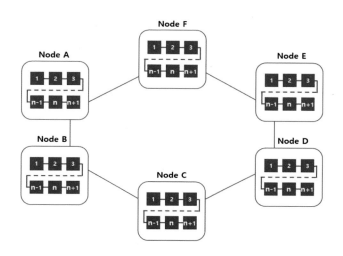

블록체인의 특성상 모든 노드는 동등한 권한을 가지며, 이들 간의 합의를 통해 신뢰성 있고 투명한 거래가 이루어지도록 만든다. 블록체인 노드의 핵심적인 역할은 각 노드가 독립적으로 트랜잭션을 검증하고 수집하여 블록을 생성하고 합의 알고리즘을 통해 블록을 검증하여, 전체 블록 및 온체인 데이터의 사본(분산원장)을 유지하는 것이다. 그리고 자신이 유지하는 블록체인과 온체인 데이터를 이용하여 블록체인 사용자들과 통신하고 상호작용하는 기능을 한다.

블록체인에서 노드는 모두 동등한 권한을 가지고 트랜잭션을 검증하여 블록을 생성한다. 이러한 특성으로 인해 중앙화된 데이터베이스와는 다른 특성을 갖게 된다.

공개된 네트워크에서 충분히 많은 노드가 분산된 경우, 불특정 다수의 집단적인 합의에 따라 블록을 생성하게 되므로, 기술 자체로 소수의 노드에 의해서 트랜잭션이 조작되지 않도록 방지한다. 즉 기술 자체로 조작을 방지하는 기능이 있어서 추가적인 조작을 막을 수단이 필요하지 않다. 따라서 공개된 네트워크에서 충분히 많은 노드가 블록체인 네트워크를 형성하는 경우 신뢰성 있는 중앙화된 관리주체가 필요하지 않게 된다.

반면 데이터베이스는 단일한 통제에 따라 관리되므로 관리주체가 반드시 있어야 하는데 그 관리주체에 의해 DB가 조작될 가능성이 있으므로, 공적인 기록 수단으로 데이터베이스를 이용하려면 관리주체에 의한 조작을 막을 다른 수단이 필요하게 된다.

데이터베이스의 로그기록을 통해 사후적으로 조작 여부를 확인할 수도 있지만 그 자체로는 관리자에 의한 조작을 원천적으로 방지하는 기능을 가지지 못한다.

따라서 데이터에 대한 조작을 예방해야 한다면 별도로 조작을 방지할 수 있는 장치가 필요하다. 기존 금융시장에서는 인가 제도를 통해 신뢰성을 갖춘 자들만이 증권 데이터를 관리할 수 있도록 하며, 다양한 기관이 상호감시를 통해 데이터의 조작을 막고 한 기관에 의해 기록이 조작되더라도 조작 여부를 확인할 수 있도록 한다.

2.2 트랜잭션과 블록

블록체인에서 거래는 트랜잭션 형식으로 블록에 저장되어 블록체인에 기록된다. 트랜잭션은 블록체인 사용자의 네트워크 계정(주소) 간의 디지털 거래기록으로서 트랜잭션이 송신자의 개인키로 서명[4]되어 송신자가 작성한 트랜잭션임이 증명된다. 디지털자산 보유자는 자신의 개인키를 이용해 트랜잭션을 생성한다. 그렇게 생성된 트랜잭션은 블록체인 네트워크의 여러 참여자 간에 전송되고, 트랜잭션들이 블록으로 묶인 다음 합의 알고리즘에 의한 검증을 거쳐 유효한 블록으로 결정되며 해당 블록이 이전에 생성된 블록과 이어져 순차적으로 체인을 형성한다.

트랜잭션의 생성과 전파

블록체인에서는 디지털자산의 개인키를 보유하고 있는 자만이 그 개인키에 대응하는 자신의 계정(주소)에서 블록체인 지갑이나 블록체인 인터페이스를 사용해 트랜잭션을 생성하고 개인키로 서명한다.

일반적으로 트랜잭션은 ① 트랜잭션을 시작하는 주소인 발신자 주소(From Address), ② 트랜잭션이 실행될 스마트 계약의 주소 또는 토큰을 수신하는 자의 주소인 수신자 주소(To Address), ③ 스마트 계

---

4 아래 '🔟 비대칭 암호화' 참고.

약 함수와 그 매개변수를 포함한 정보인 데이터(Data) 또는 이전할 토큰의 양을 나타내는 값(Value), ④ 토큰 이전 또는 스마트 계약 트랜잭션의 실행에 필요한 가스의 양과 가격을 나타내는 가스(Gas)로 이뤄져 있다.

이와 같은 정보로 이뤄진 트랜잭션은 발신자의 개인키로 서명되고 노드에 전달되어 배포된다. 트랜잭션을 전달받은 노드는 이 트랜잭션을 블록체인 네트워크를 통해 인접 노드들에 직접 전파(Broadcast)한다. 트랜잭션을 전파받은 인접 노드들은 자신의 인접 노드들에 다시 트랜잭션을 전파하고 이런 과정이 반복되어 전체 블록체인 노드에 트랜잭션이 전파된다. 블록체인에서는 트랜잭션 생성이 오로지 암호화된 개인키에 의해서만 이뤄지기 때문에 따라 중개자 없는 익명 거래가 가능하게 된다.

블록체인의 변경은 개인키 보유자가 수행한다는 지점에서 데이터베이스의 변경과 다르다. 데이터베이스의 변경은 데이터베이스 관리자에 의해 데이터베이스를 변경할 권한이 있는 자에 의해서 이뤄진다. 데이터베이스 관리자는 데이터의 무단 액세스 및 변경을 방지하기 위하여 사용자나 데이터베이스 관리 애플리케이션에 접근권한을 부여한다. 데이터베이스 관리자는 사용자나 애플리케이션에 권한을 부여할 수 있으며, 권한이 부여된 사용자나 애플리케이션은 특정 데이터베이스 객체(테이블, 뷰, 프로시저 등)에 대한 작업(선택, 삽입, 갱신, 삭제 등)을 수행할 수 있다.

데이터베이스의 변경을 위해서는 변경 권한이 필요하기 때문에 데이터베이스 기반의 인프라에서는 중개인이 필연적으로 존재할 수밖에 없게 된다.

블록의 생성과 기능

여러 노드로 전파된 트랜잭션들은 블록에 그대로 모여 저장된다. 트랜잭션을 해석하여 계좌 값 등으로 변환하기도 하지만 이러한 경우에도 트랜잭션이 함께 별도로 블록에 보관된다. 블록체인 알고리즘에서 블록은 트랜잭션 등 중요 데이터를 암호화하여 담고 있는 블록체인의 핵심 구성요소 중 하나이다.

일반적인 블록체인 네트워크에서의 블록 생성 절차는 다음과 같다.

1) 트랜잭션 수집 및 검증 노드는 새로운 블록이 생성되기 전에 블록에 담을 트랜잭션들을 수집하고 검증한다. 네트워크를 통해 전파받은 트랜잭션들은 노드의 메모리 풀(Mempool)이라는 저장공간에 저장되고 멤풀에 포함된 트랜잭션들은 블록에 포함되게 된다. 노드들은 멤풀에 있는 트랜잭션들이 유효한 서명을 가졌는지, 자산 전송의 경우 출발지 계정에 충분한 자산이 있는지, 스마트 계약의 경우 실행이 가능한지 등을 확인한다.

2) 머클 트리 구성 검증된 트랜잭션들은 머클 트리(Merkle Tree) 구조를 형성한다. 머클 트리는 트랜잭션들을 해시 트리(Hash Tree)[5]구조로 배치하여 트랜잭션의 일부가 변경되었을 때 빠른 검증이 가능하도록 도와준다.

3) 블록 생성 노드는 트랜잭션과 머클 트리를 이용해 새로운 블록을 만들어 낸다. 또한 새로운 블록은 이전 블록의 해시값도 포함하게

---

[5] 해시 트리(Hash Tree)는 데이터의 효율적인 검증과 무결성을 제공하기 위한 트리형 자료구조이다. 이는 데이터의 일부분이나 전체가 변경되었는지를 빠르게 검증할 수 있도록 설계된 자료구조이다. 해시 트리는 여러 레벨로 구성되어 있으며, 각 노드는 해당 레벨의 하위 노드들의 해시를 계산한 값을 갖는다. 특정 데이터 블록이 변경되었을 때, 해당 블록을 포함하는 경로에 대한 해시만 계산하면 되므로 효율적인 무결성 검증이 가능하다. 이는 블록의 크기와 관계없이 빠르게 검증을 수행할 수 있다.

되고 블록 사이에 연결 리스트[6]구조를 갖게 된다. 이를 통해 블록체인은 연속성을 유지하며, 각 블록은 이전 블록에 대한 참조를 갖게 된다.

4) 합의 알고리즘 수행　다음 절차로 노드들 간의 PoW, PoS와 같은 합의 알고리즘에 따라 블록을 검증한다. 합의 알고리즘은 네트워크 참여자들 사이의 신뢰를 구축하고, 블록의 동일성을 확보한다. 블록은 생성된 시간에 대한 타임스탬프를 가지고 있어 특정 이벤트가 언제 발생했는지를 추적할 수 있다.

5) 블록 전파　합의 알고리즘이 완료되면 유효한 블록이 결정된다. 이 블록은 새로운 체인의 일부가 되고, 네트워크의 모든 노드에 전파되어 다른 노드들에게 알려진다. 네트워크의 다른 노드들은 새로운 블록을 수신하면 자체 블록체인과 동기화하여 최신 상태를 유지한다.

블록체인에서 블록은 해시함수, 블록 간 연결, 디지털서명 등의 요소를 이용하여 트랜잭션 데이터를 저장하여 트랜잭션 데이터의 조작을 단계별로 방지하고 조작 여부를 검증할 수 있도록 한다.

만일 하나의 노드에서 블록 내에 포함된 트랜잭션이 조작된 경우, ① 트랜잭션 자체의 변조는 개인키로 이뤄진 디지털서명 검증으로 확인할 수 있지만, 블록 구조에 의해서도 트랜잭션 조작 여부를 확인할 수 있다. ② 먼저 해당 트랜잭션이 포함된 블록의 해시값이 변경되므로, 이를 기존 블록의 해시값과 비교하여 불일치를 식별하는 방식으로 확인할 수 있으며, ③ 조작된 트랜잭션이 포함된 블록의 해시값이 변하면 그 이후 모든 블록의 해시값이 불일치하여 무결성 검증에서 실패하게 된다. ④ 따라서 조작하려는 트랜잭션 이후 이미 발생한 트랜잭션을 담은 모든 블록을 순차적으로 수정해야 하는데, 블록 생성

---

6 연결 리스트(Linked List)는 데이터 요소들을 노드(Node)로 구성하고, 각 노드가 데이터와 다음 노드를 가리키는 링크(포인터)로 이루어진 선형 자료구조이다. 블록체인에서 각 블록은 이전 블록의 해시값을 가지고 있으며 이로써 블록들은 순서를 가지며 연속성을 유지한다.

속도를 따라잡아 모든 수정을 진행하는 것은 사실상 불가능하다.

블록체인은 블록을 통해 조작 가능성을 막을 수 있는 특성이 있는 반면에 데이터 저장 형식이 고정되어 있어 기술적 유연성이나 확장성은 떨어지게 된다. 블록체인은 일반적으로 블록 데이터구조와 연결 리스트, 해시 트리 등으로 이루어진 미리 결정된 블록체인 구조를 가지므로 변경이 어렵다. 또한 다수의 블록을 만들고 검증하는 데 많은 연산이 필요하므로 속도 제약 문제도 존재한다. 그래서 블록체인 기술은 각종 규제에 유연하게 적응하기 어려울 수 있다.[7]

한편 블록체인의 조작 방지 능력의 한계도 존재한다. 블록체인의 조작 방지 능력은 트랜잭션이 생성되고 블록에 포함되어 합의 알고리즘에 의해 검증된 이후에 적용되는 특성이다. 만약 트랜잭션 생성 이전에 데이터가 조작되고 조작된 데이터가 합의 알고리즘에 따라 합의되어 블록으로 저장되는 경우 조작된 데이터가 그대로 블록체인에 저장된다. 즉 블록체인은 트랜잭션 생성 이전 데이터의 조작을 방지할 수 없으며 블록체인 이외의 다른 메커니즘을 통해 데이터의 조작을 방지할 수 있어야 한다.

Ⓑ 비대칭 암호화

비대칭 암호화(Asymmetric Cryptography)는 암호화와 복호화에 같은 비밀키(secret key; 개인키)를 사용하는 대칭 암호화 방식과 대비되는 방식으로서 암호화와 복호화에 서로 다른 키를 사용하는 암호화 기술이다.

---

7 예를 들어 금융거래 정보는 타인에 노출되어서는 안 되지만 공개형 블록체인에서는 원칙적으로 거래 정보가 모두 공개된다. 따라서 다른 노드의 거래 트랜잭션이 모두 노출되는 문제가 발생한다. 블록체인 기술 중 영지식증명(Zero-Knowledge Proofs; ZKP), 채널링 등을 통해 거래 정보가 노출되지 않도록 할 수 있다고 하지만 실제 구현은 미지수이며, 영지식증명, 채널링 등은 블록체인 속도를 더 많이 느려지게 하는 문제를 유발한다.

이러한 알고리즘은 두 개의 키, 즉 공개키(Public Key)와 비밀키(Private Key)를 사용하여 상호 간 통신의 기반이 되는데, 두 개의 키 중 하나는 데이터를 암호화하고 다른 하나는 암호문을 해독하는 데 사용된다.

공개키와 개인키 생성

송신자 또는 수신자는 공개키와 개인키(비밀키)를 생성한다. 공개키와 개인키를 만들어 내는 대표적인 비대칭 암호화 알고리즘으로는 대표적으로 RSA(Rivest-Shamir-Adleman),[8] ECC(Elliptic Curve Cryptography),[9] 등이 있다. 비트코인과 이더리움에서는 ECC(Elliptic Curve Cryptography)를 활용한 ECDSA(Elliptic Curve Digital Signature Algorithm)의 방식으로 공개키와 비밀키를 생성한다.

비대칭 암호화에서 공개키는 모든 사람과 공유되며, 개인키는 송신자 또는 수신자만 가지는 방식이다.

비대칭 암호화 방식을 이용한 암호화

비대칭 암호화의 활용 방식에 따라서 공개키로 암호화할 수 있고 개인키로 암호화할 수 있다.

기밀성을 유지하고자 하는 경우 송신자는 수신자의 공개키를 사

---

8 RSA(Rivest-Shamir-Adleman)는 비대칭 암호화 알고리즘 중 하나로, 1977년에 Ron Rivest, Adi Shamir, Leonard Adleman에 의해 발표되었다. 이 알고리즘은 공개키 암호 시스템으로 분류되며, 공개키와 개인키를 사용하여 암호화와 서명 생성을 수행한다. RSA는 이름의 첫 글자를 따서 지어진 알고리즘 이름이다.

9 ECC(Elliptic Curve Cryptography)는 타원 곡선을 기반으로 하는 공개키 암호화 알고리즘이다. 이 알고리즘은 비교적 짧은 키 길이로도 강력한 보안을 제공하며, 자원이 제한된 환경에서도 효율적으로 동작한다. ECC는 전자 서명, 키 교환, 데이터 암호화 등 다양한 보안 응용 분야에서 사용된다.

용하여 메시지를 암호화한다. 송신자는 암호화된 메시지를 수신자에게 전달하며 수신자만이 개인키로 암호화된 메시지를 해독할 수 있다. 공개키로 암호화된 암호문은 개인키에 의해서만 해독이 가능하므로 개인키를 보유한 자만이 해독할 수 있어서 데이터의 기밀성을 유지할 수 있다.

반면 메시지의 무결성을 보장하고, 메시지를 생성한 송신자를 확인하기 위한 목적으로 사용되는 디지털서명을 작성할 때는 개인키로 암호화를 수행한다. 송신자는 메시지와 함께 디지털서명을 수신자에게 전송하고 수신자는 송신자의 공개키를 사용하여 디지털서명을 복호화하여 원래의 해시값을 얻는다.

이 해시값을 수신자가 수신한 메시지의 내용에 대해 다시 해시하여 얻은 해시값과 비교하여 메시지의 무결성과 송신자 서명의 진정성을 확인할 수 있다. 디지털서명은 개인키에 의해서만 가능하지만, 모든 사람에게 공개된 공개키로 복호화할 수 있어서 누구든지 디지털서명을 공개키로 복호화하여 메시지의 무결성과 송신자 서명의 진정성을 확인할 수 있다.

블록체인에서의 비대칭 암호화 방식

블록체인의 트랜잭션을 생성하는 경우에도 공개키로 암호화하는 방식과 개인키로 암호화하는 방식이 모두 사용된다.

예컨대 비트코인에서 트랜잭션의 송신자는 트랜잭션 수신자의 공개키로 이루어진 주소로 디지털자산을 전송하고, 트랜잭션 수신자는 자신의 개인키를 사용하여 전송받은 디지털자산을 확인한다.

한편 트랜잭션이 생성된 이후 해당 트랜잭션을 개인키로 서명하는데, 이 서명은 트랜잭션이 송신자에 의해 생성되었음을 증명한다.

트랜잭션이 전파되면 블록체인 네트워크의 노드들은 해당 트랜잭션의 서명을 검증하는데, 이 검증은 공개키를 사용하여 수행되며, 서명이 올바르게 생성되었는지를 확인한다.

비대칭 암호화에서는 공개키와 비밀키를 사용하므로, 키 교환이 더 용이하다. 대칭 암호화에서는 키 교환에 대한 독립적인 암호화 메커니즘이 필요하며, 이를 보장하는 게 어려울 수 있다. 반면 비대칭 암호화에서 수신자는 자신의 공개키를 다른 사용자에게 전달하여 안전한 통신을 시작할 수 있음에 따라 키 교환에 대한 취약성을 감소시킬 수 있다.

하지만 비대칭 암호화 알고리즘은 대칭 암호화에 비해 계산의 복잡성이 크다. 특히 암호화 및 복호화에 사용되는 키의 길이가 길어지면 계산이 더욱 복잡해지며, 이는 자원이 제한된 환경에서 네트워크의 성능을 저하하게 할 수 있다. 따라서 대칭 암호화에 비해 성능이 떨어질 수 있다. 특히 대량의 데이터를 암호화하거나 복호화해야 하는 경우, 비대칭 암호화의 성능 저하가 더 크게 나타날 수 있으므로 현대적인 보안 시스템에서는 이 둘을 조합하여 사용하는 것이 일반적이다.

합의 알고리즘

설명한 바와 같이 블록체인에서 데이터는 블록 단위로 저장되며, 탈중앙화 컴퓨팅의 특성상 모든 노드는 독자적으로 블록을 생성하고 저장할 수 있다. 하지만 모든 노드가 각자 자신이 생성한 블록만을 저장한다면, 모든 노드가 서로 다른 블록을 저장하게 되어 진실한 거래 내역의 저장이라는 분산장부의 목표를 달성할 수 없을 것이다.

따라서 여러 노드가 생성한 블록 중 모든 노드가 저장해야 하는 블록을 합의할 수 있는 규칙이 필요한데, 분산장부에서는 이러한 규칙을 합의 알고리즘이라고 한다. 블록체인에서 쓰이는 대표적인 합의 알고리즘은 작업증명, 지분증명, PBFT 등이 있다.

합의 알고리즘의 기능

분산원장에 대한 신뢰의 원천은 단일한 주체가 아닌 다수의 노드에 의한 집단적인 검증에 기반한다. 모든 노드는 블록체인 기술의 합의 알고리즘을 기초로 블록을 생성할 권한과 블록의 진위를 검증할 권한을 가지며, 수많은 노드에 의한 상호 검증에 따라 분산원장 기재의 신뢰를 유지한다.

블록체인과 합의 알고리즘에 따른 검증으로 블록이 생성되면 생성된 블록의 내용은 변경할 수 없게 되며 노드 및 해커에 의한 블록 조작이 사실상 어려워진다. 블록체인에 한 번 기록된 데이터는 합의 알고리즘에 의해 검증되고 이후에는 변경할 수 없다.

합의 알고리즘으로 인해 트랜잭션을 조작하기 위해서는 ① 조작하려는 트랜잭션 이후 이미 발생한 트랜잭션을 담은 모든 블록을 순차적으로 수정해야 하는데, 새로 발생하는 트랜잭션의 생성 속도를 따라잡아 모두 소급해서 변경해 주는 것이 사실상 불가능하다. 또한 ② 트랜잭션을 조작하여 블록을 생성해야 할 뿐만 아니라 다른 노드들은 진실한 트랜잭션에 근거해 블록이 생성되어 있으므로 조작된 트랜잭션에 의해 만들어진 블록들로 다른 모든 노드의 진정한 블록들을 대체하여야 한다. 더불어, ③ 네트워크의 다른 노드들이 이러한 변조를 감지하고 조작된 블록을 거부할 수 있으며, 조작된 블록은 블록체인의 합의 과정에서 배제되어 진다.

따라서 블록체인을 조작하기 위해서는 블록 내 트랜잭션을 조작하는 방식보다는 51% 공격을 하여 새로운 트랜잭션과 블록을 조작하는 방식으로 블록체인을 조작하려고 시도한다. 51% 공격이란 전체 노드의 절반 이상을 해킹하거나 절반 이상의 지분을 확보하여 새로 생성되는 블록체인의 내용을 조작하는 방식이다.

블록체인 네트워크와 합의 알고리즘으로 인해 소규모 블록체인 네트워크가 아닌 한 현실적으로 51% 공격은 성공하기가 매우 어렵고 일단 블록체인에 기재되면 트랜잭션(거래)은 사실상 조작하기 어려워진다.

블록체인 네트워크는 합의 알고리즘을 통한 자체적인 조작 방지 메커니즘을 통해 데이터의 무결성을 유지하며, 네트워크 전체의 합의를 요하는 블록의 검증과 추가 과정이 변조 시도에 대해 강력한 저항력을 제공한다. 이러한 조작 방지 기능은 블록체인을 매우 안전하고 신뢰할 수 있는 기술이 되게 하며, 이로써 블록체인이 금융, 공공 기록 보관 등 다양한 분야에서 활용될 수 있는 이유를 설명해 준다.

한편 데이터베이스에서도 독자적인 데이터 검증 절차를 거치지만 블록체인의 검증 절차와는 양상이 크게 다르다. 블록체인에서는 서로 다른 주체인 노드들에 의해서 합의 알고리즘에 따라 검증이 수행되지만, 중앙화된 데이터베이스에서는 권한이 부여된 사용자나 프로그램이 입력한 정보에 대해 노드 간 합의 알고리즘의 과정을 거치지 않는다. 하지만 데이터베이스의 독자적인 내부 검증 절차(예: 데이터 유효성 검사, ACID[10] 트랜잭션 속성 확보 등)를 거친 이후에 데이터베이스에 저장한다. 블록체인에서와 다르게 데이터베이스의 독자적 검증 절차는 다른 주체 간의 합의에 따라 이뤄지는 것이 아니다. 따라서 블록체인과 달리 데이터베이스 관리자에 의한 조작은 방지되기 어렵다.

블록체인의 속도 문제

하지만 블록체인 기술은 합의 알고리즘을 통해 저장된 데이터의 신뢰를 확보하는 대신 블록 생성과 합의 알고리즘을 구동하기 위해 노드의 컴퓨팅 자원을 과도하게 사용함에 따라 데이터베이스에 비해 시스템 속도가 느려지는 문제를 유발한다.

이러한 속도 저하는 특히 대규모 거래가 진행될 때 더욱 두드러지게 나타난다. 따라서 블록체인 기술은 신뢰성과 보안에 중점을 두면서도 처리 속도를 향상시키기 위한 다양한 기술적 개선을 지속적으로 모색하고 있다. 예를 들어, 샤딩(sharding)[11]이나 라이트닝 네트워크 같

---

10 Part 4의 '4.1.2 프로그램 오작동 및 이중 지불의 방지' 참고.
11 블록체인 네트워크의 확장성 문제를 해결하기 위해 도입된 기술로, 데이터베이스 분할 기법을 블록체인에 적용한 것이다. 전체 블록체인을 여러 개의 작은 파티션, 즉 '샤드'로 나누어 각 샤드가 트랜잭션을 독립적으로 처리하고 검증할 수 있게 함으로써, 네트워크 전체의 처리량을 증가시키고 더 많은 트랜잭션을 신속하게 처리할 수 있도록 한다. 이 방식은 네트워크의 부하를 분산시켜 더 효율적인 데이터 처리가 가능하게 하며, 각 샤드는 다른 샤드와 병렬로 작동하므로 전체 시스템의 성능을 크게 향상시킬 수 있다.

은 레이어 2 솔루션[12]등을 도입하여 트랜잭션 처리량을 증가시키고, 전체 네트워크의 효율성을 개선하는 방법이 연구되고 있다.

🤝 비잔틴 장군 문제

여러 컴퓨터 사이의 상호 합의가 필요한 탈중앙화 컴퓨팅에서는 비잔틴 문제가 발생한다.

비잔틴 결함 내성(Byzantine Fault Tolerance; BFT)은 네트워크상의 노드들이 서로 다른 정보를 가지고 있거나, 일부가 악의적인 행위를 하더라도 전체 시스템이 올바르게 기능할 수 있도록 하는 특성을 말한다. 네트워크상의 일부 노드가 악의적인 목적으로 거짓 정보를 전파하거나 합의 과정을 방해할 수 있기 때문에, 이러한 상황에서도 올바른 합의에 도달할 수 있게 하는 메커니즘이 필요하다.

비잔틴 장군 문제(Byzantine Generals Problem)는 분산컴퓨팅 시스템에서 신뢰할 수 없는 컴포넌트가 존재할 때 전체 시스템이 여전히 정확한 합의에 도달할 수 있는지에 대한 문제이다. 이 문제는 레슬리 램포트(Leslie Lamport)와 그의 동료들에 의해 1982년에 제기되었으며,[13] 본질적으로는 분산 시스템 내에서 발생할 수 있는 임의의 장애나 악의적인 행위에 대처하는 능력에 관한 문제이다.

비잔틴 장군 문제는 서로 떨어진 여러 장군이 각각의 군대를 이끌

---

12 레이어 2 솔루션은 기존 블록체인 네트워크(레이어 1) 위에 추가적인 프로토콜이나 네트워크를 구축해 기본 레이어의 성능을 향상시키는 기술이다. 이 솔루션은 주로 트랜잭션 처리 속도를 높이고, 수수료를 줄이며, 확장성을 개선하는 데 목적이 있다. 레이어 2 솔루션에는 라이트닝 네트워크, 플라즈마, 상태 채널, 롤업 등이 포함되며, 이들은 주 네트워크의 부담을 줄이기 위해 대부분의 트랜잭션을 레이어 1 바깥에서 처리하고 결과만 레이어 1에 기록한다. 이를 통해 블록체인 네트워크의 전반적인 성능과 효율성이 크게 향상된다.

13 Lamport, Leslie, Robert Shostak, and Marshall Pease. "The Byzantine Generals Problem." ACM Transactions on Programming Languages and Systems 4.3 (1982), pp.382-401.

고 적의 도시를 포위한 상태에서, 공격할지 철수할지에 대한 합의를 이루어야 하는 상황을 상정한다.

장군들은 서로 직접 만나서 의논할 수 없고, 오로지 전령을 통해서만 메시지를 주고받을 수 있다. 즉 이 장군들은 공격을 성공시키기 위해 모두 동시에 공격하거나 모두 철수하는 등의 일관된 행동을 취해야 하는데, 이들은 직접 만나서 의논할 수 없고, 오직 메신저를 통해서만 소통할 수 있다.

여기서 문제는 일부 장군이 배신자일 수 있으며, 이들은 고의로 잘못된 메시지를 전달하여 합의를 방해할 수 있다는 것이다. 비잔틴 장군 문제는 다음과 같은 질문을 던진다: "어떻게 모든 충성스러운 장군들이 배신자의 존재에도 불구하고 성공적인 전략에 도달할 수 있을까?"

비잔틴 장군 문제를 해결하기 위한 알고리즘은 시스템이 n개의 노드(장군)를 가지고 있을 때, 최대 m개의 노드가 비잔틴 장애(즉, 잘못된 정보를 전파하는 등의 악의적인 행위)를 일으킬 수 있음에도 불구하고 모든 정직한 노드가 같은 결정에 도달할 수 있도록 설계되어야 한다.

블록체인 합의 알고리즘들은 탈중앙화 컴퓨팅에서 나타날 수 있는 비잔틴 문제를 해결할 수 있는 특성인 비잔틴 결함 내성(Byzantine Fault Tolerance)을 갖는다.

이 알고리즘들은 네트워크상의 노드 중 일정 비율이 비잔틴 장애를 일으키더라도, 네트워크가 올바른 합의에 도달하고 정상적으로 기능할 수 있도록 보장한다. 비잔틴 결함(장애) 내성의 특성을 갖는 합의 알고리즘은 대표적으로 PBFT, PoW, PoS가 있다.

PBFT(Practical Byzantine Fault Tolerance)는 분산 시스템에서 비잔틴 장애를 견딜 수 있는 첫 번째 실용적인 알고리즘 중 하나로 널리 인식되고 있다. PBFT는 전체 노드 중 3분의 2 이상이 정상적이고, 올바르게 행동한다고 가정한다. 즉, 시스템에 있는 노드 n에 대해, 최대

⌊$(n-1)/3$⌋[14]개의 노드가 오류를 일으키거나 악의적인 행동을 하더라도 올바른 합의에 도달할 수 있다.

이 알고리즘은 3단계 프로세스(pre-prepare, prepare, commit)를 통해 작동하며, 모든 노드가 각 단계에서 다른 노드로부터 받은 메시지를 확인함으로써 합의에 도달한다.[15] PBFT는 각 단계에서 다수의 메시지를 교환해야 하므로, 많은 통신자원이 소요된다. 그러나 이 알고리즘은 높은 처리량과 낮은 지연 시간을 가진 허가형 블록체인 네트워크에서 효과적으로 합의에 도달할 수 있도록 설계되었다.

작업증명(Proof of Work; PoW) 알고리즘은 원래 비잔틴 문제를 해결하기 위해 설계된 것이 아니지만, 악의적인 노드가 네트워크를 공격하려면 상당한 양의 계산 능력을 투입해야 하여 분산된 환경에서 노드의 오류나 악의적인 행위에 대해 내성을 가진다.

지분증명(Proof of Stake; PoS) 알고리즘 또한 원래 비잔틴 문제를 해결하기 위해 설계된 것은 아니다. 하지만 PoS에서 참가자들은 자신의 가상자산을 '스테이킹'한 상태에서 블록을 생성하거나 합의 과정에 참여하게 되는데, 이를 통해 참가자들이 네트워크의 보안과 정상적인 운영에 기여하도록 경제적 이해관계와 인센티브를 제공한다.

그리고 만약 참가자가 악의적인 행위를 하면, 스테이킹된 그들의

---

14 [R]: 주어진 실수(R)를 넘지 않는 최대의 정수(내림함수).

15 **1단계 Pre-prepare:** 이 단계에서는 주 노드(리더 노드)가 클라이언트로부터 요청을 받고, 이를 순서대로 정렬하여 다른 노드들에게 전파한다. 이 단계의 목적은 모든 노드가 같은 순서로 트랜잭션을 처리하도록 하여 합의를 이루기 위한 기반을 마련하는 것이다.
2단계 Prepare: 각 노드는 주 노드로부터 받은 트랜잭션의 순서를 검증하고, 해당 트랜잭션을 실행하기 전에 다른 노드들과 정보를 교환한다. 이 단계에서 노드들은 서로 메시지를 교환하여 모든 노드가 같은 정보를 가지고 있는지 확인한다. 노드들은 적어도 2f+1개의 노드(전체 노드 중 과반수 이상, 여기서 f는 허용 가능한 최대 비잔틴 노드의 수)의 동의를 얻어야 다음 단계로 넘어갈 수 있다.
3단계 Commit: 모든 노드가 준비가 되었음을 확인한 후, 각 노드는 트랜잭션을 실행하고 최종적으로 커밋한다. 이 단계에서 노드는 다시 한번 서로 메시지를 교환하여 모든 노드가 동일한 결론에 도달했는지 최종 확인한다. 최종적으로 필요한 수의 노드가 커밋 메시지를 교환하면, 트랜잭션이 성공적으로 합의에 도달한 것으로 간주한다.

가상자산이 처벌로서 소진될 수 있다. 또한 지분의 양에 따라 블록 생성 권한이 결정되므로, 네트워크를 조작하려는 악의적인 참가자는 막대한 양의 자산을 스테이킹해야 한다. 이러한 특성으로 인해 BFT의 특성을 갖게 된다.

⒝ 블록체인 트릴레마(Blockchain Trilemma)

블록체인 트릴레마는 블록체인 네트워크가 동시에 세 가지 주요 특성인 보안성, 확장성, 탈중앙성 중 일반적으로 두 가지는 동시에 달성할 수 있지만, 세 특성을 모두 완벽하게 달성하기 어렵다는 딜레마를 말한다.

보안성(Security)이란 네트워크가 안전하게 유지되어야 하며, 공격으로부터 보호될 수 있는 성질이며, 보안성이 높은 블록체인은 변조가 어렵고, 51% 공격과 같은 네트워크 공격에 강해야 한다.

확장성(Scalability)이란 대량의 트랜잭션을 처리할 수 있는 성질이며, 확장성이 높은 블록체인은 시스템의 성능 저하 없이 빠르게 처리할 수 있는 능력을 갖추고 있다.

탈중앙성(Decentralization)이란 네트워크의 통제와 권한이 특정 개인이나 그룹에 의해 집중되지 않은 성질을 말한다. 탈중앙성이 높은 블록체인이 되기 위해서는 블록체인 통제 권한이 중앙화되지 않고 참여자 간의 평등과 투명성을 갖추어 다수의 참여자에 의해 공동으로 운영되어야 한다.

블록체인의 트릴레마는 블록체인 설계에서 중요한 고려 사항이며, 이 세 가지 요소 간의 균형을 맞추는 것이 기술적으로 매우 도전적인 문제이다. 예를 들어, 보안성과 탈중앙성을 강화하면, 네트워크의 처리량이 제한될 수 있어 확장성이 저하될 수 있다. 반대로, 확장성을 높이기 위해 네트워크의 노드 수를 줄이면 탈중앙성이 약화될 수 있으며, 이는 보안성에도 영향을 미칠 수 있다.

블록체인 트릴레마는 이더리움의 창시자인 비탈릭 부테린에 의해 처음으로 널리 알려졌다. 비탈릭 부테린은 2014년 블록체인 네트워크가 동시에 보안성, 확장성, 탈중앙성을 완벽하게 달성하기 어렵다는 개념을 설명하면서 이 트릴레마에 대해 논의했다.

현재에도 블록체인 개발자들은 이 트릴레마를 해결하기 위해 다양한 블록체인 아키텍처와 합의 알고리즘을 실험하고 있으며, 새로운 기술과 아이디어를 통해 이 세 가지 요소의 균형을 찾으려 노력하고 있다.

스마트 컨트랙트

블록체인의 혁신에 관해 스마트 컨트랙트가 많이 언급되곤 하는데, 탈중앙화와 투명성을 기반으로 하는 블록체인 위에서 작동하는 스마트 컨트랙트는 금융, 부동산, 공급망, 의료, 보험, IoT 등의 많은 분야에 적용될 수 있어서 이를 통해 다양한 혁신이 이루어질 것이라는 기대가 높다.

토큰증권에서도 스마트 컨트랙트를 이용해 증권의 수익이 배분되고, 블록체인으로 의결권을 행사하여 중개 기관 없이 거래할 수 있을 것이라는 기대가 존재한다. 그런데 증권시장에서 스마트 컨트랙트를 통해 다양한 혁신이 가능한지 알아보기 위해서는 증권제도와 블록체인 기술 모두를 이해할 필요가 있다. 여기서는 스마트 컨트랙트의 중요한 기술적인 특징에 대해 살펴본다.

계약이 아닌 프로그램

스마트 컨트랙트의 첫 번째 특징은 계약이 아닌 프로그램이라는 점이다. 스마트 컨트랙트가 컨트랙트(계약)라는 법적 용어를 사용함으로 인해서 사람들이 오해하는 경우가 많다.

스마트 컨트랙트는 계약이나 거래를 이행하는 데 도움을 줄 수 있는 프로그램 코드가 될 수 있지만, 그 자체로 법적 의미의 계약은 아니다.

스마트 컨트랙트는 프로그램이지만 온체인상에서 자동으로 작동하는 특성이 있어서 스마트 컨트랙트에 계약 조건이 코드로 작성되면 상대방의 이행을 기다리지 않고도 계약이 자동으로 실행되기 때문에 거래에 따른 계약을 작성하는 데 활용될 수 있다.

스마트 컨트랙트가 이런 특성을 가질 수 있는 것은 온체인상에서 유지되는 상태변수(State Variable) 등 온체인 데이터 때문이다.

컴퓨터 프로그램에서 변수(Variable)는 데이터를 저장하고 참조하기 위한 이름이 부여된 메모리 위치를 나타내는데, 변수는 프로그램 내에서 값을 저장하고 다루는 데 사용되며 데이터의 임시적인 저장 및 조작에 활용된다.

이더리움과 같은 블록체인들은 스마트 컨트랙트를 구동하고 계좌별 토큰보유량 등 블록체인의 상태를 관리하기 위해서 블록체인 네트워크를 거대한 하나의 컴퓨터로 보아 컴퓨터가 작동하는 것과 유사한 방식으로 블록체인 네트워크를 작동시킨다.

명령어에 의해서 계산과 로직이 수행되어 스마트 컨트랙트와 같은 프로그램이 작동되고 네트워크 내에 정보가 저장되며, 블록체인에서 스마트 컨트랙트 프로그램의 중요 데이터는 온체인상의 상태변수에 의해 저장된다.

상태변수(State Variable)는 온체인으로 스마트 컨트랙트 내부에 저장되고 관리되는 데이터를 의미하며, 스마트 컨트랙트의 상태(state)를 나타낸다. 이 상태변수는 온체인상에서 유지되기 때문에 블록체인의 트랜잭션을 통해서만 변경될 수 있다.

스마트 컨트랙트의 특정 함수를 호출하는 트랜잭션은 상태변수를 업데이트하거나 새로운 상태만을 생성하며, 블록체인상에서는 누구나 상태변수의 확인이 가능하다. 따라서 스마트 컨트랙트를 통해 중요 조건들을 변경하기 어렵게 만들고 프로그램이 투명하게 작동할 것이라고 신뢰할 수 있다. 또한 프로그램으로서 블록체인으로 자동 실행될 수 있으므로 자동화된 프로그램 수행을 기대할 수 있다.

스마트 컨트랙트의 한계

하지만 스마트 컨트랙트가 상태변수를 통해 프로그램이 투명하게 작동하는 것이 보장되더라도 일정한 한계가 있다. 스마트 컨트랙트를 통해서 계약을 프로그램 코드로 적절히 반영하여 작성했다고 하더라도 현실적으로 법률의 최종적인 도움까지 필요하지 않을 정도로 프로그램을 만들기란 매우 어렵기 때문에 스마트 컨트랙트에 의해 모든 법률문제를 규정하기란 어렵다.

예컨대 스마트 컨트랙트가 법률행위로써 계약이 깔끔하게 잘 작성되었다고 하더라도 각 당사자가 계약 외적인 법률 규정에 근거하여 자신의 정당한 권한에 따라 단독행위를 하는 경우 등을 고려해서 스마트 컨트랙트를 이와 관련된 모든 경우의 수를 반영하여 만들기란 쉽지 않기 때문이다.

다시 말해 각 당사자가 스마트 컨트랙트가 담은 계약 외적인 사항으로 자신의 정당한 권한에 따라 취소, 해제, 해지, 철회, 추인, 상계, 채무면제 등의 단독행위를 하는 경우 스마트 컨트랙트 작성 시 이런 행위들을 예상하지 못한 경우에는 정당한 권한 행사임에도 블록체인 상에서는 그 효력이 반영되지 않는다.

따라서 스마트 컨트랙트로 계약을 작성했더라도 복잡한 법률문제가 개입하지 않는 제한적인 조건에서만 유의미한 계약이행의 수단으로서 기능할 수 있다.

계약 수단이 아닌 프로그램으로 보아도 스마트 컨트랙트는 한계를 가진다. 먼저 오라클 문제(The Oracle Problem)는 스마트 컨트랙트의 한계로 지적된다.

오라클 문제란 스마트 컨트랙트가 외부 데이터에 의존할 때 발생하는 문제를 말한다. 블록체인은 자체적으로는 외부 데이터에 직접적으로 접근할 수 없다. 스마트 컨트랙트는 자체적인 외부적 참조 능력 없이 블록체인 내에서만 실행되기 때문에, 블록체인 환경에 접속하여 스마트 컨트랙트 실행에 필요한 신뢰성 있는 외부 데이터를 제공해 주는 별도의 주체가 필요하다. 오라클은 블록체인 내 외부 데이터를 나타내는 변수들의 값을 설정해 주는 방식으로 블록체인이 외부 데이터에 접근할 수 있도록 해준다.

만약 외부 데이터를 제공해 주는 주체가 신뢰성이 떨어져 잘못된 데이터를 제공할 수도 있고, 해커가 악의적으로 오라클을 공격하여 가짜 데이터를 제공하거나 정상적인 데이터를 변조하여 스마트 컨트랙트에 해를 끼치는 '오라클 공격(The Oracle Attack)'이 문제가 된다.

오라클 문제로 인해 잘못된 데이터가 스마트 컨트랙트에 제공되는 경우 현실 세계와 동떨어진 방식으로 프로그램이 작동하여 제대로 된 결과를 제공할 수 없게 된다.

또한 블록체인의 특성으로 인해 스마트 컨트랙트는 일반적인 프로그램보다 제한이 많고 비효율적이다. 따라서 일단 스마트 컨트랙트가 블록체인에 배포되면 그 코드는 변경하는 것이 불가능하며, 코드에 오류가 있거나 업데이트가 필요한 경우에도 수정이 어렵다. 즉 스마트 컨트랙트는 나중에 발견된 오류를 수정하기가 어렵기 때문에 초기에 코드를 최대한 완벽하게 프로그래밍하는 것이 중요하다.

블록체인의 속도 또한 스마트 컨트랙트 기능에 있어서 중요한 문제이다. 현재의 블록체인 기술은 초당 처리 가능한 트랜잭션 수가 한정되어 있어서, 짧은 시간에 많은 수의 트랜잭션을 처리해야 하는 스마트 컨트랙트는 실제 온체인상에서 구동하기 어려울 수 있다.

게다가 트랜잭션으로 구동하는 스마트 컨트랙트는 트랜잭션이 실행될 때마다 가스비용을 소모하여 스마트 컨트랙트의 기능을 제한한다. 그리하여 많은 수의 가상자산 프로젝트들은 핵심적인 기능만을 온체인 스마트 컨트랙트로 실행하고 오프체인 프로그램을 통해 부수적인 기능을 처리하는 방식으로 스마트 컨트랙트의 한계를 극복한다.

Part 3

토큰증권의 투자자 보호

: 증권법(자본시장법) 관점에서의 토큰증권

디지털자산 투자자들의 의문

2022년 이래로 증권규제가 디지털자산 시장의 화두가 되었고, 규제의 향방에 따라 디지털자산 시장은 요동을 쳤다. SEC가 2022년 말 FTX 사태 이후 증권규제를 본격화하고, 2023년 6월 초 바이낸스와 코인베이스에 대한 기소를 정점으로 가상자산 시장은 큰 충격을 받았다.

반대로 2023년 7월 뉴욕 남부지방법원에 의해 리플이 일부 승소하여 SEC의 증권규제가 제동이 걸리자 600원대에 거래되던 리플(XRP)은 폭등하여 한때 1,400원대에서 거래되는 등 가상자산 시장이 활기를 되찾기도 했다.

한편 우리나라에서는 가상자산에 대한 증권규제가 크게 이슈화되지 않았으나, 우리 정부도 2017년 9월에 증권발행 형식을 포함하여 모든 형태의 ICO를 금지했으며, 2019년 1월에는 자본시장법을 위반한 것으로 증권에 해당하는 ICO 토큰을 열거[1]하여 이를 원천적으로 차단하는 조치를 한 바 있다.

이후 금융위원회는 관련 규제 적용을 위한 준비를 거쳐 2023년 2월 6일 토큰증권 관련 정비 방안을 발표하기에 이르렀다. 그리하여 자본시장법의 규율에 따라 토큰증권을 허용하고, 토큰증권을 전자증권법 제도상의 증권발행 형태로 수용할 계획을 제시하였다.

---

[1] "플랫폼상 P2P대출 유동화 토큰 발행 및 거래, 가상화폐 투자 펀드 판매, 증권에 해당되는 ICO 토큰(코인) 투자 서비스를 제공하는 프로젝트를 진행하는 경우 자본시장법 위반 해당". 금융위원회, ICO 실태조사 결과 및 향후 대응 방향 보도자료, 2019.1.31, 10면.

그렇다면 어떤 이유에서 각국 정부는 증권규제를 디지털자산 시장에 적용하는 것일까? 가상자산 투자자로서는 의문이 들지 않을 수 없다. 증권규제를 적용할 때마다 가상자산 시장에는 악영향만 부각되고, 어떤 목적에서 증권규제가 취해져야 하는지를 알려주는 보도가 많지 않기 때문이다.

막연하게 투자자 보호를 위해서 증권규제를 취한다고 하는데, 디지털자산 투자자의 관점에서 보면 어떠한 이유와 방법으로 증권규제가 투자자를 보호하는 것인지 알기 어렵다. 게다가 어떤 가상자산은 증권으로 판단하여 증권법 규제를 가하고 비트코인과 같은 가상자산은 증권이 아니라고 하니, 투자자들은 가상자산과 증권을 구분하는 명확한 기준이 무엇인지 혼란스러워할 수밖에 없다.

과연 증권규제가 적용되어야 하는 가상자산은 증권규제가 취해질 필요가 없는 가상자산과는 어떤 차이가 있는 것일까?

이번 Part 3에서는 디지털자산 시장에 대한 증권법 규제가 왜 필요한지, 즉 증권법 규제가 디지털자산 시장에서 어떻게 투자자를 보호할 수 있는지를 알아보고자 한다. 이를 위해 먼저 디지털자산 시장에서 어떤 투자자 피해가 발생하고 있는지를 살펴보고자 한다.

디지털자산 시장과 증권시장의 투자자 피해

디지털자산에 증권규제가 필요한 이유는 디지털자산이 증권과 유사한 속성을 지녀 블록체인 기술 발전에 따라 디지털자산 시장이 초기 자본시장과 유사한 문제를 드러낸다는 점 때문이다.

최근 증권시장에서는 흔한 일이 아니지만, 최근 디지털자산 시장에서 일어난 다양한 스캠 사례와 유사한 일들이 100여 년 전의 미국 증권시장에서는 매우 성행했었다. 당시 증권시장에서 발생한 여러 사건은 1929년 10월 말에 대공황이 일어나게 하는 원인으로 작용하기도 했다.

구체적으로 디지털자산 시장 주요 투자자 피해사례와 증권시장 피해사례를 비교해 보자.

2.1 ICO 스캠, 러그풀

먼저 가상자산 시장의 ICO(가상화폐공개)로 인해 발생한 문제는 과거 증권시장에서도 이미 유사하게 일어났던 일이다.

일반적인 ICO 스캠은 새로운 가상자산을 발행하는 허위의 블록체인 프로젝트를 개발한다며 투자를 끌어들여 투자자의 자금을 편취하고 프로젝트를 개발하지 않거나 사라지는 방식의 사기이다. ICO 스캠은 대게 그럴듯한 외양을 갖춘 프로젝트와 웹사이트를 만든 후에 허위인 백서 또는 프로젝트의 로드맵을 제시하고, 이를 기반으로 가상자산을 발행해 투자자로부터 자금을 편취하는 방식으로 진행된다.

그 외에 정상적인 ICO 프로젝트에 투자하더라도 제3자를 이용하여 거짓 소문을 퍼트려 가격을 인위적으로 부풀리거나 제3자가 만든 가짜 지갑에 투자하도록 하여 투자자의 돈을 편취하는 방식도 있다. 또한 온라인의 익명성을 이용하여 ICO를 통해 투자자를 모집한 뒤 투자금을 가지고 잠적하는 러그풀(rug pull)로 이어지는 경우도 존재한다.

많은 투자자가 블록체인을 이용한 ICO 스캠으로 인해 피해를 보았다. ICO에 관한 초기 연구에 따르면 전체 ICO의 81%는 스캠에 해당하고, 11%는 운영상의 이유로 실패했다고 한다.[2] ICO 스캠은 불투명한 프로젝트 정보, 실현 가능성 없는 목표와 로드맵, 과장된 수익 예측을 이용한 마케팅을 통해 이뤄지며 익명의 임직원이 발행하거나 허위의 프로필을 사용하여 발행한다.

과거 증권시장에서도 ICO 스캠과 유사한 사례가 존재했다. 대공황 당시 발행시장에서 투자자에게 피해가 예상되는 중요한 정보를 공시하지 않고 증권을 발행한 여러 사건이 있다. 그중 대공황 이후 미국 상원 은행위원회 조사에서 밝혀진 발행시장의 투자자 피해사례로 National City Company 사건이 있다.

미국 상원 은행위원회의 조사에서 밝혀진 바에 따르면 National City Company는 페루의 국채를 투자자에게 판매하면서 페루와 관련하여 투자자들에게 불리한 정보를 고의로 제공하지 않았다. 그 내용을 보면 페루의 채권을 판매하면서 좋지 않은 정치적 환경, 나쁜 경제 구조, 열악한 신용이나 국가 재정 상태 등에 대한 정보를 투자자에게 고의로 제공하지 않았다. 이후 페루가 경제위기를 겪자, 채권가격이 급락했고 1933년 초까지 채권 투자자들에게 약 7,500만 달러의 손실

---

2   Satis Group, "CRYPTOASSET MARKET COVERAGE INITIATION: NETWORK CREATION." July 11, 2018.

이 발생했다.[3]

이 사례는 비록 블록체인 기술을 이용하지 않았더라도 투자자에게 투자 대상에 대한 중요 정보를 고의로 제공하지 않았고 과대광고를 통해 투자자의 자금을 모았다는 점에서 ICO 스캠과 유사하다.

2.2 내부정보 이용

투명성이 강조되는 디지털자산 시장에서도 내부정보(미공개 중요 정보)를 이용한 내부자거래[4]가 문제 되었다. 블록체인 기술을 통해 트랜잭션 또는 상태변수 등의 정보가 온체인상에 공개되더라도 다수의 블록체인 프로젝트 서비스는 프로젝트 운영자에 의해 조작이 가능한 데이터베이스 등에 근거한 오프체인 정보에 의존하여 이루어졌고, 프로젝트의 개발 방향 등이 소수의 프로젝트 운영자에 의해서 결정되어 내부정보가 발생할 여지가 있다.

또한 프로젝트가 온체인상에 투명하게 공개된다고 하더라도 ICO 또는 디지털자산거래소에서의 거래지원 과정에서 미공개 중요 정보가 발생할 수 있어 이를 이용해서 거래함으로써 높은 수익을 획득할 수 있었다.

예컨대 ICO 과정에서 프로젝트의 진행 상황이나 중대한 파트너십 체결과 같은 미공개 정보가 특정인에 의해 사전에 알려지고 이를 이용한 거래가 이루어지는 경우가 있었다.

또한 세계 다수의 가상자산거래소는 이들이 거래지원(상장) 및

---

3 Seligman, Joel, The Transformation of Wall Street, Third Edition (A History of the Securities and Exchange Commission and Modern Corporate Finance), Kindle Edition. Aspen Publishers (Wolters Kluwer Legal), 2003, 1. After Crash.

4 내부정보 이용(Insider Trading)이란 회사의 내부자나 그 회사와 긴밀한 관계에 있는 사람이 미공개 중요 정보를 이용하여 주식이나 다른 금융상품을 거래하는 행위를 말한다.

거래지원 중단(상장폐지) 과정에서 내부정보를 이용한다는 의혹을 받는데, 특히 대형 거래소의 경우 거래지원 및 거래지원 중단 결정 이전에 해당 가상자산의 가격이 급등락하게 되면, 그 가상자산거래소는 내부정보를 이용해 이익을 취한다는 의혹을 더 강하게 받게 된다.

다른 사례들과 마찬가지로 이와 유사한 일들이 1920년대 미국 증권시장에도 일어났다. 1920년대에는 내부자거래의 개념이 지금처럼 규제되거나 명확하게 정의되어 있지 않았고, 기업 임원 등 내부자는 미공개 정보를 바탕으로 자유롭게 주식을 거래할 수 있었다.

당시에는 내부자거래에 대한 투명성이 부족했기 때문에 일부 내부자들은 그들과 같은 수준의 정보에 접근할 수 없는 다른 투자자들을 희생시키면서 부당하게 이득을 취할 수 있었다.

미국 상원 은행위원회의 조사에서 밝혀진 대표적인 내부자거래 사례는 JP Morgan and Company의 Preferred List 사건이다. JP Morgan and Company 은행은 사내 비밀리에 회사의 주요 구성원 또는 사회적으로 영향력 있는 인물이 기재된 'Preferred List'를 작성하였고, 가격 상승이 기대되는 유망한 주식 등이 상장되어 시장에서 거래되기 전에 발행가 또는 발행가에 가까운 가격으로 매수할 수 있도록 투자 기회를 제공했다. Preferred List에는 전 대통령, 장관, 상원의원, 민주당과 공화당의 전국위원장 등이 기재되어 있었으며, 이들은 JP Morgan and Company에 우호적인 역할을 했다는 의심을 받게 되었다.[5]

---

5 Seligman, Joel, The Transformation of Wall Street, Third Edition (A History of the Securities and Exchange Commission and Modern Corporate Finance), Kindle Edition. Aspen Publishers (Wolters Kluwer Legal), 2003, 1. After Crash.

2.3 시장 조작
: Spoofing, Wash Trading, Pump and Dump 등

과거 디지털자산 시장에서는 시장 모니터링 등 시장에 관한 법적 규율이 충분하지 않아 허수주문(Spoofing),[6] 가장매매(Wash Trading),[7] 치고 빠지기(Pump and Dump)[8] 등 다양한 시장 조작(Market Manipulation) 행위가 일어났다.

가상자산 시장에서 '치고 빠지기'에 의한 불공정거래의 대표적인 사례로 비트커넥트(bitconnect) 커뮤니티 사건이 있다.

스스로 '비트커넥트 커뮤니티'라고 불리던 이 그룹은 소셜 미디어 플랫폼에서 구매 캠페인을 기획하여 가상자산 '비트커넥트'의 가격을 조작했다. 비트커넥트 커뮤니티는 회원들에게 비트커넥트 구매를 유도하고 최대 40%의 월간 수익을 약속했다. 그로 인해 투기적 수요가 증가하여 비트커넥트의 가격이 급등했고, 그해 12월에는 사상 최고치인 460달러를 기록했다.

가격 조작을 기획한 이들은 이듬해인 2018년 1월에 자기들의 비트커넥트 보유분을 일시에 매각하였고 그에 따라 비트커넥트 가격이 20달러 미만으로 급락하여, 과대광고를 믿고 구매한 다수의

---

6 허수주문(Spoofing)이란 다른 사람들을 시장으로 끌어들이기 위해 시세보다 낮은 가격으로 매도 주문을 한 후 취소하거나, 시세보다 높은 가격으로 매수 주문했다가 취소하여 투자자들을 유도하는 시세조종 행위를 말한다.

7 가장매매(Wash Trading)란 동일인이 같은 종목에 대해 매수와 매도 주문을 동시에 해서 거래가 활발한 것처럼 꾸미는 거래를 말한다.

8 치고 빠지기(Pump and Dump)란 낮은 가격에 암호자산을 매입하고 인위적으로 자산의 가격을 부풀려서 높은 가격으로 매도하는 시세조종 행위의 한 형태를 말한다.

투자자는 상당한 손실을 보게 되었다.[9·10]

　최근에도 소셜 미디어를 통해 다양한 형태의 불공정 거래 행위가 일어나고 있는 것으로 알려졌는데, 텔레그램이나 디스코드와 같은 플랫폼에는 수많은 가상자산 '펌프 그룹'이 존재하며, 이들 그룹의 구성원들은 서로 협력하여 저평가된 암호화폐의 가격을 인위적으로 부풀리려 시도한다고 알려졌다.

　이들 그룹의 구성원들은 특정 디지털자산을 동시에 매수해서 가격을 급격히 상승시킨 다음 빠르게 매도하여 큰 차익을 노린다. 이들이 고점에서 현금화를 진행하면서 가상자산 가격이 폭락하게 되면 펌핑을 따라간 사람들이 큰 손해를 보게 되는 구조이다.

　마찬가지로 과거 증권시장에서도 시장 조작에 따른 투자자 피해가 만연했었다. 초기 증권시장에서는 여러 은행가와 브로커가 미공개 정보를 이용하여 주식시장에서 이득을 취한 경우가 있었으며, 대형 은행들이 주식 가격을 조작하기 위해 공모하여 주식 매입 및 판매를 하여 투자자들을 기만했다. 또한 여러 투자자가 모여 비밀리에 특정 주식을 매집한 다음, 가격을 인위적으로 끌어올린 후 고가에 판매하는 전략인 '풀 오퍼레이션(pool operations)'과 같은 시장 조작 행위가 만연하였다.

　이러한 조작 행위들은 1929년 주식시장의 붕괴로 이어져 대공황의 원인 중 하나가 되었다.

9　CryptoScribe. "Navigating the Crypto Market: Understanding and Protecting Yourself from Pump and Dump Schemes." Jan 17, 2023.
https://medium.com/@akangwapang/navigating-the-crypto-market-understanding-and-protecting-yourself-from-pump-and-dump-schemes-bad625090a1c(2024년 2월 11일 확인).

10　Office of Public Affairs. "BitConnect Founder Indicted in Global $2.4 Billion Cryptocurrency Scheme." Friday, February 25, 2022.https://www.justice.gov/opa/pr/bitconnect-founder-indicted-global-24-billion-cryptocurrency-scheme(2024년 2월 11일 확인).

2.4 투명성이 낮은 기관

가상자산 시장은 탈중앙화된 방식으로 운영되기 때문에, 여러 국가 간에 관할권이 충돌하게 되므로 일관된 규제를 적용하기가 어렵고, 그에 따라서 규제 감독의 부재로 인한 투명성 문제가 발생했다.

오랫동안 가상자산거래에 관해 규제 원칙이 세워지지 않아서 가상자산거래소 별로도 서로 다르고 일관성 없는 내부규정이 적용되었으며 제3자의 감독을 받지 않기 때문에, 가상자산거래소의 자의적인 기준에 의존해서 시장이 운영되었다. 최근 들어서야 각국에서 가상자산거래에 관한 입법이 진행되면서 가상자산 시장 운영에 대해 일관된 규제가 이루어지도록 전환하는 중이다.

또한 많은 가상자산 프로젝트와 거래소가 제3자의 감독 또는 감사를 받지 않거나 재무 건전성, 보안 관행, ICO 또는 토큰 판매를 통해 모금한 자금의 배분에 대해 충분한 정보를 공시하지 않는다. 이와 관련한 가장 유명한 투자자 피해사례가 FTX와 알라메다 리서치 사례[11]이다.

이처럼 가상자산 시장의 낮은 투명성 문제는 초기 금융시장에서도 공통되게 나타난 문제였다.

1920년대 뉴욕증권거래소(NYSE)를 비롯한 거래소들은 조작 거

---

11 FTX 사태는 2022년 11월 2일 코인데스크에 알라메다(Alameda)의 재무 상태에 관한 기사가 올라오면서 촉발되었다. 기사는 FTX 창립자인 샘 뱅크맨-프리드(Sam Bankman-Fried)가 소유한 암호화폐 헤지펀드인 알라메다(Alameda)의 재무상태표에 수십억 달러 상당의 FTX 자체 암호화폐인 FTT가 대부분을 차지하고 있으며, 이를 추가 대출에 담보로 사용해 왔다고 주장했다. FTT는 FTX가 이를 22달러로 토큰을 교환해 주겠다는 것 이외에는 가치가 없었기 때문에, FTT에 대한 신뢰가 무너지는 경우 FTX와 알라메다가 함께 피해를 보게 될 것이라는 우려를 제기했다. 얼마 뒤 Binance의 CEO인 Changpeng Zhao가 자신의 회사가 보유한 FTT를 매각한다고 트윗하면서 일요일에 서서히 진행되던 위기가 본격화되었다. FTT의 가치는 붕괴했고 뱅크런이 일어나 FTX 고객들은 자금을 인출하기 시작했다. 이후 SEC는 수사를 통해 Bankman-Fried가 Alameda가 보유하고 있는 과대 평가된 비유동 자산에 대한 FTX의 노출로 인해 발생하는 공개되지 않은 위험을 은폐하기 위해 수년간 사기를 수행했다는 혐의로 Sam Bankman-Fried를 기소했다.

래 관행에 관여하는 것으로 유명했다. 거래소의 플로어 트레이더와 전문가는 종종 주문 흐름에 대한 특권적 접근권한을 가졌고, 이 정보를 이용해 개인투자자의 주문을 앞당기는 등 불공정한 방식으로 이득을 취할 수 있었다.

이러한 불공정 행위가 많이 발생했지만, 당시의 금융기관에 대한 감독규정이 현재와 같이 잘 발전되지 않았기 때문에 대부분 시장참가자는 오로지 자신의 판단과 조사, 실사에 의존해야만 했다.

그 외에도 1920년대에 많은 기업이 자산과 주식의 가치를 부풀리기 위해 투명성 없는 모호한 회계 관행에 따라 재무제표를 작성하여 공시했다. 이는 주식의 과대평가와 기업 건전성에 대한 잘못된 판단을 내리는 데에 영향을 미쳤다.

현재의 디지털자산 시장에서도 과거 증권시장과 유사한 투자자 피해가 일어나고 있다. 만약 디지털자산이 증권이라면 증권규제가 취해져야 할 것이며, 증권이 아니어도 증권의 규제 방식을 검토하여 디지털자산 규제에 참고할 수 있을 것이다.

디지털자산이 증권인지 아닌지와 디지털자산에 대해 증권법에 따른 규제가 적용되어야 하는지를 검토하기 이전에 미국 증권법 제정의 역사를 통해 미국 증권법이 어떤 철학에 근거해서 만들어지고 어떠한 방식으로 투자자 피해를 막는지 알아보자.

증권법의 제정

증권시장에서 일어난 투기와 부정행위 그리고 그에 따른 투자자 피해는 대공황의 발생에도 영향을 미쳤다. 1929년 9월 3일 최고치인 381포인트를 찍었던 다우존스지수는 그해 10월 24일과 29일에 크게 폭락하여 대공황이 발생했다.

대공황 시기 주식시장의 대규모 패닉은 경제 전반에 심각한 침체로 이어졌고, 결국 1932년 여름 다우존스지수는 1929년 9월 최고점 대비 89% 하락한 41포인트까지 떨어졌다. 그 과정에서 미국의 1인당 실질 GDP는 거의 30%나 떨어졌고, 수많은 은행이 도산했으며 실업률은 20%를 넘어섰다.

대규모 실업과 경제 불안은 미국 사회에 광범위한 사회적 문제로 발전했고, 미국 국민들은 증권시장에서 일어난 투기와 폭락, 다양한 투자자 피해 문제와 관련해서 정부와 월스트리트, 금융기관들을 비난하며 개혁을 요구하기에 이르렀다.

이에 1932년에 대통령이 된 프랭클린 루즈벨트(Franklin Delano Roosevelt)는 금융산업 개혁을 약속했는데, 그 약속에 따라 1932년 상원 은행위원회는 Pecora 청문회로 대표되는 조사를 통해 미국의 금융 부문을 조사했다.

Pecora 위원회 조사에서 미국 증권거래소에서 이루어진 거래에 관해 금융기관이나 증권발행인이 증권과 관련하여 투자자를 기만하거나 내부자거래를 하는 등의 불건전한 투자 행위들이 밝혀졌고, 이후 1932년 상원 은행위원회의 조사 결과에 따라 현재의 증권법이 탄생했다.

당시 미국의 증권법은 증권시장에서 나타나는 다양한 투자자 피해를 막기 위해 크게 다음과 같은 내용으로 제정되었다.

1) 완전하고 공정한 공시(Full and Fair Disclosure)를 통한 증권 권리 및 증권발행인에 관한 정보격차 방지

2) 불공정거래 방지 및 금융기관 또는 기업의 경제적 지위와 대규모 자금력을 통한 시장 왜곡 방지

3) 공시규제를 적용하고 불공정거래를 방지하기 위한 조사 감독 권한이 있는 기관의 설립

이러한 철학과 원칙들은 증권과 증권시장의 특성을 반영한 것으로, 증권법을 통해 증권과 증권시장의 취약점을 해소하여 투자자 피해를 막는다.

3.1 공시주의 철학

먼저 완전하고 공정한 공시(Full and Fair Disclosure)원칙에 근거한 공시제도에 대해 알아보자.

증권적 권리의 가장 큰 특성은 무형이라는 점에 있다. 실물 증권도 증권 자체는 증서로 존재하지만, 그 증권이 표창하는 권리의 가치는 증서 자체로는 드러나지 않는다. 일반적인 상품은 실물을 확인하면 가치를 평가할 수 있지만 증권은 증서 자체만으로는 판단하기 어렵기 때문에 투자자는 증권을 발행한 기업과 관련된 정보를 수집 및 분석한 후 증권을 매수한다.

증권적 권리의 가치는 증권을 발행한 기업과 권리 내용에 따라 결정되는데, 증권적 권리의 정보는 일반적으로 발행인으로서의 기업과

기업의 사업에 대한 정보이므로 내부자가 아닌 외부 투자자에게는 정보에 대한 접근이 제한된다.

그런데 만일 증권에 관한 중요한 정보를 해당 기업이나 그 임직원 등 소수가 독점한다면 그들은 정보력의 차이에 따라 다른 사람들보다 이익을 얻을 기회를 더 많이 얻게 된다. 그들은 정보력의 격차로 인해 실제 가치 있는 증권을 싸게 살 기회를 가질 수도 있고 실제 가치 없는 증권을 비싸게 파는 기회를 가질 수도 있기 때문이다.

내부정보와 정보격차 문제

따라서 증권시장에서 공정하게 증권을 거래하기 위해서는 증권에 관한 중요한 정보가 격차 없이 모두에게 공유될 수 있어야 한다. 즉 내부정보가 존재하지 않아야 한다.

증권법상 '내부정보'는 기업의 증권 가치에 영향을 미칠 수 있는 비공개 중요 정보를 의미한다. 기업은 재무 상황, 인수합병, 전략적 결정 등의 과정에서 기업이 발행한 증권(주식, 채권 등)의 가치에 직접적인 영향을 미칠 수 있는 상당한 양의 중요 정보를 생성할 수 있다.

예를 들어 증권의 시장가격에 영향을 미칠 수 있는 발행사의 임원, 이사, 직원에 의한 회사 내부의 의사결정이나 발행사 또는 증권의 권리에 관한 주요 사실관계에 등이 내부정보에 해당할 수 있다.

임원, 이사, 직원 또는 회사와의 직위나 업무수행을 통해 이러한 정보에 접근할 수 있는 자는 그렇지 않은 자에 비해 발행사와 증권에 관해 더 많은 정보를 가질 수 있으므로, 내부자와 그 외의 투자자 사이에 중요 정보 획득에 있어 격차가 발생하게 된다.

공시규제의 역할

공시규제의 목표는 모든 투자자가 동일한 정보에 입각한 투자 결정을 내릴 수 있도록 증권에 관한 중요 정보에 공평하게 접근할 수 있게 하고 그 정보들을 기초로 증권을 거래할 수 있도록 보장하는 것이다.

공시규제는 완전하고 공정한 공시원칙에 입각, 증권의 발행과 유통의 과정에서 중요 정보를 완전하게 공시하도록 하여 투자자가 증권에 관한 중요 정보를 확인할 기회를 가진 상태에서 투자할 수 있도록 한다.

특히 증권 발행자가 증권발행 시 감독기관에 제출해야 하는 증권신고서와 투자자에게 제공해야 하는 투자 설명서에 포함되어야 할 자세한 내용 목록을 법으로 규정하였다.[12]

투자자에게 발행자의 상세한 재무 정보를 제공하는 것과 더불어 회사의 사업, 증권발행의 목적과 필요성, 임직원, 증권 발행 비용, 투자 위험 요소에 대한 정보를 증권신고서에 의해 공개해야 한다.

그리고 증권신고서에 허위 진술 또는 중요한 사실의 누락이 발견되는 경우 기업의 경영자나 책임자뿐만 아니라 증권신고서 작성에 관여한 자들까지 투자자들에 대해 법적 책임을 지도록 만들었다.[13]

그리하여 발행인은 증권과 관련된 재무 상태, 운영 및 위험에 대한 완전하고 정확한 정보를 모든 투자자에게 동시에 그리고 적시에 제공함으로써 정보격차를 해소한다.

요약하면 증권법은 완전하고 공정한 공시원칙에 따라 증권과 증권발행인에 관한 모든 정보를 공시하고 불완전하고 부정확한 공시에 따른 투자자 피해에 대해 발행인이 법적 책임을 지게 함으로써, 발행

---

12 The Securities Act of 1933 Section 7, Schedule A, 자본시장법 제119조.
13 The Securities Act of 1933 Section 11, 자본시장법 제125조.

인으로 하여 부정확한 공시를 하지 못하게 방지함으로써, 불완전하고 부정확한 공시에 따른 투자자 피해를 사후적으로 보전할 수 있는 장치를 제공한다.

또한 내부정보를 공시하기 전에 내부정보를 알고 있는 자들이 내부정보를 이용해서 증권을 매매하는 경우, 즉 내부자거래를 한 경우 이를 불공정거래로 보아 금지하였다.[14] 그리고 증권법은 내부자거래를 한 자들에 대해 형사처벌을 하여 공시규제가 제대로 작동하도록 하였다.

3.2 반사기적 행위 철학

다음으로 불공정거래 방지 및 금융기관 또는 기업의 경제적 지위와 대규모 자금력을 이용한 시장 왜곡의 방지에 대해 알아보자.

1920년대 미국 증권시장에서는 불공정거래가 만연했다. 투자자들에 대해 거짓 정보를 제공하여 증권을 발행하고 거래 또는 중개하는 행위도 많았으며, 대규모 자금 동원 능력을 갖춘 금융기관이 경제적 지위를 이용하는 사례도 많았다.

그중에는 투자은행들이 고객의 예금을 활용해 투기성이 있는 투자를 하기도 했으며, 은행, 증권회사 등 금융기관들이 자신의 고객들에게 투자 위험에 관해 적절히 알리지 않거나 수익성 및 안정성을 과대 광고하여 증권을 판매하는 등 다양한 사례가 있었다.

또한 투자신탁, 증권회사 등 금융기관들이 자사 또는 계열사에는 유리하지만, 투자자에게는 불리한 이해 상충이 있는 방식으로 증권을 판매 또는 거래한 사례도 존재했다.

---

14 The Securities Exchange Act of 1934 Section 10(b) and Rule 10b-5, 자본시장법 제174조.

이렇게 금융기관의 경제적 지위를 이용하여 은행으로부터 과도하게 조달한 차입 자금이 주식시장에 투자되고, 이후 주식시장의 거품이 붕괴하면서 대공황이 발생하는 데 영향을 미쳤다.

글래스-스티걸법(Glass-Steagall Act)

1932년 미국 상원 은행위원회의 조사에 따라 금융기관의 불공정 거래행위가 증권시장을 왜곡시켰다는 사실이 드러나면서 강력한 금융기관 규제의 명분이 제공되었다.

그리하여 증권법의 영역은 아니지만 대공황 이후 가장 대표적인 금융규제 법안이 글래스-스티걸법(Glass-Steagall Act)이다. 글래스-스티걸법은 경제 공황의 원인이 된 것으로 여겨지는 금융산업의 경제적 지위 남용과 이해 상충 문제를 해결하기 위해 고안되었다. 글래스-스티걸법은 주로 상업은행과 투자은행 활동을 분리하는 데 중점을 두었지만, 증권시장의 투자자 보호에도 영향을 미쳤다.

글래스-스티걸법의 주요 내용은 상업은행 활동(예금 수취, 대출 등)과 투자은행 활동(증권 인수 및 거래)을 분리하는 것으로, 은행이 투기적이고 위험한 증권거래에 예금자의 자금을 사용함으로 인해 결과적으로 예금자들에게 피해가 발생하게 되는 문제를 방지하는 것이 목표였다.

또한 이 법은 상업은행이 증권회사와 제휴하는 것도 금지했다. 즉, 한 금융기관이 전통적인 은행 업무와 투자은행 업무를 모두 수행할 수 있는 여지를 없앤 것이다.

그리고 글래스-스티걸법은 다양한 유형의 금융 활동을 상호 분리함으로써 금융시스템의 전반적인 안정성을 강화하는 것을 목표로 했다. 상업은행과 투자은행의 상호 연결성을 줄임으로써 한 부문의 부실이 전체 금융시스템에 연쇄적으로 영향을 미칠 가능성을 줄이자는 취지였다.

글래스-스티걸법의 영향으로 JP 모건은 산하 투자은행인 Morgan Stanley를 분사하였으며, 그에 따라 미국 은행 산업 전반의 대규모 구조조정이 가속화되었다. 또한 그로부터 수십 년간 대규모 금융위기가 발생하지 않았는데, 논란이 있기는 하지만 이는 글래스-스티걸법의 효과라고 평가하는 사람들도 많다.

불공정거래 금지 규제

또한 증권시장에 참가하는 모든 자들에게 사기적 행위를 금지하도록 하여 증권시장에서 거래가 공정하게 이뤄지도록 하였다. 예컨대 시장조작 금지조항(Securities Exchange Act of 1934 Section 9)은 주로 시장에서의 부정거래나 조작을 금지하며, 특히 거래 행위의 부정거래, 거래 정보를 통한 가격 조작, 그리고 거래 시 투자자를 유인하기 위한 거짓된 정보의 유통을 금지하는 데 중요한 역할을 한다. 또한 사기방지조항[Securities Exchange Act of 1934 Section 10(b) 및 SEC Rule 10b-5)]은 증권의 매매와 관련된 사기 행위를 포괄적으로 금지하는데, 금융시장의 무결성을 유지하고 투자자를 보호하는 데 중요한 역할을 한다.

불공정거래 금지규제는 허수주문(Spoofing), 가장거래(Wash trading), 치고 빠지기(Pump and dump) 등의 불공정거래를 막는다. 허수주문, 가장거래, 치고 빠지기 등은 시장을 오도하여 시장을 조작하는 행위로서 시장조작금지조항(Securities Exchange Act of 1934 Section 9)에 위배되며, 시장에 허위정보를 유포하는 사기행위이므로 사기방지조항(Securities Exchange Act of 1934 Section 10(b) 및 SEC Rule 10b-5)에 위배된다. 불공정거래 금지규제는 다양한 시장 조작 행위를 방지하여 모든 투자자들이 증권시장에서 공정하게 거래할 수 있도록 하고, 증권의 시장가격이 공정하게 형성되었음을 신뢰할 수 있도록 뒷받침한다.

불공정거래 금지 규제는 증권시장에 참가하는 모든 사람의 불공정거래를 방지하지만, 특히 증권사와 같은 금융기관의 업무수행에 있어 고객과의 이해 상충을 완화하고 증권 업계 내에서 공정하고 투명한 거래를 보장하는 역할을 한다.

규제의 내용을 보면 금융기관과 투자자 간의 이해 상충을 초래할 수 있는 사기적 행위가 금지되며, 투자자가 정확하고 완전한 정보를 제공받을 수 있도록 증권사가 허위 정보를 제공하는 것과 중요 정보를 누락시켜 투자자에게 정보를 제공하는 것이 금지되었다.

또한 금융기관은 공정하고 윤리적으로 행동해야 하며 고객의 이익을 훼손할 가능성이 있는 행동을 피하도록 하였고, 고객에게 최선의 이익이 되도록 행동하며 이해 상충을 완화할 책임을 지도록 하였다.

이러한 규제들은 금융기관의 허위 진술 또는 누락과 같은 기만적인 행위를 방지함으로써 투자자가 오도되거나 사기를 당하지 않도록 보호하고 증권사의 금전적 이익을 우선시하는 행위로 인해 투자자가 피해를 보게 될 위험을 최소화하는 데 도움이 되었다.

3.3 미국증권거래위원회(SEC) 설립

마지막으로 공시규제를 적용하고 불공정거래를 방지하기 위한 조사 감독 권한이 있는 기관의 설립에 관한 원칙에 대해 살펴보자.

미국증권거래위원회(Securities and Exchange Commission; SEC)와 같은 감독기관은 금융시장에서 발행자, 중개자, 투자자 등의 활동을 감독할 책임이 있으며, 금융기관에 대해 정보공개, 내부통제, 거래규제,

합병 승인 등 주요한 규제를 준수할 의무를 부과하고, 이를 위반하는 경우 제재를 가할 수 있다.

이러한 규제는 부실 공시나 불공정거래로 인해 투자자 피해가 발생하기 전에 금융회사가 투자자와 공정하고 신뢰할 수 있는 거래를 하도록 하며, 금융시장의 안정성과 효율성을 높이는 측면에 기여한다.

이들은 조사, 감독, 제재 권한을 통해 사기, 조작, 내부자거래로부터 투자자를 보호하며 투명하고 공정하며 효율적인 시장을 보장하는 것을 목표로 한다.

증권시장 감독기관은 공시규제 위반 여부, 금융기관의 부당한 거래 행위, 사기 행위 등을 조사하며, 잠재적인 증권법 위반행위를 모니터링하고 필요한 경우에는 벌금이나 시정명령, 시장에서의 퇴출 등의 제재를 가할 수 있어 투자자 피해가 현실화하기 전에 사전적으로 투자자 피해를 예방한다. 즉 증권시장 감독기관을 통해 사후적인 규제뿐만 아니라 사전적으로 금융시장의 전반적인 무결성을 유지하도록 할 수 있다.

위와 같은 증권법의 원칙들은 역사적 경험을 통해 증권시장에서 발생한 투자자 피해사례를 종합하여, 이를 해결하는 방안으로 마련된 것이었다. 즉, 금융에 대한 학술적이고 철학적인 관점에 근거해 제정되기보다는 현실에서 발생한 여러 당면 과제를 해결하기 위해 제정된 입법이었다.

따라서 기존에 발생하지 않은 문제에 대해서는 규제 공백이 발생할 여지가 있었다. 그에 따라 Security Act of 1933 및 Security Exchange Act of 1934는 제정 이후 그 틀을 유지한 채 끊임없이 개정되었고, 수많은 판례로써 해석되었으며, 투자회사법(1940), 투자자문업자법(1940), 사베인스 옥슬리법(2002), 도드 프랭크 법(2010) 등 추가적 입법과정을 통해 계속하여 규제의 공백을 메워가며 발전해 갔다.

마찬가지로 최근의 디지털자산에 대한 증권규제의 문제도 증권법에
있어 새로운 화두를 제시하고 있다.

디지털자산에 대한 증권법 적용

만약 어떤 디지털자산이 증권인데도 적절한 규제가 없는 경우에는 그 디지털자산이 악용되어 앞에서 살펴본 1920년대 미국 주식시장에서 일어났던 다양한 형태의 투자자 피해가 발생할 가능성이 있다.

이미 확인한 바와 같이 디지털자산 시장에서 증권시장과 유사한 투자자 피해사례가 보고되고 있는데, 증권으로 판단된 디지털자산에 대해서는 증권법 적용을 통해 투자자 피해를 예방할 수 있다. 즉 앞서 이야기한 디지털자산 시장의 투자자 피해사례에 대해 증권법을 적용한다면 증권규제에 따라 디지털자산과 관련한 사기를 방지하거나 완화할 수 있게 된다.

증권법은 블록체인 프로젝트에 대해 중요 정보를 공시하도록 하여 ICO 스캠과 같은 투자자 피해를 방지한다. 그리고 증권법은 증권을 SEC에 등록하도록 하고 재무 정보 등을 포함한 증권신고서를 작성하도록 요구한다. 사업의 내용 및 재무제표, 감사보고서 등이 첨부되는 증권신고서를 통해 새로운 투자자의 자금에 의존하여 초기 투자자에게 수익을 지급하는 폰지사기인지를 확인할 수 있다.

또한 SEC 등 감독기관이 의심 가는 기업을 조사하여 폰지사기를 적발할 수 있게 된다. 아울러 공시규제는 사업 운영의 투명성을 요구하여 발행자가 허위 내용을 공시하게 되면 그에 관하여 책임을 지도록 함으로써 합법적인 투자로 위장한 폰지사기나 사기적 ICO를 더 어렵게 만든다.

그리고 증권법은 허위 또는 오해의 소지가 있는 정보를 유포하여 특정 디지털자산의 가격을 인위적으로 부풀린 다음 부풀려진 가격으로 보유 자산을 매도하여 가격이 폭락하게 하는 방식으로 다른 투자자의 손실을 발생시키는 치고 빠지기(Pump and Dump)나 가장매매(Wash Trading), 허수주문(Spoofing) 등의 시장조작행위를 규제하며, 이를 근거로 감독기관은 사전에 불공정거래를 감독하여 거래 활동의 투명성을 요구하고, 사후적으로 시세조종 행위에 대해 처벌함으로써 시장조작행위를 저지할 수 있다.

나아가 감독기관은 디지털자산 시장의 사업자들을 감독하여 업무의 투명성을 높일 수 있다. 예를 들어 가상자산거래소의 운영에 관해 규제가 적용되고 감독기관에 의한 감독과 조사가 이루어지면 거래지원(상장) 및 거래지원 중단(상장폐지) 과정에서 일어나는 내부정보 이용행위를 적발해 처벌할 수 있게 되어 디지털자산거래의 불투명성이 해소된다.

이처럼 디지털자산에 대한 증권법 적용을 통해 디지털자산 시장에서 일어나는 투자자 피해를 막을 수 있고 금융당국은 투명성, 책임 및 투자자 보호를 촉진하는 법체계를 수립할 수 있다. 따라서 증권적인 속성을 갖는 디지털자산이 있다면 증권규제를 적용하여 투자자의 피해 위험을 사전에 차단할 필요가 있다.

그러나 어떤 디지털자산에 증권법을 적용하기 위해서는 그 디지털자산이 증권으로 인정되는 것이 선행해야 한다. 그 이유는 디지털자산이 증권이어야 증권법의 적용 범위에 포함될 수 있을 것이기 때문이다. 바로 이 지점에서 디지털자산에 관한 증권성 판단 문제가 발생하게 된다.

4.1 디지털자산과 증권성 판단

증권법의 실용주의적인 접근은 어느 범위까지 증권으로 인정해야 하는가의 문제와 그에 따른 증권의 인정 범위에 대한 법적 해석의 문제를 남겨두었다.

미국 연방증권법상 증권의 정의[15]는 연방증권법의 실용주의적인 성격을 반영하여 증권시장에서 발행되는 증권을 열거하는 방식으로 정의하였다. 하지만 금융산업의 발전에 따라 다양한 증권이 발행되기 시작함에 따라 그동안 연방증권법상 증권 정의에 열거되지 않은 종류의 증권도 연방증권법을 적용받게 할 필요성이 생겼다.

만약 연방증권법의 증권 정의에 열거되지 않았다는 이유로 연방증권법이 적용되지 않는다면, 연방증권법상 증권의 정의에 열거되지 않은 증권이 발행되는 경우 투자자 보호를 위한 연방증권법의 규제가 적용되지 않아 투자자를 보호할 수 없게 될 것이다.

따라서 금융산업의 발전에 따라 발행되는 다양한 증권들을 연방증권법상의 증권에 포섭할 필요가 있었는데, 미국증권거래위원회(SEC)는 열거주의에 따른 증권의 종류 중에 불확정적 개념인 투자계약(investment contract)을 이용하여 다양한 증권을 연방증권법상 증권

---

15 Security Act 제2조 (a) (1) "유가증권(security)"이라 함은 어음(note), 주식(stock), 금고주(treasure stock), 유가증권 선물(security future), 회사채(bond), 무보증사채 (debenture), 채무증서(evidence of indebtedness), 이익분배계약에 대한 지분 또는 참가증서, 담보부 신탁증서(collateral-trust certificate), 설립 전 지분인수증서(preorganization certificate or subscription) 또는 참가증서, 양도 가능한 지분(transferable share), 투자계약(investment contract), 의결권 신탁증서(voting-trust certificate), 유가증권 예탁증서(certificate of deposit for a security), 석유, 가스, 기타 광물자원에 대한 부분적인 미배당 지분, 유가증권에 대한 매출선택권(put), 매입선택권(call), 지정가거래권(straddle), 주식매매선택권(option) 또는 유가증권에 대한 특권, 양도가능 예금증서(certificate of deposit) 또는 (그에 대한 지분 또는 그 가격에 기초한 지분을 포함한) 유가증권의 집합이나 지수 또는 외환과 관련하여 전국증권거래소(national securities exchange)에 상장된 매출선택권(put), 매입선택권(call), 지정가거래권(straddle), 또는 일반적으로 "유가증권"으로 인식되는 지분 또는 증서, 전술한 것들에 대한 지분이나 참가증서(certificate of interest or participation) 또는 일시적으로든 잠정적으로든 전술한 것들에 대한 영수증(receipt), 보증서(guarantee) 또는 인수권리(warrant or right to subscribe) 또는 매수 권리를 의미한다 [출처: 세계법제정보센터, 1933년 증권법 (2004년 9월 개정) 번역본].

정의에 포섭하기 위한 개념으로 사용하려 했다.

하지만 투자계약(investment contract)이 구체적으로 어떤 경우에 인정될 수 있는가에 대해서는 별도로 정의된 규정이 없어서 다양한 해석의 여지가 존재했는데, 연방증권법상 규정된 투자계약(investment contract)에 대한 해석의 문제는 연방대법원의 Howey 판결에 따라 해결되었다.

4.2 HOWEY 판결과 HOWEY TEST의 내용

연방대법원은 Howey 판결[16]에서 투자계약과 관련하여 "증권법상의 투자계약은 공동사업에 자금을 투자하여, 오로지 사업자나 제3자의 노력으로부터, 수익을 기대하는 계약·거래·계획을 의미"하는 것으로 보았다.[17] 이 판결을 통해 이른바 Howey Test가 만들어지고 이후 이에 관한 다양한 판례[18]를 통해 투자계약을 "타인의 노력으로 인해

---

16 Securities and Exchange Commission v. W.J. Howey Co., 328 U.S. 293 (1946) ("Howey"). W.J. Howey Co.는 1940년대에 플로리다에 대규모 오렌지 농장을 소유한 회사였다. Howey사는 오렌지 농장과 오렌지 나무를 판매하여 수익을 창출했는데, Howey사는 농장의 땅 절반을 직접 경작해 생산한 오렌지를 시장에 내다 팔았지만, 나머지 땅의 절반은 개인들에게 분양하였다. 분양받은 자들은 농사와 무관하게 투자 목적이 대부분이었고, Howey사는 더 높은 분양 대금을 받기 위해 분양 과정에서 농장에서 생산하는 농작물 수확량에 따라 수익금을 더 주겠다는 약속을 하였다. 투자자들은 Howey사가 토지를 계속 관리하고 경작할 것이라는 약속과 함께 미개발 토지를 매수할 수 있는 기회를 제공받았으며, 투자자들에게 수익을 창출할 수 있을 것으로 기대했다. 투자자들은 일반적으로 수동적으로 수익을 얻었을 뿐 오렌지 농장의 경작이나 관리에 적극적으로 참여할 것으로 기대되지 않았다. 하지만 투자자들을 위한 수익은 오렌지 사업을 관리하고 운영하는 Howey사의 노력에서 비롯될 것으로 예상되었다. SEC는 W.J. Howey Co.를 증권법 위반으로 기소하였고 토지 판매와 서비스 계약의 결합이 투자계약에 해당하며, 따라서 증권에 해당한다고 주장했다. 이 사건은 미국 연방대법원까지 올라갔으며, 주요 법적 쟁점은 Howey사의 오렌지 농장 분양이 연방 증권규제가 적용되는 투자계약에 해당하는지 여부였다. 미국 최고법원은 Howey Company의 행위를 투자계약으로 간주하였다. 연방대법원은 Howey Company가 투자자로부터 자금을 조달하고, 투자자는 이를 통해 수익을 기대했다고 보았다. 또한 연방대법원은 투자자들의 수익은 주로 Howey Company의 노력에 따라 수익이 발생하고, Howey Company의 관리에 의해 결정된다고 보았다.

17 (전략)···an investment contract, for purposes of the Securities Act, means a contract, transaction or scheme whereby a person invests his money in a common enterprise and is led to expect profits solely from the efforts of the promoter or a third party,···(후략)

18 United Housing Found., Inc. v. Forman, 421 U.S. 837 (1975) ("Forman"); Tcherepnin v. Knight, 389 U.S. 332 (1967) ("Tcherepnin"); SEC v. C. M. Joiner Leasing Corp., 320 U.S. 344 (1943) ("Joiner").

얻을 수 있는 이익에 관한 합리적인 기대를 가지고 공동 기업에 돈을 투자하는 것"으로 보게 되었다.[19]

이를 분설하면 아래와 같은 4가지 요건이 있어야 한다.

첫 번째 요소는 금전적 투자(An Investment of Money)가 있어야 한다는 것이다. '금전'이라는 용어는 전통적인 통화뿐만 아니라 거래에서 가치를 부여할 수 있는 다른 형태의 대가를 포함하는 것으로 폭넓게 해석된다. 즉, 투자에는 금전 이외 형태의 자산이나 기타 유형의 기여가 포함될 수 있다.

두 번째 요소는 공동 기업에 대한 투자(Investment in a Common Enterprise)이다. 이는 투자자들의 재산이 서로 혼합되어 있고, 각 투자자의 이익 또는 손실이 전체 기업의 성공에 의존한다는 것을 의미한다. 법원은 '공동 기업'을 수평적 공동성(2인 이상 투자자 간의 수익 관련성이 있는 경우)과 수직적 공동성(투자자와 발행인 간의 수익 관련성이 있는 경우) 등 다양한 방식으로 해석해 왔다.

세 번째 요소는 수익에 대해 합리적인 기대를 하며 투자(With an Reasonable Expectation of Profits)하는 것이다. 이 요소는 투자자가 벤처에 참가하는 동기가 일반적으로 배당금, 임대 수입, 이자 또는 가치 상승을 통해 금전적 이득을 얻기 위한 것임을 의미한다.

마지막 요소는 기대 수익이 주로 (금전 등을 투자한 투자자가 아닌) 타인의 노력에서 비롯되어야 한다(To Be Derived Primarily From the Efforts of Others)는 것이다. 여기에는 발행인, 임직원 또는 제3자의 노력이 포함될 수 있다. 주요 고려 사항은 투자자가 투자수익을 실현하기 위해 자신의 노력보다는 다른 사람의 관리 노력에 의존하는 상대적으로 수동적인 투자자인 지의 여부이다.

---

19 An "investment contract" exists when there is ① the investment of money ② in a common enterprise ③ with a reasonable expectation of profits ④ to be derived from the efforts of others.

특히 투자자가 타인의 노력에 대해 주로 의존(To Be Derived Primarily From the Efforts of Others)한다는 지점은 증권에 있어서 투자자와 발행인 사이의 정보 불균형 문제와 직접적으로 연관되어 있다.

투자자는 투자 대상의 일상적인 운영이나 의사결정 과정에 직접 관여하지 않고, 대신 발행회사(발행인)의 전문성과 수익 창출을 위한 노력에 주로 의존한다. 다시 말해 투자자와 발행인 사이의 정보와 통제력의 격차로 인해 투자자는 발행회사가 투자자를 위한 최선의 이익을 위해 행동하는지 여부 및 투자자금을 능력있게 관리하는지 여부 그리고 투자 성과와 위험에 대한 정보를 적시에 정확하게 제공하는 문제와 관련해서 발행인에게 의존하게 된다.

4.3 HOWEY TEST의 의의

미국 연방대법원은 1946년 Howey 판결로 투자계약(Investment Contract)의 의미를 구체화하여 미국 증권법상 증권의 범위를 구분하였다. 하위 테스트(Howey Test)에 따른 투자계약(Investment Contract) 개념의 구체화는 증권법에서 다음과 같은 중요한 의의가 있다.

먼저 Howey Test는 증권으로 간주될 수 있는 투자상품의 범위를 확장했다. 이 사건 이전에는 증권법의 규제를 받는 증권은 증권법에 열거된 상품으로 제한적이었고, 주로 주식이나 채권과 같은 전통적인 금융상품으로 한정되었다. Howey 판결은 투자계약을 포함하도록 증권의 정의를 확대하여 다양한 유형의 투자계약이 증권으로 규제될 수 있도록 하는 길을 열었다.

그리고 Howey Test는 특정 거래에서 투자자 피해가 일어날 가능성이 있는 거래인지에 관해 판단할 수 있는 기준을 제공했다. 금융당국은 금전의 투자, 공동사업, 주로 타인의 노력으로 인한, 이익의 합리적인 기대라는 요건에 따라 투자자의 피해가 발생할 수 있는 거래를 식별해 내어 사기 및 미등록 증권발행으로부터 투자자를 보호할 수 있게 되었다.

다음으로, 법원의 판결은 증권법의 적용을 받는 투자계약 여부를 판단할 때 거래의 형식보다는 경제적 실질을 강조했다. 투자계약은 다양한 형태를 취할 수 있으며, 거래의 근본적인 경제적 현실에 초점을 맞춰야 한다는 점에 주목했다. 이러한 관점은 규제 기관과 법원이 증권규제를 회피하도록 고안된 신종 투자상품에도 유연하게 증권규제를 적용할 수 있는 길을 열었다.

경제적 실질을 강조하는 Howey Test에 근거하여 같은 경제적 기능을 갖는다면 같은 규제를 취하도록 함으로써 규제 차익을 줄여야 한다는 동일 기능 동일 규제 원칙이 증권법에 적용될 수 있는 토대가 된 것이다. 또한 거래의 법적, 기술적 형식보다는 경제적 실질을 중요시하여 디지털자산에 대해서도 경제적 실질에 따라 증권법 규제가 가능하도록 발판을 만들었다.

마지막으로, Howey Test에 의해 증권이 아닌 (현물) 상품과는 구별되는 증권의 특성을 구분할 수 있는 대략적인 기준을 제공하였다. 미국의 Howey Test에 따르는 증권은 본질적으로 타인의 노력에 의한 공동사업이 필요하다.

타인의 노력에 의한 공동사업에서 투자자와 경영자, 임직원 사이의 정보 비대칭으로 인해 투자자는 경영자 또는 임직원에 의한 사업 운영에 의존하여 경영자와 투자자 사이에서 정보격차가 발생하게 된다. 즉, 증권을 발행한 발행인과 그 내부자들이 일반적인 증권 투자자들보다 더 많은 정보를 가질 여지가 발생하는 것이다.

하지만 상품은 그 효용과 시장가치의 변화가 본질적으로 상품 그 자체의 가치와 다양한 외부적 요소에 영향을 받는 시장에 의해 좌우

되며, 일반적으로 타인의 노력과는 무관하다. 따라서 증권에 대해서는 증권법을 적용하여 증권적 권리에 대해 공시규제를 통해 정보격차를 완화하도록 규제를 가하지만, 증권에 해당하지 않는 (현물) 상품의 경우 이러한 규제를 취하지 않는다.

물론 Howey Test의 각 요건도 모호한 측면이 있어서 디지털자산의 증권성 판단을 위해서는 Howey Test에 대한 추가적인 해석 기준[20]이 필요하다. 그에도 불구하고 Howey Test는 어떠한 거래가 증권으로 인정되는지에 관한 여부를 결정하는 데 적용할 수 있는 기준을 제공함으로써 예측 가능성을 제시했다. 이는 규제 기관, 법원, 시장참여자가 금융상품이 증권규제 범위에 속하는지에 대한 여부를 평가하는 데 도움이 되어 투자자 보호 및 규제 감독을 위한 기준을 제공한다.

Ⓑ 증권과 (현물) 상품의 차이점과 SEC(연방증권법)와 CFTC(상품거래법)의 관할 논쟁

많은 이들이 증권법에 따른 증권규제의 필요성에 대해서는 공감하면서도 다른 투자상품과 비교해 증권에 대해서만 특별한 규제를 가하는 것에 대해 의문을 가진다. 예컨대 가격이 상승하고 하락하는 부동산이나 수집품, 원자재와 같은 상품을 투자 또는 투기목적으로 보유하는 경우가 존재하는데, 왜 증권에 대해서만 특별히 증권법상의 규제를 적용하냐는 것이다. 이에 대한 해답은 내부정보의 발생 가능성에 있다.

---

20 미국증권거래위원회(SEC)가 발표한 Framework for "Investment Contract" Analysis of Digital Assets 나 금융위원회의 토큰증권 가이드라인 등이다.

증권

증권은 상품과는 다른 특성을 가지는데, 특히 증권의 권리가 무형으로 존재하는 특성을 생각해 볼 필요가 있다.

증권은 실물로 현실에 존재할 수 있으나, 증권의 실물은 권리의 유통을 위해서만 존재할 뿐 증권의 가치에 영향을 주지 않는다. 따라서 증권 자체로는 증권의 가치를 판단하기 어려우며, 기업(발행인)과 기업이 수행하는 사업에 관한 정보를 통해 증권의 가치를 평가할 수 있다.

반면에 기업에서 경영진의 결정은 증권의 가치에 직접적인 영향을 미칠 수 있으며, 경영진의 전략적 결정과 기업 운영에 따른 재무 변화 등 증권의 가치에 직접적인 영향을 미칠 수 있는 상당한 양의 중요 정보를 생성한다. 따라서 기업의 중요 정보가 공시되지 않는 한 증권의 가치를 판단하기가 매우 어려워진다.

또한 증권거래에서는 종종 기업 내부의 중요한 정보가 거래 가격에 큰 영향을 미치기 때문에, 공개되지 않은 내부정보를 얻은 자들이 이를 이용하여 거래하는 경우, 일반 투자자들은 불리한 위치에 놓일 수 있다.

상품

하지만 상품은 실물로 존재한다. 따라서 종종 어렵고 복잡할 수는 있지만, 현실에 존재하는 상품을 직접 확인하고 검사하는 과정을 통해서 상품의 가치를 판단할 수 있다. 물론 실물이 존재하는데도 불구하고 상품의 가치를 판단하기 어려운 경우가 많다. 그래서 상품의 성능이나 완성도를 평가하는 리뷰 등을 참고하여 상품을 구매하기도 한다. 하지만 상품의 가치는 본질적으로 실물의 존재를 기반으로 판단되고, 상품의 가치에 관한 의사결정을 하는 내부자가 존재할 수 없으며 내부정보가 존재하지 않게 된다. 반면, 상품 시장에서는 가격 변동이 주로 수요 공급 등 시장 조건들에 의해 좌우된다.

증권과 상품에 대한 규제의 차이

내부정보 발생의 가능성에 따라 증권과 상품은 서로 다른 규제를 적용받는다. 증권을 통해 거래되는 권리는 내부정보가 발생할 여지가 있으므로 증권은 공시규제를 통해 내부정보를 공시하도록 한다. 반면 내부정보가 발생할 여지가 없는 상품은 그 자체에 관한 공시규제가 필요 없어진다.

증권과 상품은 공통점도 있는데, 증권이나 원자재처럼 시장(거래소)이나 중개인을 통해 거래되는 것들은 시장의 수요와 공급의 역학에 따라 영향을 받으며 생산 수준, 시장환경, 거시경제환경, 기상 조건, 지정학적 사건, 세계 경제 상황과 같은 요인이 상품 가격에 영향을 미칠 수 있다. 따라서 시장 수요와 공급에 영향을 미치는 불공정거래행위에 대한 규제는 유통시장에서 거래되는 증권과 (현물) 상품 모두에 공통으로 적용된다.

그에 따라 최근 미국에서 디지털자산의 규제관할권을 둘러싸고 SEC(증권거래위원회)와 CFTC(상품거래위원회) 사이에 논쟁이 벌어지는 것도 이와 같은 맥락이다.

모든 디지털자산은 그 설계와 작동 메커니즘에 따라 각각 다른 성질을 가지고 있다. 비트코인과 같이 탈중앙화된 블록체인 네트워크의 경우 모든 동작이 온체인상에서 기록되어 모든 네트워크 참여자에 의해 검증되고, 영구적으로 저장되기 때문에, 이 경우 내부정보가 발생할 여지가 크지 않다.

또한 스마트 컨트랙트를 이용한 토큰 프로젝트 중에서 오프체인 데이터에 전혀 의존하지 않고 상태변수 등 온체인 데이터를 이용하여 작동하는 프로젝트의 경우 내부정보가 발생할 여지가 없을 것이다. 이 경우에는 증권성이 인정될 가능성이 작아진다.

한편 상당수의 토큰 프로젝트에서 프로젝트 일부분은 온체인상에 기록되어 검증되지만, 효율적인 서비스를 제공하기 위해 데이터베이스 등 자의적인 조작이 가능한 오프체인 리소스에 의존하는 방식으로 탈중앙화되지 않은 경우도 존재한다. 이때 프로젝트의 성과는 프로젝트 측에 의해서만 접근되고 변경될 수 있는 오프체인 정보에 의해 좌우될 여지가 존재하므로 내부정보가 발생하게 될 여지가 크다. 이 경우 증권성이 인정될 가능성이 커진다.

어떤 디지털자산을 (현물) 상품으로 보는 경우 공시규제는 적용되지 않으며, 불공정거래 규제가 주로 적용된다.[21] 하지만 어떤 디지털자산에 대해 증권성이 있다고 인정되는 경우 증권법이 적용되며, 불공정거래 규제에 더해 공시규제가 적용된다.

디지털자산에 대해 강한 규제를 주장하는 측에서는 디지털자산 중 증권의 범위를 넓게 보고 상품의 범위를 좁게 보아 증권법을 넓게 적용하자는 주장을 하고, 디지털자산에 대해 비교적 약한 규제를 주장하는 측에서는 디지털자산 중 증권의 범위를 좁게 보고 상품의 범위를 넓게 보아 상품거래법을 넓게 적용하자고 주장한다. 이때 어떤 디지털자산이 증권으로 인정될지는 증권성 판단에 달려있으므로 증권성 판단 기준인 Howey Test가 중요한 의미를 갖게 된다.

---

21 CFTC가 2020년 하원에 보고한 'The CFTC's Role in Monitoring Virtual Currencies' 보고서에 따르면 CFTC는 가상자산에 대해 사기와 시장 조작 행위에 초점을 맞춘 규제를 하였다고 보고하였다.

토큰증권 가이드라인과 국내 디지털자산 규제

5.1 토큰증권 가이드라인

금융위원회는 토큰증권 정비 방안에서 토큰증권 가이드라인을 제시하였다. 금융위원회는 해당 가이드라인을 통해 현행 자본시장법상 증권의 정의를 기초로 가상자산에 적용하는 경우의 해석 방향을 적시하여 가상자산에 대한 증권 여부 판단의 기본원칙 등을 제시한다. 그에 따라 토큰증권 가이드라인은 가상자산의 발행·유통 시에 자본시장법 등의 위반 가능성을 방지하고 향후 증권으로 판명된 가상자산에 대해 자본시장법상 규제를 적용할 수 있도록 하는 기초를 제공한다.

자본시장법상의 투자계약증권

우리나라의 자본시장법은 증권을 채무증권, 지분증권, 수익증권, 투자계약증권, 파생결합증권, 증권예탁증권으로 구분하고 있는데(자본시장법 제4조 제2항), 채무증권, 지분증권, 수익증권, 파생결합증권, 증권예탁증권은 정형화된 증권으로 그 적용례가 보편적으로 형성되어 있어 해당 여부 판단이 상대적으로 명확하다.

한편, 투자계약증권은 미국 연방증권법상 투자계약(Investment Contract)의 개념을 반영해 도입된 개념으로서 자본시장법의 포괄주의 규제 원칙을 반영하는 개념이다. 자본시장법에서 투자계약증권은 다른 5가지 증권 유형에 해당하지 않는 경우 보충적으로 적용되는 증권 개념이다. 따라서 토큰증권 가이드라인은 투자계약증권의 해석 방향을 주로 다루며, 증권으로 판단될 수 있는 사례를 제시한다.

금융위원회의 토큰증권 가이드라인에 따라 금융감독원은 디지털 자산에 대한 자본시장법상 규제를 준비하고 있으며, 가상자산이용자 보호법이 시행되어 가상자산이 금융감독원의 감독 범위에 들어가게 되면 토큰증권 가이드라인에 따라 가상자산에 대한 자본시장법 규제가 본격적으로 취해질 예정이다.

⑧ Howey Test의 투자계약(Investment Contract)과 자본시장법상 투자계약증권의 개념

우리나라의 투자계약증권은 미국 Howey Test에서의 투자계약과 동일하지 않으며 다소 차이점이 존재한다.

미국 Howey 판결은 투자계약의 요건을 "주로 타인의 노력으로 얻을 수 있는 이익에 대해 합리적인 기대를 하면서 공동 기업에 금전을 투자"하는 것으로(An investment contract exists if there is an "investment of money in a common enterprise with a reasonable expectation of profits to be derived from the efforts of others.") 보지만, 자본시장법상 투자계약증권은 '특정 투자자가 그 투자자와 타인 간의 공동사업에 금전 등을 투자하고 주로 타인이 수행한 공동사업의 결과에 따른 손익을 귀속 받는 계약상의 권리가 표시된 것'으로 정의된다.

자본시장법상 투자계약증권은 '손익을 귀속 받을 계약상의 권리'일 것을 요구하여 손익을 분배받을 수 있는 권리성이 필요하지만, Howey Test에서 투자계약은 권리성이 인정되지 않더라도 이익에 대한 합리적인 기대만 존재하면 투자계약으로 인정될 수 있다. 따라서 Howey Test 투자계약의 정의가 더 넓으며 자본시장법의 경우 비교적 증권의 인정 범위가 좁다. 따라서 미국에서 어떤 디지털자산이 투자계약으로 인정된다고 하더라도 우리나라에서도 반드시 자본시장법상 투자계약증권으로 인정되는 것은 아니다.

그에도 불구하고 자본시장법상 투자계약증권은 Howey Test 투자계약의 개념을 반영하여 정의되었기 때문에 미국의 디지털자산에 대한 Howey Test 적용 사례는 자본시장법상 투자계약증권의 해석에도 지속하여 영향을 미칠 것으로 예상이 된다.

5.2 토큰증권 발행·유통 규율체계에 따른 증권규제 적용 시 사후 처리 문제

금융위원회 정비 방안은 토큰증권 가이드라인을 발표한 이후 ① 개별 사안별로 디지털자산의 증권 여부 판단 및 후속 조치를 진행하고, ② 자본시장법과 디지털자산기본법이 함께 디지털자산 시장 전반을 규율할 것이라고 밝혔다(정비 방안의 4페이지).

하지만 ①의 후속 조치에 관한 구체적인 내용은 밝히지 않고 있다. 물론 디지털자산의 증권 여부 판단에 따라서 디지털자산이 증권으로 판단되는 경우 디지털자산은 자본시장법의 규제에 따라야 하고, 만약 자본시장법상 규제를 따를 수 없는 경우 발행 및 유통될 수 없을 것이다.

그렇다면 현재 가상자산 시장에서 거래되는 가상자산이 증권으로 판명되는 경우 우리나라에서 이를 거래하기 위해서는 토큰증권 정비 방안에 따라 발행인이 자본시장법상 규제를 준수하여 증권신고서를 금융감독원에 제출하고, 발행인 계좌관리기관이 되어 분산원장 요건을 지켜 분산원장을 운영하여, 향후 개정될 전자증권법상의 토큰증권

형식으로 발행하고 장외거래중개업자를 통해 유통하여야 한다.

또한 이 토큰증권을 거래소시장에 상장하기 위해서는 발행인 계좌관리기관의 분산원장에서 유통하는 토큰증권 기록을 모두 현행 디지털 방식의 전자증권으로 전환해야만 한다.

물론 가상자산 발행인이 발행인 계좌관리기관이 되어 분산원장을 운영하고 브리지 기술 등을 이용하여 전체 유통량 중 한국의 유통 수량만큼의 공개형 가상자산을 발행인 계좌관리기관의 분산원장으로 이전하여 토큰증권 형식으로 발행하여 우리나라에서 유통할 수도 있을 것이다.

하지만 발행인이 독자적으로 발행인 계좌관리기관을 운영하기에는 별도로 요건을 갖추어 발행인 계좌관리기관으로 등록하는 등 비용이나 노력이 많이 소요되고, 가상자산 발행인이 우리나라의 자본시장법상 규제에 맞추어 토큰증권 형식으로 변환하여 발행할 유인도 크지 않을 수 있어서, 현실적으로 어떤 가상자산이 증권으로 판명되는 경우 우리나라에서 그 가상자산을 유통하기는 어려울 수 있다.

현재 미국 SEC에 의해서 다수 가상자산의 증권성이 인정되고 있으며 해당 가상자산 프로젝트에 대해 증권규제가 이뤄지고 있다. 그리고 현재 증권규제를 적용받게 되는 프로젝트 중 일부 프로젝트들은 증권규제에 맞추어 발행을 준비하고 있는 것으로 알려져 있다. 하지만 앞서 언급한 바와 같이 금융위원회 정비 방안에서는 증권성이 인정된 공개형 가상자산 프로젝트가 합법적으로 발행되어 운영되기 위한 방식이나 절차 프로세스가 명확하지 않거나 미흡한 것이 사실이다.

만약 추가적인 정책적 지원이 없다면 증권성이 인정된 가상자산 프로젝트들은 한국에서는 발행할 수 없는 환경이 만들어질 것이고 미국, 싱가포르 등 다른 나라에서만 발행되게 될 것이다. 그러면 한국은 블록체인 산업 발전의 중요한 부분을 놓치게 될 가능성이 높다. 따라서 증권성이 인정된 가상자산 프로젝트를 합법적인 토큰증권제도로 수용할 수 있는 합리적인 정책이 마련될 필요가 있다.

5.3 가상자산에 대한 투자자 보호 규제

한편 증권규제와는 별개로 우리나라에서 가상자산 시장의 투자자 보호를 위해서 가상자산이용자보호법이 2023년 6월 국회 본회의를 통과하여, 2023년 7월 본격적으로 시행되었다.

금융위원회는 가상자산에 대한 입법을 2단계로 추진할 계획이며, 1단계에서는 투자자 보호를 위한 필수적인 사항을 입법하고, 2단계로 국제적인 가상자산 규제 방향에 따라 추가적인 입법을 진행할 계획이다.

가상자산이용자보호법은 1단계 입법으로서 가상자산사업자의 가상자산에 대한 실질적 보관과 투자자예치금 보관, 콜드월렛 보관 비율 등에 관한 투자자 자산 보호와 내부자거래 및 시세조종, 부정거래 등 불공정거래에 관한 규제를 중심으로 입법되었다.

가상자산에 대한 2단계 입법에서는 가상자산 발행·공시 등 시장 질서 규제 등이 포함될 예정이다. 다만 1단계 입법을 통해 투자자 보호를 위해 이견이 없는 사항이 입법된 것과는 달리, 2단계 입법에서는 가상자산의 성격에 대한 다양한 논쟁이 있을 것으로 예상이 된다.

예컨대 가상자산에 대한 공시에 대해서도 가상자산의 성격을 규명하는 것이 중요하게 다뤄질 수 있다. 가상자산에 대해서 증권 수준으로 정보 비대칭성이 인정되는 것으로 볼 여지도 존재하고, 가상자산과 연관된 스마트 컨트랙트(Smart Contract)의 상태변수(State Variables) 등 온체인상에서 전 세계 모든 사람이 접근할 수 있는 정보들이 존재하는 것을 근거로 증권에 비해 정보 비대칭성이 낮다고 주장할 수도 있다.

또한 블록체인 기술을 어떻게 이해하고 가상자산을 어떻게 바라볼 것인지에 따라서 2단계 입법의 방향이 변할 수도 있다. 현재 가상자산의 성격에 관해 세계적으로 다양한 입법례가 쌓이고 있고, 학계에서는 여러 논쟁이 일어나고 있다. 그리하여 전 세계의 다양한 입법례와 학계 연구 결과를 기초로 가상자산에 대한 2단계 입법이 이뤄질 것으로 예상된다.

Part 4
토큰증권의 권리 공시하기
: 권리이전 관점에서의 토큰증권 (민법, 상법, 전자증권법)

토큰증권의 법적 효력

2023년 2월 금융위원회에 의해 토큰증권 정비 방안이 발표되었으나 가상자산 투자자 중에서는 토큰증권 정책이 왜 필요한지를 이해하기 어려워하는 경우가 많았다. 단순하게 보자면 증권을 토큰으로 발행하면 되는 것인데 굳이 정책과 법이 왜 필요하냐는 것이다. 그에 더해 탈중앙화를 본질로 하는 블록체인 시장에 대해 토큰증권에 관한 정책과 법으로 정부가 개입하는 것을 불편해하는 반응도 있다.

그리고 일부 가상자산 투자자들은 조각투자와 같은 토큰증권에 대해 의문을 제기하기도 했다. 가상자산 투자자 중에는 실물자산을 기초자산으로 하는 조각투자상품과 같은 토큰증권과 실물자산을 나타내는 NFT 간에는 차이가 없다고 생각하기 때문에, 토큰증권을 위한 제도와 법률이 왜 필요한지를 이해하지 못하는 이들도 있었다.

NFT(Non-fungible token; 대체 불가능 토큰)[1]란 분산원장 기술을 이용하여 디지털 정보의 원본 여부를 증명할 목적으로 발행되는 디지털자산 토큰(token)이다. NFT가 실물자산을 디지털자산으로 유통하기 위한 목적으로 발행된다고 이해하는 사람들이 많아서, NFT만 있으면 실물자산을 거래할 수 있다고 생각하는 것이다.

---

1 NFT(Non-Fungible Token)는 '대체 불가능 토큰'으로 번역되는 블록체인 기술을 기반으로 하는 디지털 자산의 한 형태로서 각 토큰이 고유하며 서로 대체(교환)할 수 없는 디지털자산을 말한다. NFT는 주로 블록체인 위에 구축된 스마트 컨트랙트를 통해 만들어지며, Ethereum과 같은 메인넷에서 유통된다. NFT는 일반적으로 블록체인에 기록된 분산장부에서 소유자를 추적하고, 사진, 미술품, 음악 등의 소유권을 입증하는 데 사용된다.

하지만 단순히 분산원장을 증권거래에 이용한다고 하여서 증권을 유통할 수 있는 것은 아니다. 즉 실물 정보가 담긴 NFT를 거래한다고 하더라도 실물 자체에 대한 권리가 거래되지는 않는다.

재산권으로서 디지털자산

그 이유는 NFT가 재산권의 거래 수단으로서 법적 지위를 갖지 않기 때문이다. NFT는 단지 실물자산에 대한 정보만을 해시값으로 가지는 토큰이다. 따라서 이를 보유하고 처분할 수 있다고 하더라도 법적 근거 없이 그 자체만으로는 실물자산인 원본에 대해 권리를 주장할 수가 없다. 다시 말해 토큰을 통해 실물자산 등 다양한 재산권에 대한 권리를 거래하기 위해서는 법적인 장치가 반드시 뒷받침되어야 한다.

법의 보호를 받지 못하는 재산의 경우 재산권을 온전하게 누릴 수 없으며, 특히 재산권 거래에 법적 효력이 담보되지 않는다면 분쟁이 생겼을 때 법의 보호를 받지 못하게 된다.

만일 재산에 대한 법적 보호장치가 없는 상태에서 발행인이 재산권에 대한 권리를 포함한 토큰을 발행하여 판매하더라도 발행인이 자발적으로 그 권리를 토큰보유자에게 이행하지 않는 경우, 법원에서 그 재산적 권리에 대해 청구하더라도 이는 정당한 청구로 받아들여지지 않는다. 또한 그 토큰이 나타내는 권리의 소유자가 누구인지에 대해 다툼이 있는 경우에도 토큰보유자는 토큰 자체로는 소유권을 증명할 수가 없다.

이를 NFT에 적용해서 살펴보면, NFT는 실물자산거래 수단으로서 법적 지위를 갖지 않기 때문에 투자자가 NFT로 실물자산을 거래한다고 하더라도 향후 NFT 보유자가 실제 실물자산 보유자에게 실물자산

이전을 청구하는 경우, 실물자산 보유자가 자발적으로 이행하지 않는 이상 실물자산을 이전받을 수 없다. 또한 투자자가 법원에 실물 보유자에 대해 이행청구 소송을 제기하더라도 법원은 이를 받아들여 주지 않는다.

따라서 분쟁 발생 시 최종적으로 법률의 보호를 받기 위해서는 토큰을 통한 재산권 거래에 있어 법적 근거가 필요하게 된다.

토큰증권에 대한 권리추정력과 제3자 대항력의 기능

금융위원회의 토큰증권 정비 방안에서 언급하고 있는 내용 중 토큰증권을 전자증권법으로 수용하여 '권리추정력'과 '제3자 대항력'을 부여하고 그에 따라 투자자를 보호한다는 내용이 바로 법률의 보호를 받게 하는 법적 근거에 해당한다. 향후 금융위원회의 정비 방안에 따라 전자증권법이 개정되어 토큰을 통해 권리를 거래하게 된다면 토큰증권의 보유 관계에 대해 권리추정력이라는 법적 효력이 부여된다.

전자증권법 개정을 통해 토큰증권에 권리추정력이 부여된다면 토큰증권은 법원에서 토큰증권이 담고 있는 재산권에 대한 권리인 증권적 권리에 대한 권리추정력을 가지는 강력한 증거가 된다.

따라서 법원은 토큰증권에 관한 다양한 법적 다툼에서 재산권에 대한 권리가 다른 사람에게 있다는 것이 증명되지 않는 이상 전자증권법에 따라 단순히 토큰증권을 누가 가지고 있는가를 기준으로 토큰증권 보유자에게는 증권에 대한 권리를 인정하고, 보유하지 않은 자에게는 증권에 대한 권리를 부정하게 된다.

하지만 권리추정력은 단순히 토큰증권이 담고 있는 증권적 권리에 대한 법적 보호기능만을 부여하는 것이 아니다.

토큰증권 보유에 전자증권법상 권리추정력 등이 인정된다면 토큰증권은 효과적인 증권 유통수단이 된다. 권리추정력 등을 통해 사람들은 분산장부의 토큰증권 기재내역만을 보고도 증권을 자유롭게 거래할 수 있게 되는데, 이번 Part 4에서 이러한 주제에 관해 중점적으로 다루고자 한다.

공법과 사법

증권거래는 다양한 법률에 근거해서 가능하게 된다. 공법(公法)과 사법(私法)을 구분하는 우리나라 법체계에 따라 증권거래와 관련한 법률도 크게 공법과 사법으로 나누어 구분할 수 있다.

먼저 증권시장의 여러 주체에 대하여 국가에 의한 규제를 규정한 행정법 중심의 공법이 있다. 앞선 Part 3에서 살펴본 바와 같이 증권거래에서 투자자 보호를 위한 공시규제, 불공정거래 규제와 증권회사 등 금융투자업자 또는 거래소, 예탁결제원, 금융투자협회, 증권금융회사 등 금융투자업 관계기관에 대한 금융업법을 담은 자본시장법이 대표적이다.

한편 증권을 발행하여 증권적 권리를 양도하고 권리를 행사하는 과정에 근거가 되어 증권에 관한 권리의무관계를 규율하는 사법이 있다. 증권에 관한 사법은 회사법, 유가증권법 등이 규정된 민법, 상법 등 기본법과 자본시장법 일부 조문[2]에도 규정되어 있으며, 전자증권에 관한 내용은 특별법으로서 전자증권법(주식·사채 등의 전자등록에 관한 법률)에서 규정한다.

Part 4에서는 토큰증권 거래의 기반이 되는 민법, 상법, 전자증권법 등 사법이 토큰증권에 대해 어떻게 법적인 효력을 부여하는지 그

---

2 예를 들어 예탁제도에서 예탁증권의 법적 효력을 규정한 자본시장법 제311조 및 제312조 등이다.

리고 어떻게 해서 토큰증권을 안정적인 증권 유통수단으로 만드는가에 관해 중심적으로 살펴보고, 증권을 효율적이고 안정적인 유통수단으로 만들어 주는 역할을 하는 금융업 규제와 기술적 수단에 대해 알아본다.

일반적으로 증권거래의 법적 리스크는 증권을 안전하게 보관하고 거래기록을 조작할 수 없도록 만드는 제도와 기술에 의해 큰 영향을 받는다. 따라서 기존의 증권제도와 토큰증권제도에서 증권을 안전하게 보관하고 거래기록을 조작할 수 없도록 만드는 제도와 기술에 대해서도 논할 예정이다.

권리 유통의 수단으로서 증권

2.1 토큰증권과 권리

블록체인을 통해 증권을 거래하기 위해서는 증권 거래기록에 해당하는 트랜잭션 기록이나 증권 보유내역에 해당하는 블록체인 내 토큰 보유기록을 신뢰하고 거래할 수 있어야 한다. 즉, 증권 보유기록을 근거로 하여 이루어진 거래는 법적으로 유효하여야 한다.

실제로 우리는 거래소에서의 증권거래 시 증권 자체의 가치에 집중할 뿐 증권거래 자체의 법적 리스크를 생각하면서 거래하지는 않는다. 만약 투자자들이 그러한 법적 리스크까지 생각해서 거래해야 한다면 증권거래 비용이 증가해서 증권시장을 통한 효율적인 자본조달이 어려워질 것이다. 따라서 토큰증권을 이용해 증권을 거래하기 위해서는 증권거래 자체에 존재하는 법적 리스크를 경감시킴으로써 거래 안전을 확보할 필요가 있다.

그렇다면 토큰증권 거래 자체의 법적 리스크는 어떻게 파악할 수 있는 것일까? 토큰증권 거래 자체의 법적 리스크를 파악하기 위해서는 토큰증권의 거래에 관해 규율하지 않고 있는 현재의 법률 체계를 전제로 하여 토큰증권 거래의 법적 성질을 규명하고, 토큰증권 거래에 어떤 리스크가 있는지를 분석할 필요가 있다.

블록체인을 통한 증권거래에 관해 아무런 법적 장치가 없는 현 상황에서는 자본시장법상 증권거래의 사법상 법적 성질이 토큰증권 거래의 법적 성질이 될 것이다.

자본시장법 제정 전 증권거래법상 유가증권[3]은 본래 민사법에 근거해 발행되는 유가증권 중 투자자 보호가 필요한 유가증권에 대해 투자자 보호 목적에서 유가증권의 발행과 유통을 규제하기 위해 규정된 개념이었다. 그러나 증권거래법이 폐기되어 새로 제정된 자본시장법이 투자자 보호를 위한 목적을 갖는 것은 구 증권거래법과 동일하지만, 증권을 유가증권이 아닌 금융투자상품의 일종으로 규정[4]하며 동시에 금융투자상품을 권리로 정의한다.[5]

---

3 증권거래법 제2조(정의) ① 이 법에서 "유가증권"이라 함은 다음 각호의 1에 해당하는 것을 말한다.
1. 국채증권
2. 지방채증권
3. 특별한 법률에 의하여 설립된 법인이 발행한 채권
4. 사채권
5. 특별한 법률에 의하여 설립된 법인이 발행한 출자증권
6. 주권 또는 신주인수권을 표시하는 증서
7. 외국법인등이 발행한 증권 또는 증서로서 제1호 내지 제6호의 증권이나 증서의 성질을 구비한 것
8. 외국법인등이 발행한 증권 또는 증서를 기초로 하여 대통령령이 정하는 자가 발행한 유가증권예탁증서
9. 제1호 내지 제8호의 증권 또는 증서와 유사하거나 이와 관련된 것으로서 대통령령이 정하는 것

4 자본시장법 제4조(증권) ① 이 법에서 "증권"이란 내국인 또는 외국인이 발행한 금융투자상품으로서 투자자가 취득과 동시에 지급한 금전등 외에 어떠한 명목으로든지 추가로 지급 의무(투자자가 기초자산에 대한 매매를 성립시킬 수 있는 권리를 행사하게 됨으로써 부담하게 되는 지급 의무를 제외한다)를 부담하지 아니하는 것을 말한다. (후문 생략)

5 자본시장법 제3조(금융투자상품) ① 이 법에서 "금융투자상품"이란 이익을 얻거나 손실을 회피할 목적으로 현재 또는 장래의 특정(特定) 시점에 금전, 그 밖의 재산적 가치가 있는 것(이하 "금전등"이라 한다)을 지급하기로 약정함으로써 취득하는 권리로서, 그 권리를 취득하기 위하여 지급하였거나 지급하여야 할 금전등의 총액(판매수수료 등 대통령령으로 정하는 금액을 제외한다)이 그 권리로부터 회수하였거나 회수할 수 있는 금전등의 총액(해지수수료 등 대통령령으로 정하는 금액을 포함한다)을 초과하게 될 위험(이하 "투자성"이라 한다)이 있는 것을 말한다. 다만, 다음 각 호의 어느 하나에 해당하는 것을 제외한다.
1. 원화로 표시된 양도성 예금증서
2. 「신탁법」 제78조제1항에 따른 수익증권발행신탁이 아닌 신탁으로서 다음 각 목의 어느 하나에 해당하는 신탁(제103조제1항제1호의 재산을 신탁받는 경우는 제외하고 수탁자가 「신탁법」 제46조부터 제48조까지의 규정에 따라 처분 권한을 행사하는 경우는 포함한다. 이하 "관리형신탁"이라 한다)의 수익권
   가. 위탁자(신탁계약에 따라 처분권한을 가지고 있는 수익자를 포함한다)의 지시에 따라서만 신탁재산의 처분이 이루어지는 신탁
   나. 신탁계약에 따라 신탁재산에 대하여 보존행위 또는 그 신탁재산의 성질을 변경하지 아니하는 범위에서 이용·개량 행위만을 하는 신탁
3. 그 밖에 해당 금융투자상품의 특성 등을 고려하여 금융투자상품에서 제외하더라도 투자자 보호 및 건전한 거래질서를 해할 우려가 없는 것으로서 대통령령으로 정하는 금융투자상품
② 제1항의 금융투자상품은 다음 각 호와 같이 구분한다.
   1. 증권
   2. 파생상품
      가. 장내파생상품
      나. 장외파생상품

만약 유가증권으로 발행되지 않았다고 하더라도, 자본시장법은 증권에 표시될 수 있거나 표시되어야 할 권리가 그 증권이 발행되지 아니한 경우에도 증권으로 본다.[6] 따라서 유가증권이 발행되지 않은 경우라도 증권의 정의에 해당할 수 있는 모든 권리를 증권으로 보아 기존 증권거래법보다 증권규제 범위를 확장한다.

자본시장법상 금융투자상품 규제는 발행인에 대한 권리를 전제로 규정되어 있고, 자본시장법의 규제를 받는 유가증권도 본질적으로 발행인에 대한 권리를 전제한다. 따라서 유가증권이 발행되지 않는 경우 자본시장법상 증권의 민사법적 성질은 권리의 기본 형식인 민법상 지명채권[7] 이라고 보는 것이 타당하다.

따라서 블록체인을 통한 증권거래에 관해 아무런 법적 장치가 없는 현 상황에서는 토큰증권 거래에 존재하는 법적 리스크에 대해서는 증권이 법적으로 (채권적) 권리이며, 증권거래는 지명채권 양도라는 점을 기초로 분석할 수 있다.

2.2 권리이전의 리스크와 지명채권의 양도

일반적으로 지명채권의 양도는 채권자(양도인)가 가진 채무자에 대한 권리를 제3자인 양수인에게 이전하는 방식으로 이루어진다. 권리의 양도는 물건의 점유자(양도인)가 양수인에게 물건을 양도하는 물건의 양도와 큰 차이가 없어 보인다.

그런데 지명채권의 양도는 물건의 양도에 비해 어려움이 있다. 재산권 거래에서 다른 재산권과는 달리 권리(지명채권)의 특성은 양도의

---

6 자본시장법 제4조(증권) ⑨ 제2항 각 호의 어느 하나에 해당하는 증권에 표시될 수 있거나 표시되어야 할 권리는 그 증권이 발행되지 아니한 경우에도 그 증권으로 본다.

7 지명채권이란 채무에 대한 채권자가 특정되어 있는 채권을 말한다.

대상이 눈에 보이지 않는다는 점인데, 즉 권리의 양도 문제는 권리가 무형이라는 점에서 발생한다.[8]

물건은 시각적으로 보이므로 양수인은 양도인이 물건을 점유하고 있는지와 물건 자체를 확인하여 거래 대상의 존재 여부와 양도인이 권리를 보유하고 있는지에 대한 여부를 직접 확인할 수 있으며 거래 대상의 가치를 평가할 수 있다. 하지만 권리의 양도에 있어서 양수인은 그 권리가 실제로 존재하는지, 양도인이 양도의 대상이 되는 권리를 실제로 보유하고 있는지 또한 권리가 실제 존재하더라도 양도인이 말한 대로 권리가 그대로 존재하는지를 알 수가 없다.

또한 물건에 대해서는 점유자가 점유한 물건에 대해 행사하는 권리를 적법하게 가진 것으로 추정된다(민법 제200조). 그리고 일반적으로 물건은 점유의 이전을 통해 소유권을 양도하며, 점유를 통해 누가 물건을 가졌는지가 공시되므로 이중 양도가 발생하지 않는다. 하지만 지명채권의 경우 그 자체만으로는 권리추정력이 인정되지 않으며, 권리의 경우 무형이기 때문에 누가 권리를 보유하고 있는지에 관해 거래하는 당시의 상황에서는 알 수가 없다. 따라서 채무자 등 제3자를 통해 확인하는 등의 주의를 기울이지 않는 이상 이중 양도의 가능성이 존재한다.

그리고 물건에서는 발생하지 않는 문제이지만 권리의 양도에서는 권리행사의 문제도 발생한다. 권리의 양수인이 추가적인 조사 및 확인을 하지 않는 한 권리거래 당시에는 그 권리가 이미 행사된 권리인지 아닌지를 확인할 방법이 없다. 또한 권리에 대한 의무자인 채무자로서는 양수인 또는 양도인, 제2 양도인이 동시에 권리를 행사하는 경우 과연 누구에게 권리를 이행해야 할지도 알 수가 없다.

---

8 정경영, 유가증권 전자화의 법리 연구, 동방문화사, 2019, 2~3면.

마지막으로 양수인은 무권리자(예컨대 무권대리인이나 임차인·수치인 등 소유권자가 아닌 자)로부터 권리를 양수하여 권리를 취득할 수 없을 리스크를 진다.

무권리자와 거래할 위험은 권리뿐만 아니라 물건에서도 발생할 수 있는 위험이다. 그러나 물건의 경우 민법 제249조에서 동산의 선의취득을 규정하여 '평온, 공연하게 동산을 양수한 자가 선의이며 과실 없이 그 동산을 점유한 경우, 양도인이 정당한 소유자가 아닌 때에도 즉시 그 동산의 소유권을 취득'할 수 있도록 규정하여 이 문제를 법률로써 해결한다.

그러나 권리의 경우에는 선의취득과 같은 규정이 없어서 법적 보호를 받지 못한다. 양수인이 처분 권한이 없는 무권리자인 양도인으로부터 권리를 양수받은 경우, 선의 무과실로 권리를 양도받았다고 하더라도 권리 양도는 무효가 되고 양수인은 권리를 취득하지 못한다.

물건의 거래와는 다르게 지명채권의 거래에서는 위와 같이 다양한 법적 리스크가 존재한다. 민법은 이러한 지명채권 양도의 리스크를 줄이기 위해 지명채권양도의 절차와 효력에 관해 규정하고 있다.[9]

민법상 지명채권의 양도

지명채권이란 채권자가 특정인으로 지정된 채권으로서 채권자가 증서의 점유이전에 따라서 변할 수 있는 증권적 채권에 대비되는 채권이다. 일반적으로 법률의 규정이 있어야 증권적 채권으로 인정을 받을 수 있으므로(유가증권 법정주의), 법률에 근거하여 증권으로 발행되지 않은 권리는 원칙적으로 지명채권이 된다.

---

9 정경영, 유가증권 전자화의 법리 연구, 동방문화사, 2019, 3~4면.

민법은 권리이전 시 발생하는 법률문제를 해결하기 위해 민법 제
449조부터 제452조까지 지명채권양도에 관해 규정하고 있다. 특히
지명채권양도상 법적 리스크에 중요한 조문은 제450조 제1항과 제2
항이다.

민법 제450조 제1항[10]은 채무자의 이중 변제를 막기 위한 양수인
의 '채권행사의 요건'으로서 양도인의 통지 또는 채무자의 승낙을 요
건으로 한다.

양도인과 양수인 사이에 채권양도 계약이 성립하더라도 양도인이
채무자에게 채권양도 사실에 대해서 통지하지 않거나 채무자가 채권
양도를 승낙하지 않는다면 채무자는 양수인에게 채권에 따른 의무를
이행할 필요가 없어진다(즉, 채무자는 양수인에게 대항할 수 있다).

그리고 민법 제450조 제2항[11]과 판례에서 채권양도의 대항요건과
그에 따른 채권 귀속의 기준을 규정하여 이중 양도 및 이중 행사의 법
률관계를 규율한다.

민법 제450조 제2항은 채권양수인이 채권 보유 여부에 대해 채권
양수인과 다투는 채무자 이외의 제3자에게 대항하기 위해서는 민법
제450조 제1항의 통지 또는 승낙을 확정 일자 있는 증서를 통해서 해
야 한다고 정한다. 그리고 판례는 지명채권의 이중 양도가 있는 경우
에 1) 제1양도와 제2양도 중 하나만 확정 일자 있는 증서에 의한 대항
력을 갖춘 경우, 확정 일자 있는 양수인[12]이, 2) 제1양도, 제2양도 모
두 확정 일자 없이 단순한 대항요건만 갖춘 경우, 먼저 통지나 승낙을

---

10 민법 제450조(지명채권양도의 대항요건) ① 지명채권의 양도는 양도인이 채무자에게 통지하거나 채무
자가 승낙하지 아니하면 채무자 기타 제삼자에게 대항하지 못한다.
11 민법 제450조(지명채권양도의 대항요건) ② 전항의 통지나 승낙은 확정 일자 있는 증서에 의하지 아니
하면 채무자 이외의 제삼자에게 대항하지 못한다.
12 대법원 1972.1.31. 선고 71다2697 판결.

갖춘 자[13]가, 3) 제1양도, 제2양도 모두 확정 일자 있는 증서에 의한 대항력을 갖춘 경우, 확정 일자 있는 증서가 채무자에게 먼저 도달한 양수인[14]이 채권을 양수한다고 본다.

다시 말해 민법은 지명채권에 대한 양도를 위한 요건으로 ① 통지 또는 승낙, ② 확정 일자 있는 증서를 요구하고 이를 일련의 기준으로 활용하여 채무자의 이중 변제를 막고, 지명채권이 이중 양도 된 경우 민법 제450조 제2항의 요건에 따라 권리를 양도받게 되는 양수인을 결정할 수 있도록 한다.

지명채권양도 방식의 한계

하지만 지명채권양도의 대항요건을 통해서도 권리 양도의 리스크 모두를 해소하지는 못하며, 양수인은 여전히 다양한 법적 리스크를 부담하게 된다.

우선 실제 거래하고자 하는 권리(채권)가 존재하는지를 파악하는 문제는 민법상 절차를 따르더라도 여전히 해결되지 않는다. 권리는 무형이므로 공시할 수 없고 권리자와 의무자 간의 의사 합의(계약 등)에 따라서 권리의무의 내용이 확정된다. 따라서 권리는 여전히 관념적으로만 존재하며, 추가적인 조사 확인을 하지 않는 한 거래 당시 양수하려는 권리가 실제로 존재하는지 여부를 확인할 방법이 없다.

양도인은 채무자와 채권자 사이의 계약서와 같은 증거로 권리를 증명할 수도 있겠으나, 계약서를 위조·변조하는 등의 위험도 있어서 권리를 양수하려는 자로서는 추가적인 조사 확인이 필요하게 된다.

---

13 대법원 1972.12.28. 선고 71다2048 판결.
14 대법원 1994.4.26. 선고 93다24223 전원합의체 판결.

또한 여전히 지명채권양도의 대항요건을 갖추더라도 이중 양도 자체를 막을 수는 없다. 민법상 지명채권양도의 대항요건을 충족하여 권리자를 확정할 수 있다고 하더라도 이미 일어난 이중 양도 상황에서 제1, 제2 양수인 사이의 실제 권리자를 지정하는 기준만을 제공할 뿐 이중 양도 자체를 막을 수는 없다.

양수인이 이중 양도에 따른 법률 리스크를 피하기 위해서는 단순히 확정 일자 있는 통지 또는 승낙을 통한 대항요건을 갖추는 데 그치지 않고 실제 채무자에게 이중 양도 여부를 확인해야 한다. 또한 권리를 무권리자로부터 양수할 리스크는 지명채권양도 방식으로 해결하기 어렵다.[15]

요약하면 지명채권의 양수인은 양수 계약 시 양수하려는 권리가 실제 양도인에게 존재하는지, 계약상의 권리 내용이 실제 양도인이 보유하는 권리 내용과 동일한지에 대해 계약 자체만으로는 보장할 방법이 없으므로, 지명채권양도의 대항요건을 갖추었더라도 여전히 존재하지 않는 권리를 양수하게 될 리스크를 지게 된다.

지명채권 양수인은 이러한 리스크를 회피하기 위해서 양도받을 권리와 양도인에 대해서 조사 확인 비용을 지출하게 된다. 따라서 지명채권양도를 통해 양도인이 얻을 수 있는 이익은 최소한 양도인이 지출하는 조사 확인 비용만큼 감소하게 되며, 최악의 경우 권리가 존재하지 않거나 채무자의 이중 변제 또는 양도인의 이중 양도로 인해서 채권양도 계약을 통해 매수한 권리의 전부를 잃게 될 위험을 부담한다.

---

15 민법 제451조 제1항 본문은 '채무자가 이의를 보류하지 않고 채권양도를 승낙한 경우에, 양도인에 대하여 주장할 수 있는 사유가 있었더라도 채무자는 그 사유로 양수인에게 대항할 수 없다'고 규정하여 채무자의 승낙에 공신력을 부여하지만, 양수인은 무권리자로부터의 권리양수 채무자가 이의를 보류하지 않은 승낙을 할지 여부를 알 수 없으며, '채무자가 이의를 보류한 승낙을 한 경우에도 채권이 이미 제3자에게 양도되었다는 항변은 채무자가 주장할 수 있으므로(대법원 1994.4.29. 선고 93다35551 판결)', 무권리자로부터 권리를 양도받게 될 리스크를 해결하기에는 한계가 있다.

지명채권양도 방식의 토큰증권 거래

블록체인을 통한 증권거래에 관해 아무런 법적 장치가 없는 현 상황에서는 토큰증권의 권리도 민법에 따라 지명채권 양도 방식으로 권리를 양도해야 하므로 지명채권양도에 수반되는 리스크를 그대로 지게 된다. 게다가 트랜잭션 기록으로 토큰을 이전하는 블록체인의 특성과는 맞지 않게, 권리 양도 시 대항요건을 충족해야 하므로 권리 양도를 위한 비용도 많이 증가한다.[16]

하지만 이런 방식의 거래는 증권거래의 법적 리스크를 생각하게 만들어 투자 및 자본조달 수단으로서 증권의 기능을 매우 비효율적으로 만든다.

앞서 살펴본 대로 토큰증권이 효율적인 투자 및 자본조달 수단으로서 제 기능을 하기 위해서는 투자자가 증권거래 시 증권 자체의 가치에 집중하여 거래할 수 있는 환경이 조성되어야 하며, 증권거래의 법적 리스크를 투자자가 직접 고려하지 않도록 거래 안전을 보장하는 법제가 필요하다.

물론, 이미 증권의 권리를 공시하는 방법으로 증권거래의 거래 안전을 보장할 수 있는 제도는 존재한다. 이미 오래전부터 권리이전의 한계를 극복하기 위해서 유가증권을 통해 권리를 공시하여 거래하였고, 예탁제도 및 전자증권제도를 통해 계좌부 기재에 법적 효력이 부여되고 증권 보유내역이 공시되어 투자자들은 계좌부 기재내역을 신뢰하여 권리가 존재하지 않을 위험, 이중 양도 및 이중 행사의 위험 없이 거래할 수 있게 되었다. 그리하여 유가증권제도, 예탁제도 및 전

---

16 실제 카사코리아의 디지털수익증권(DABS) 양도를 위해서 매일 DABS 매매거래와 관련된 수익증권 반환청구권의 준공유지분 및 보관계약상 보관의뢰인 지위의 양도를 위한 승낙과 확정 일자를 받는 방식으로 이뤄진다. 출처 : 카사코리아, 공유증권 서비스이용약관, 2022.3.2. https://static.kr.kasa.exchange/terms/service.html (2024년 2월 17일 확인).

자증권제도로 인해 현재의 증권시장은 좋은 투자처와 효율적인 자본
조달의 루트가 되고 있다.

그러한 가운데 다양한 문제로 인해 토큰증권에 유가증권제도 및
예탁제도, 전자증권제도를 그대로 적용할 수는 없다. 이제부터 유가
증권제도 및 예탁제도, 전자증권제도가 각각 어떻게 해서 증권거래의
거래 안전을 보장하는지, 어떠한 연유에서 토큰증권에는 그대로 적용
하기 어려운지를 확인해 보면서 장래 토큰증권의 거래 제도를 어떻게
구성할지를 알아본다.

2.3 유가증권과 예탁증권, 전자증권을 통한 권리의 공시 및 이전

2.3.1 실물 유가증권의 해법

사람들은 고대 시절부터 무형적 권리의 이전에 따른 어려움을 해
소하기 위해 유가증권을 개발해 냈다. 유가증권은 재산적 권리(가치)
를 나타내는 증서(문서)를 의미하는데, 유가증권을 소지한 자는 권리
를 보유하는 것으로 보며, 유가증권을 교부하는 방식으로 권리를 양
도한다. 그리고 권리를 행사하기 위해서 유가증권을 이용하여야 한다.

유가증권은 유가증권에 권리 내용을 기재하는 방식을 이용해 권
리 공시의 문제를 해결하고 동산의 점유 개념을 이용해서 권리 및 권
리자를 공시하고 이중 양도, 이중 행사의 문제를 해결한다.

구체적으로 유가증권은 유가증권 권면에 권리 내용을 기재하도록
하고 권면에 기재된 권리만을 행사할 수 있도록 하여 위변조되지 않
는 한 실제 유가증권으로서 행사할 수 있는 권리의 내용을 확인할 수
있도록 한다. 법률로써 유가증권에 기재된 내용을 행사할 수 있게 보

장한다면 양수인은 유가증권 기재내역을 신뢰하고 추가적인 조사 확인 없이 유가증권을 거래할 수 있게 된다.

또한 동산의 권리이전 방식을 활용하여 배서의 연속 또는 점유이전을 통해 권리를 양도하며, 증권을 점유한 자에게 자격수여적 효력을 부여하기 때문에, 권리자를 공시할 수 있어 이중 양도, 이중 행사와 같은 권리이전상의 문제를 해결할 수 있다.

즉, 유가증권의 점유를 기준으로 권리 보유가 결정되므로 단순히 증권을 현실적으로 인도하는 것만으로도 증권의 권리를 양도할 수 있고 별도로 채무자 또는 제3자에 대한 대항요건을 갖출 필요가 없다.

또한 실물 유가증권(동산)의 점유를 기준으로 권리 보유 여부가 결정되므로 양수인이 현실로 유가증권을 양도받아 권리를 취득하면 양도인은 유가증권을 보유하지 못하기 때문에 다른 자에게 권리를 양도할 수 없어 이중 양도가 발생할 여지가 없다.

그리고 유가증권 점유자에게 자격수여적 효력을 부여하여 점유자를 적법한 보유자로 추정하며, 이를 통해 유가증권에 화체된 권리를 행사할 수 있도록 하여 권리의 이중 행사 문제를 해결한다.

마지막으로 유가증권은 법률[17]에 따라 유가증권에 대한 선의취득이 인정될 수 있어서 양수인이 무권리자(예컨대 무권대리인이나 임차인·수치인 등 유가증권의 소유권자가 아닌 자)인 양도인으로부터 거래를 통해 유가증권을 이전받아 증권을 유효하게 취득하지 못하였더라도 양수인이 양도인으로부터 증권을 선의 무과실로 증권을 취득하는 경우 증권을 유효하게 취득하게 된다.

---

17 민법 제514조, 제524조, 상법 제359조, 어음법 제16조, 수표법 제21조 등 참조.

유가증권의 한계와 제도적 보완

하지만 유가증권은 종이 권면에 기재되어 교부되는 방식으로 성립되기 때문에 본질적으로 위조나 기재 변경 등 조작에 취약하다는 단점이 있다. 만약 유가증권이 위변조되는 경우 앞서 언급한 이중 양도 및 이중 행사의 문제가 다시 발생할 수 있게 된다.

따라서 유가증권의 신뢰성을 확보하기 위해서는 유가증권이 위조나 변조되는 것을 방지할 필요성이 생기게 된다. 그에 따라 유가증권 제도에는 유가증권의 위변조를 막고 위변조 시의 법률관계를 규율하기 위해 다양한 제도가 마련되어 있다.

유가증권의 분실 및 위변조 시에 적용되도록 상법 및 어음수표법상 제도적 장치(제권판결 등)가 마련되어 있고, 형법상으로도 유가증권 위변조 죄를 두어 유가증권이 법적 신뢰성을 갖출 수 있도록 하였다.[18]

한편 유가증권은 가장 원시적인 권리거래 수단으로서 거래당사자가 서로 만나 상호합의하에 증권을 거래하는 일대일 상대거래를 전제하기 때문에 현대의 증권시장에서의 대량의 증권거래에 적합하지 않게 되었다. 이러한 한계로 인해 유가증권시장이 발달함에 따라 유가증권을 기반으로 한 직접 거래는 부적합하게 되었다. 따라서 증권거래를 위해 새로운 시스템을 모색하게 되었고 유가증권에 기반을 둔 중앙집중식 예탁제도가 발전하게 된다.

유가증권제도와 토큰증권

그렇다면 유가증권제도를 그대로 토큰증권에 적용할 수 있을까?

유가증권은 실물 증서를 전제로 하므로 토큰증권을 유가증권으로

---

18 정경영, 유가증권 전자화의 법리 연구, 동방문화사, 2019, 5면.

인정하기에는 적절하지 않다. 유가증권이란 일반적으로 증서에 증권의 권리를 표창하는 방식이기 때문에 분산원장상의 전자적인 기록의 형태를 취하는 디지털자산과는 구분된다.

데이터를 물건으로 인정함으로써 토큰증권을 유가증권으로 인정하는 유가증권제도를 통해 토큰증권을 도입하자는 주장도 있었으나, 데이터 및 트랜잭션 기록의 물건성을 인정하기 어려우므로 토큰증권을 유가증권제도를 통해 도입하기는 어렵다.

다만 만약 토큰증권에 관한 입법을 통해 유가증권 또는 물건으로 법률상 의제하는 경우 토큰증권 거래 시 민법상 물권법 규정을 적용할 수 있어 토큰증권이 유가증권과 동일한 기능을 수행할 수 있다. 그러한 방식으로 토큰증권을 도입한 나라가 독일이다. 독일은 전자증권도입법을 제정하면서 전자증권을 유가증권으로 의제하는 유가증권방식으로 토큰증권을 도입하였다. 이와 관련해서는 이번 Part의 뒷부분인 5. 유가증권의 방식(독일 전자유가증권도입법)에서 설명한다.

2.3.2 예탁제도

한편 자본시장이 발전함에 따라 실물 유가증권제도로는 한계에 도달하게 되었고, 그에 따라 자본시장의 성장을 지원하기 위해 계좌부 대체기재(book-entry transfer)[19]에 기초한 권리 양도 제도가 탄생하였다. 대체기재에 의한 방식에는 예탁제도와 전자증권제도가 있다.

예탁제도는 20세기를 지나는 동안 자본시장의 성장 과정 중에 실물 유가증권제도가 한계를 드러내면서 등장하였다. 자본시장이 성장

---

19 대체기재(book-entry transfer)는 금융거래에서 물리적 또는 전자적 계좌부를 이용하여 증권, 금융자산, 부동산 등 자산의 소유권이 한 주체에서 다른 주체로 이전되는 과정을 기록하는 방식을 말한다. 일반적으로 대체기재를 통해 소유권을 이전을 기록하며, 대체기재를 통해 소유권에 관해 법적 효력이 발생한다.

하자 대량의 증권을 인도하고 증권을 안전하게 보관 및 관리하여야 할 필요성이 높아졌음에도 유가증권제도하에서는 실물 증권을 직접 인도하여 증권의 권리를 이전해야만 했다.

유가증권제도하에서 대량의 증권 결제를 위해 시간이 지연되었고 증권의 도난, 분실이나 사고 위험이 증가했다. 이러한 문제를 해결하기 위해서 실물 증권을 예탁기관에 집중하여 예탁하고 계좌 단위로 기록한 장부인 계좌부상 기재내역의 대체기재(계좌간 대체)에 따라 증권의 권리를 양도할 수 있는 예탁제도가 도입되었다.

예탁제도는 신뢰할 수 있는 중앙증권예탁기관(CSD)이 대량의 증권업무 처리를 위해 전산화에 기반한 장부인 계좌부에 권리내역을 기재하는 방식으로 유가증권 실물 이동을 대신하여 유가증권을 유통하는 기능을 담당했다.

예탁제도에서는 실물 유가증권을 중앙예탁기관(Central Securities Depository; CSD)인 한국예탁결제원에 집중예탁하고, 계좌부(장부) 기재를 통해 증권 보유내역을 공시하여 증권에 관한 법률관계를 명확히 한다.

증권거래가 일어나는 경우 실물 유가증권의 현실적인 이전이 없더라도 계좌간 대체를 통해 권리의 이전을 공시한다. 이로써 현실적인 증권의 점유 없이도 중앙예탁기관 계좌부 기재를 통해 증권을 양도할 수 있다.

예탁제도의 기반 법리

하지만 예탁제도의 법리는 실물 유가증권을 전제하여 만들어졌다. 단지 실물 유가증권을 공신력 있는 기관에 집중하여 예탁하고 이를 기반으로 계좌부상에서 계좌간 대체의 방식으로 권리가 이전되는

방식을 취하고 있으므로 예탁제도의 근간은 실물 유가증권을 전제로
하는 것이다. 예탁제도는 자본시장법상 법적 장부인 계좌부상 증권의
권리자로 기재되는 경우 실물 유가증권에 대한 점유를 간주하는 데서
출발한다(자본시장법 제311조 제1항).

구체적으로 예탁제도의 계좌부 기재에 따라 ① 증권의 점유를 인
정하는 자격수여적 효력,[20] ② 증권 교부의 효력,[21] ③ 신탁재산인 뜻의
기재에 따른 제3자 대항력[22] 등을 갖는다.

이러한 계좌부의 효력 중 권리의 공시와 이전에 중요한 역할을 하
는 법적 효력은 자격수여적 효력과 증권 교부의 효력이다.

자격수여적 효력은 계좌부에 기재된 자에 대해 기재된 증권의 수
량만큼 해당 증권을 점유하는 것으로 간주하여, 증권의 점유자를 적
법한 소지인으로 추정하는 효력을 인정한다. 이를 통해 계좌부상 증
권의 권리자로 기재되면 권리자는 실물 유가증권을 현실적으로 점유
하는 것과 동일한 효력을 갖게 된다.

다음으로 교부의 효력은 계좌부상에서 증권의 양도를 목적으로
계좌간 대체의 기재를 하거나 질권설정을 목적으로 질물인 뜻과 질권
자를 기재한 경우, 해당 증권의 교부가 있었던 것으로 간주한다는 의
미이다. 즉 계좌부상의 대체기재에 대해 물건의 인도와 유사한 효력
을 부여하는 것이다.

한편 예탁제도에서는 별도로 선의취득에 관해 법적 효력을 규정

---

20 자본시장법 제311조(계좌부 기재의 효력) ① 투자자계좌부와 예탁자계좌부에 기재된 자는 각각 그 증권
등을 점유하는 것으로 본다.

21 자본시장법 제311조(계좌부 기재의 효력) ② 투자자계좌부 또는 예탁자계좌부에 증권등의 양도를 목적
으로 계좌간 대체의 기재를 하거나 질권설정을 목적으로 질물(質物)인 뜻과 질권자를 기재한 경우에는
증권등의 교부가 있었던 것으로 본다.

22 자본시장법 제311조(계좌부 기재의 효력) ③ 예탁증권등의 신탁은 예탁자계좌부 또는 투자자계좌부에
신탁재산인 뜻을 기재함으로써 제삼자에게 대항할 수 있다. 계좌부에 신탁재산인 뜻을 기재하면 제3자
에게 대항력을 갖게 되어 예탁한 기관이 파산하여 해당 증권이 파산재단에 포함되어도 신탁한 권리자가
해당 증권의 반환을 요구할 수 있는 권리(환취권)를 가지게 됨을 의미한다.

하지 않는다. 예탁제도는 실물 유가증권을 전제하므로 예탁된 실물 유가증권에 대해 계좌간 대체의 기재를 통해 점유 또는 교부의 효력을 부여하는 경우 이미 앞서 유가증권제도에서 설명한 바와 같이 개별 유가증권의 규정에 따라 선의취득이 인정되기 때문이다.

예탁제도는 집중예탁[23]과 데이터베이스 시스템에 근거한 대체기재 방식을 이용하여 효율적인 증권거래를 가능하게 하였으며, 유가증권제도를 전제한 법적 구성을 갖추어 유가증권제도와 동일한 거래 안전을 확보할 수 있었다.

예탁증권의 한계 보완과 증권시장 효율성 제고

하지만 데이터베이스는 블록체인과 달리 데이터베이스 관리자에 의한 조작의 가능성을 원천적으로 막을 방법이 없다. 따라서 계좌간 대체 방식에 기초한 예탁제도에서 중앙예탁기관에 대해서는 장부를 조작하지 않을 것이라는 점에 있어 매우 높은 신뢰성을 요구한다.

따라서 우리나라에서는 한국예탁결제원을 자본시장법상 특수법인으로 규정하여 대한민국의 유일한 예탁결제기관[24]으로 규정하고 정부의 강한 통제를 받도록 한다. 금융위원회는 한국예탁결제원 사장에 대한 승인 권한 및 주요 업무규정에 대한 승인 권한을 가지며, 한국예탁결제원의 영업에 관한 처분, 임직원에 대한 징계 권한을 갖는다. 한국예탁결제원은 정부에 의한 강력한 통제를 통해 업무수행에 있어 투

---

23 집중예탁은 금융자산, 특히 증권 같은 유가증권을 한 곳에 집중적으로 보관하고 관리하는 방식을 의미한다.

24 단일 예탁결제기관 운영은 정부 통제에 의한 기관의 신뢰성에 더해 국가 전체의 증권관리 및 결제의 효율성을 확보하여 시장의 안정성과 효율성을 달성하기 위한 것이다. 만약 복수의 예탁기관이 존재하는 경우 증권의 이전과 결제 과정이 더 복잡해질 수 있으므로 전반적인 시장 효율성을 저하시킬 수 있고 증권거래에 불필요한 비용이 많이 발생하게 된다. 또한 복수의 예탁결제기관 간의 연동과 호환성 문제가 시스템적 위험을 증가시킬 수 있다. 따라서 우리나라에서는 시장의 효율성을 최대화하고, 시스템적 위험을 최소화하기 위해 단일한 예탁결제기관을 운영한다.

명성과 공공성을 갖추고 증권시장 인프라로서 높은 신뢰성을 인정받아 업무를 수행하게 된다.

또한 한국예탁결제원은 장부 기재 오류에 대해서 책임지게 된다. 만약 예탁증권등이 부족하게 된 경우에는 예탁결제원과 증권회사 등 기관(예탁자)이 책임지고 부족분을 보전하게 된다.[25] 그에 따라 만약 계좌부 기재의 오류가 발생하더라도 한국예탁결제원과 참가 기관이 부족분을 보전하게 된다.

증권 투자자들은 법률에 따른 통제를 받는 한국예탁결제원에 대한 신뢰성과 법률에 따라 담보되는 계좌부 기재에 대한 신뢰성을 기초로 계좌부 기재를 통한 증권 보유내역 공시 기능을 믿고 증권을 거래할 수 있게 된다.

한편 예탁제도는 예탁증권의 신뢰성을 확보할 뿐만 아니라 증권시장을 효율화한다. 한국의 예탁제도는 중앙집중식으로 운영되어 투자자가 보유한 증권을 한국예탁결제원이 안전하게 보관하고 관리함으로써, 증권의 분실이나 도난 위험을 크게 줄인다. 그리고 예탁증권을 관리하는 예탁결제원은 거래의 청산과 결제를 중개하는 역할을 담당하여 증권거래의 신속성과 정확성, 효율성을 크게 향상시켰다. 또한 예탁결제원과 명의개서대행회사가 증권 권리 사무를 집중적으로 담당하여 주식의 권리 사무와 관련된 절차를 중앙집중적으로 처리함으로써 개별 주주가 명의개서를 신청해야 할 부담을 줄여 효율성과 정확성을 높이며 증권 투자자의 권리행사를 촉진한다.

예탁제도는 시장참여자들 사이의 신뢰를 증진시키고, 거래 비용을 절감하여 전반적인 시장의 유동성과 효율성을 향상시킨다. 그렇다면

---

25 자본시장법 제313조(보전의무) ① 예탁증권등이 부족하게 된 경우에는 예탁결제원 및 제310조제1항에 규정된 예탁자가 대통령령으로 정하는 방법 및 절차에 따라 이를 보전하여야 한다. 이 경우 예탁결제원 및 예탁자는 그 부족에 대한 책임이 있는 자에 대하여 구상권(求償權)을 행사할 수 있다.

예탁제도를 통해 토큰증권을 수용할 수 있을까? 하지만 예탁제도는 실물 증권을 전제로 하는 유가증권제도이기 때문에, 토큰증권을 유가증권으로 인정하지 못하는 이상 토큰증권을 유가증권제도로 수용하는 것은 어렵게 된다.

2.3.3 전자증권제도

전자증권제도는 실물 증권을 발행하지 않고 전자적인 방법으로 증권의 권리를 전자등록함으로써 발행·유통·권리행사 등이 이루어지도록 하는 제도이다. 전자등록이란 유가증권에 표창될 권리 내용을 전자등록기관이 운영하는 법적 장부인 전자등록계좌부라는 데이터베이스에 등록하여 발행하고, 권리의 양도, 담보권 설정이나 제반 권리행사를 전자적인 기록에 따라 처리하는 방식이다.[26]

즉 전자등록계좌부 기재에 의해 권리를 공시하고 그 기재 변경을 통해 권리의 양도, 담보 설정을 공시한다. 따라서 전자등록기관이 관리하는 전자등록계좌부의 기재가 권리의 근원이 되고 권리가 증서와 같은 독립된 증표에 의해 독자적으로 표창되는 것이 아니므로 유가증권으로서의 성격을 가지지는 않는다.[27]

전자증권제도는 거래의 효율성과 투자자의 편의성을 높이는 것을 주된 목적으로 하며, 주식이나 채권 등의 증권 권리를 전자 기록으로 대체하여 실물 증권이 사라지고 전자적 방식에 의해 증권 사무가 처리되도록 한다.

전자증권제도에서 전자증권은 전자등록방식으로 증권의 권리가

---

26 증권예탁결제제도 제4판(2018), 777면.
27 이철송, 어음·수표법 제15판(2022), 561면.

공시된다. 전자등록방식이란 만일 유가증권이 발행되었을 때 그에 표창될 권리 내용을 실물의 유가증권이 아닌 소정의 등록기관에 등록해 놓고 그 등록부의 기재에 의해 권리를 공시하고 그 기재변경에 의해 권리의 양도, 담보 설정을 공시하는 방식이다.

전자증권제도의 기반 법리

예탁제도와 달라진 점은 실물 유가증권을 전제하지 않고 주식등의 권리 자체가 직접 전자등록계좌부에 등록된다는 것이다. 즉, 법리적으로 실물 유가증권을 매개하지 않고 권리 자체의 존재를 전제로 전자등록계좌부에 기재하는 방식이다.

전자증권제도는 유가증권을 전제하지 않지만 대체기재(bookentry) 방식에 따라 권리를 공시하므로 예탁제도와 유사한 방식으로 증권에 관한 법률관계를 명확히 한다. 즉, 예탁제도에서 계좌부에 기재된 자가 증권등을 점유하는 것으로 보는(자본시장법 제311조 제1항) 것과 유사하게 전자증권제도에서는 전자등록계좌부에 증권의 권리자로 기재된 자가 주식등의 권리자로 추정된다(전자증권법 제35조 제1항).

두 제도가 서로 기반하는 법리가 다르긴 하지만 대체기재 방식으로 권리를 공시하는 방법은 유사하다.

하지만 기반 법리가 달라지기 때문에 전자증권의 효력이 부여되는 방식은 예탁제도의 방식과는 다르다. 전자증권법상 전자등록계좌부 기재의 법적 효력은 유가증권제도에 근거한 예탁제도와는 다르게 규정되어 있다. 전자등록계좌부 기재의 법적 효력은 전자증권법 제35

조[28]에서 ① 전자증권에 대한 권리추정력, ② 전자등록의 효력, ③ 신탁재산 표시에 의한 제3자 대항력,[29] ④ 전자등록에 따른 선의취득의 효력[30] 등이다.

권리추정력은 전자등록계좌부에 기재된 자에 대해 해당 전자증권에 대한 수량만큼 증권에 대한 권리를 보유하는 것으로 추정한다는 의미이다. 예탁제도에서 계좌부 기재의 자격수여적 효력이 실물 증권 수량을 점유하는 것으로 보는 것과 대비되는 부분이다.

전자등록의 효력은 전자등록된 증권을 이전하거나 질권설정을 목적으로 하는 경우 전자등록계좌부에 계좌간 대체의 전자등록 또는 질권설정의 전자등록을 해야 효력이 발생한다는 것이다. 이는 예탁제도에서 질권설정을 목적으로 질물(質物)인 뜻과 질권자를 기재한 경우의 증권등의 교부의 효력과 대응된다.

전자증권제도에서는 예탁제도와는 다르게 전자등록에 따른 선의취득 효력을 전자증권법으로 규정한다. 예탁제도는 실물 유가증권의 존재를 전제로 하므로 개별 유가증권의 선의취득 규정을 통해 대체기재의 선의취득을 인정하였다. 하지만 전자증권제도에서는 실물 유가증권을 전제로 하지 않으므로 실물 유가증권의 선의취득 규정을 적용

---

28 전자증권법 제35조(전자등록의 효력) ① 전자등록계좌부에 전자등록된 자는 해당 전자등록주식등에 대하여 전자등록된 권리를 적법하게 가지는 것으로 추정한다.
② 전자등록주식등을 양도하는 경우에는 제30조에 따른 계좌간 대체의 전자등록을 하여야 그 효력이 발생한다.
③ 전자등록주식등을 질권의 목적으로 하는 경우에는 제31조에 따른 질권 설정의 전자등록을 하여야 입질의 효력이 발생한다. 이 경우 「상법」 제340조제1항에 따른 주식의 등록질(登錄質)의 경우 질권자의 성명을 주권에 기재하는 것에 대해서는 그 성명을 전자등록계좌부에 전자등록하는 것으로 갈음한다.
④ 전자등록주식등의 신탁은 제32조에 따라 해당 전자등록주식등이 신탁재산이라는 사실을 전자등록함으로써 제3자에게 대항할 수 있다.
⑤ 선의(善意)로 중대한 과실 없이 전자등록계좌부의 권리 내용을 신뢰하고 소유자 또는 질권자로 전자등록된 자는 해당 전자등록주식등에 대한 권리를 적법하게 취득한다.
29 전자등록된 증권을 신탁하는 경우 전자등록계좌부에 신탁재산의 표시를 전자등록해야 제3자에게 대항할 수 있게 된다. 이는 자본시장법상 계좌부의 신탁 대항력과 같은 효과라 할 수 있다.
30 선의에 의해 본인의 중대한 과실 없이 전자등록계좌부의 권리 내용을 신뢰하고 권리자로 전자등록된 자는 해당 전자증권에 대한 권리를 적법하게 취득한 것으로 본다는 의미이다.

할 수 없어 전자증권법에 선의취득을 별도로 규정하여 선의취득을 통해 거래 안전을 확보한다.

전자증권의 한계 보완과 증권시장 효율성 제고

전자증권제도에서도 예탁제도와 동일하게 데이터베이스 방식에 기반을 두어 데이터베이스 관리자에 의한 조작의 가능성을 원천적으로 막을 방법은 없다. 따라서 예탁제도에서와 마찬가지로 전자등록기관에 대해 매우 높은 신뢰성이 요구된다.

그리하여 전자등록기관 또한 법률에 따라서 강한 통제를 받는다. 전자증권법은 전자등록기관을 허가제로 운영하여 예탁제도와는 다르게 복수의 전자등록기관이 논리적으로는 가능하게 설계되었지만, 매우 높은 자본금 요건 등의 허가 요건을 규정하여 관리자에 의한 조작 가능성을 낮추고 신뢰성을 확보한다.[31]

또한 예탁제도와 마찬가지로 전자등록기관과 참가기관(계좌관리기관)은 장부 기재 오류에 대해서 책임지게 된다. 전자증권법 제42조는 계좌관리기관(제1항)과 전자등록기관(제2항) 계좌부 기재내역에 초과분이 발생한 경우, 초과분을 해소할 의무를 부여함으로써 장부 기재 내역에 대하여 신뢰성을 확보한다.

그러나 예탁제도와 마찬가지로 전자증권제도는 단순히 전자증권의 신뢰성을 확보하는 데 그치지 않는다. 예탁증권제도에서 전자증권제도로 변함에 따라서 실물 발행 없이 전자등록방식으로 증권이 발행됨에 따라 증권시장의 효율성이 제고되었다.

그로 인해 가장 먼저 증권의 위변조, 도난, 분실, 멸실 등의 위험이

---

31 자세한 내용은 '4.3.1 법적 요건과 책임에 기반한 신뢰성확보(현행 전자증권제도)'에서 설명.

제거되었으며 무상증자, 주식배당, 현금배당 시 투자자의 전자등록계좌로 권리내용이 자동 등록되므로 미수령 등의 발생 가능성이 제거되었다. 또한 증권 실물 존재 시에 필요한 다양한 절차가 사라짐에 따라 자금 조달의 효율성이 제고되었고 필요할 때마다 주주현황 파악이 가능하게 되어 주주 관리 사무의 효율성 및 안정성이 제고되었다.

금융기관의 입장에서는 실물 증권 입출고, 증권 담보, 보관 등의 관리 부담이 경감되었고 다양한 증권 사무(증명서 발급, 신고 등)를 비대면으로 수행할 수 있게 되었다. 정부입장에서는 전자증권제도를 통해 전자등록기관을 중심으로 증권의 발행, 상환, 소유, 기업 자금 조달 현황 등과 관련한 정확한 정보를 즉시 수집 분석이 가능하여 금융감독의 효율성 및 기업 지배구조 투명성 제고 등에 기여할 수 있다.[32] 이러한 변화들은 시장참여자들에게 더 많은 투명성과 접근성을 제공하며, 전체적인 금융시장의 안정성과 효율성을 더욱 증진시키고 있다.

전자증권법과 토큰증권

그렇다면 토큰증권을 전자증권제도로 수용할 수 있을까? 토큰증권은 명백히 디지털자산으로서 전자적 방식의 증권으로 분류될 것이기 때문에 전자증권으로 수용하는 것이 적합할 여지가 있다. 전자증권법은 '전자등록'을 주식등의 종류, 종목, 금액, 권리자 및 권리 내용 등 주식등에 관한 권리의 발생·변경·소멸에 관한 정보를 전자등록계좌부에 전자적 방식으로 기재하는 것으로 정의하고(전자증권법 제2조 제2호), '전자등록계좌부'란 주식등에 관한 권리의 발생·변경·소멸에 대한 정보를 전자적 방식으로 편성한 장부로 정의(전자증권법 제2조 제3

---

32 금융위원회 보도자료. "오늘(9.16일)부터 전자증권제도가 시행됩니다.", 2019.9.16.

호)하고 있다.

만약 토큰증권에 대해 현행의 전자증권법을 적용하는 경우 토큰 증권이 표창하고자 하는 권리의 내용이 전자등록계좌부에 등록되는 것으로 보아야 한다. 토큰증권 또한 개념적으로 전자적 방식에 포섭 되므로 분산장부를 전자등록계좌부로 보고 주식등의 종류, 종목, 금 액, 권리자 및 권리 내용 등 주식등에 관한 권리의 발생·변경·소멸에 관한 정보를 분산장부에 전자적 방식으로 기재하는 것으로 본다면 전 자등록으로 볼 수 있을 것이다.[33]

하지만 단순히 전자등록 및 전자등록계좌부의 정의에 포섭한다고 하더라도 토큰증권이 전자증권으로서 기능하기 위해서는 토큰증권 이 현실적으로 전자증권으로서 기능할 수 있는 특성과 구조를 가져 야 한다.

전자증권법상 계좌부는 2-Tier 장부를 전제로 만들어져 있고, 2-Tier 장부에 의해 총량 관리 등의 기능이 수행된다. 토큰증권은 원 칙적으로 모든 트랜잭션이 모든 노드에 동일하게 저장되는 1-Tier 장부를 전제로 하는 기술이다. 따라서 현행의 전자증권법상 계좌부 체계에 블록체인 기술을 그대로 사용하는 토큰증권은 적합하지 않을 수 있다.

또한 계좌간 대체의 전자등록방식이 법령으로 규정되었기 때문 에 블록체인의 트랜잭션이 계좌간 대체로 인정될 수 있어야 한다. 하지만 현재 블록체인의 트랜잭션은 전자증권법상 계좌간 대체로써 인정받을 수 없다. 현행 전자증권법 시행령은 계좌간 대체의 전자등

---

33 물론 트랜잭션을 통한 토큰의 이전이 전자증권법이 기반하고 있는 대체 기재(book-entry) 방식의 개념 에 포섭될 수 있는지 의문을 제기할 수도 있을 것이다. 그러나 전산적 처리 방식에만 차이가 있을 뿐 결과 적으로 계좌 또는 주소를 기준으로 양도자의 수량이 감소하고, 양수자의 수량이 증가한다고 볼 수 있다. 따라서 트랜잭션을 통한 토큰 이전을 전자증권법으로 수용할 수 있다.

록방식을 구체적으로 규정하고 있는데,[34] 트랜잭션을 통한 토큰의 이전이 전자증권법 시행령에 따른 증권의 계좌간 대체의 방식에 포섭되기는 어렵다.

따라서 토큰증권을 전자증권법으로 수용하더라도 현행 전자증권제도를 통해 그대로 수용하기는 어려우며, 토큰증권에 적합한 방식으로 전자증권법과 동법 시행령을 개정하여 토큰증권을 수용하여야 한다.

---

34 현행 전자증권법 시행령 제25조 제4항에서 계좌간 대체에 의한 전자등록의 방식과 절차를 법으로 명확히 규정한다.
전자증권법 시행령 제25조(계좌간 대체의 전자등록 신청 방법 등) ④ 제2항 및 제3항에 따른 계좌간 대체의 전자등록 신청을 받은 전자등록기관 또는 계좌관리기관은 지체 없이 다음 각 호의 방법과 절차에 따라 계좌관리기관등 자기계좌부 또는 고객계좌부에 해당 전자등록주식등의 계좌간 대체의 전자등록을 해야 한다.
1. 계좌관리기관등 자기계좌 사이의 계좌간 대체의 전자등록 신청인 경우
　가. 전자등록기관은 양도인의 계좌관리기관등 자기계좌부에 감소의 전자등록을 할 것
　나. 전자등록기관은 양수인의 계좌관리기관등 자기계좌부에 증가의 전자등록을 할 것
2. 같은 계좌관리기관에 개설된 고객계좌 사이의 계좌간 대체의 전자등록 신청인 경우
　가. 계좌관리기관은 양도인의 고객계좌부에 감소의 전자등록을 할 것
　나. 계좌관리기관은 양수인의 고객계좌부에 증가의 전자등록을 할 것
3. 계좌관리기관등 자기계좌에서 고객계좌로의 계좌간 대체의 전자등록 신청인 경우
　가. 전자등록기관은 양도인의 계좌관리기관등 자기계좌부에 감소의 전자등록을 할 것
　나. 전자등록기관은 양수인이 고객계좌를 개설한 계좌관리기관(이하 이 조에서 "양수계좌관리기관"이라 한다)의 고객관리계좌부에 증가의 기록을 한 후 그 사실을 양수계좌관리기관에 지체 없이 통지할 것
　다. 양수계좌관리기관은 지체 없이 통지 내용에 따라 양수인의 고객계좌부에 증가의 전자등록을 할 것
4. 고객계좌에서 계좌관리기관등 자기계좌로의 계좌간 대체의 전자등록 신청인 경우
　가. 양도인이 고객계좌를 개설한 계좌관리기관(이하 이 조에서 "양도계좌관리기관"이라 한다)은 양도인의 고객계좌부에 감소의 전자등록을 한 후 그 사실을 전자등록기관에 지체 없이 통지할 것
　나. 전자등록기관은 지체 없이 통지 내용에 따라 양도계좌관리기관의 고객관리계좌부에 감소의 기록을 할 것
　다. 전자등록기관은 양수인의 계좌관리기관등 자기계좌부에 증가의 전자등록을 할 것
5. 서로 다른 계좌관리기관에 개설된 고객계좌 간의 계좌간 대체의 전자등록 신청인 경우
　가. 양도계좌관리기관은 양도인의 고객계좌부에 감소의 전자등록을 한 후 그 사실을 전자등록기관에 지체 없이 통지할 것
　나. 전자등록기관은 지체 없이 통지 내용에 따라 양도계좌관리기관의 고객관리계좌부에 감소의 기록을 할 것
　다. 전자등록기관은 양수계좌관리기관의 고객관리계좌부에 증가의 기록을 한 후 그 사실을 양수계좌관리기관에 지체 없이 통지할 것
　라. 양수계좌관리기관은 지체 없이 통지 내용에 따라 양수인의 고객계좌부에 증가의 전자등록을 할 것

2.3.4 권리 유통 제도의 공통점

앞에서 실물 유가증권제도와 예탁제도, 전자증권제도의 기능과 기반 법리를 확인하였는데, 이 모두가 토큰증권을 바로 수용하기에는 적합하지 못했다. 그렇다면 토큰증권 수용의 관점에서 실물 유가증권제도와 예탁제도, 전자증권제도 등은 어떤 시사점을 제공할까?

유가증권제도, 예탁제도, 전자증권제도는 누가 권리자인지를 공시하여 증권에 대한 권리의무관계를 명확화함으로써 권리의 유통에 거래 안전을 담보하는 제도이다. 그런데 이들 제도를 종합해 보면 다음과 같은 특징으로 정리된다.

1) 먼저 권리 유통 제도는 권리 유통의 매개체, 권리 유통수단의 기술적 특징에 의존하여 권리를 외부로 공시할 수 있도록 한다.

무형의 증권적 권리를 외부로 공시하여 권리의 유통을 원활히 하는 실물 유가증권제도, 예탁제도, 전자증권제도는 안전하고 확실한 증권거래를 지원해야 하므로 각 제도가 이용하는 기술의 특성을 활용한다.

예컨대 유가증권제도는 증서가 복제되거나 조작되지 않는 한 유일성을 가지는 서면(물건)의 특성을 활용해 설계되었다.[35] 서면을 통해 증권의 권리를 중복하여 공시하지 않고 물건과 같은 이전 방식으로 권리의 이전을 공시하였다. 그리고 예탁제도와 전자증권제도는 IT 기술 발전에 따른 빠른 전산처리 속도를 활용하고 통신 기술을 통해 공간적 제약을 없애 대량의 거래가 필요한 현대 증권시장에서 효율적인 증권거래를 가능하게 하였다.

2) 다음으로 거래 안전을 확보하는 것을 목표로 유통의 매개체 또

---

35 정경영, 유가증권 전자화의 법리 연구, 동방문화사, 2019, 2~3면.

는 권리 유통수단의 법적 성질이 반영되어 법리가 설계된다.

즉 1) 권리 유통수단의 사법상 법적 성질에 기초하여 기존 법 제도와 정합적인 방식으로, 2) 무형의 권리를 양도하는 과정에서 발생하는 여러 법적인 문제들을 해결할 수 있도록 제도가 설계된다.

이를테면 유가증권제도는 유가증권의 물건으로서의 성질을 이용하여 유가증권 소지자가 권리를 보유하고, 유가증권을 양도하여 권리를 양도하는 방식으로 제도가 설계되었다. 또한 예탁제도 및 전자증권제도에서는 관리자의 책임하에 데이터베이스에 기록된 증권 보유 내역에 법적 효력을 부여하였다. 각 기술을 통해 권리 보유 여부에 대한 외관상 기준을 제시하고 증권적 권리의 양도, 자격수여적 효력, 권리추정력, 선의취득 등 법률적 효력이 이에 기반하여 부여된다.

만약 블록체인을 통한 권리자 공시의 수단이 기존 제도의 그것과 법적 성질이 다르다면, 기존 방식과 다른 방식으로 증권거래의 법률상 효력을 부여해야 한다는 점을 예상할 수 있다.

3) 마지막으로 법률을 통해 제도적, 기술적 취약성을 보완하고 시장 효율성을 제고한다.

이와 관련하여 유가증권제도는 유가증권 소지자에 의한 조작과 변조에 대해 형사처벌을 가함으로써 이를 방지하고, 조작과 변조 이후의 법률관계를 규율하기 위해서도 다양한 제도가 마련되어 있다.

한편 관리자에 의한 조작이 가능한 데이터베이스에 근거한 예탁제도와 전자증권제도의 경우에는 관리자에 대해 높은 인허가 요건을 제시하고 계좌부를 조작한 자를 형사처벌하며, 초과분 발생에 대해 법적 책임을 묻는다. 즉, 권리 유통 기술에 따라 인허가제도, 형사처벌 등 각기 다른 제도적 장치 마련을 통해 조작을 방지하여 문제점을 보완한다.

그리고 각 제도의 기술적 특성에 기반해 증권시장의 효율적인 운영이라는 정책목표에 맞게 제도가 설계되어 증권시장 참여자들에게 투명성과 접근성을 제공하고 시장의 안정성과 효율성을 증진시킨다.

예탁제도는 중앙집중식 운영으로 투자자의 증권을 안전하게 보관하고, 데이터베이스 기술을 이용해 거래의 청산과 결제를 중개하여 거래의 신속성과 정확성을 높이며 주주 권리행사를 촉진한다. 이를 통해 시장참여자들 사이의 신뢰를 높이고 거래 비용을 절감하여 시장의 유동성과 효율성을 향상시킨다.

전자증권제도는 실물 증권을 전제하지 않아 증권의 위변조, 도난, 분실 등의 위험을 제거하고, 실물 증권 취급에 필요한 절차를 간소화하여 자금 조달의 효율성을 높인다. 또한, 전자등록을 통해 주주 관리를 용이하게 하고, 정확한 정보 수집과 분석을 가능하게 하여 금융감독과 기업 지배구조의 투명성을 높인다.

그리하여 블록체인을 통한 권리 유통 시에도 종전의 증권제도에서와 마찬가지로 법률이 어느 정도의 역할을 할지 정할 필요가 있으며 기술의 역할을 어느 범위까지 미치게 할 것인지에 따라 법률적 보완의 정도와 제도 설계가 달라질 수 있다.

권리 유통의 수단으로서 토큰증권

3.1 기술을 통해 법률관계의 기준을 제시

먼저 토큰증권의 기술적 특성에 따라 토큰증권을 통해 권리자를 공시하고 권리 보유에 따른 법률관계를 명확하게 할 수 있는지 알아보자.

토큰증권은 분산장부에 기재된 계좌(주소)별 토큰 내역이 증권에 대한 권리 보유의 기준점이 될 수 있다. 또한 블록체인 기술은 사후적인 조작과 변조를 방지할 수 있는 능력과 이중지불 문제를 방지할 수 있어서 분산장부 기재 내용에 조작과 변조, 중복기재가 없다고 신뢰할 수 있게 된다.[36] 그리하여 기술에 대한 신뢰를 기초로 증권적 권리를 거래할 수 있는 기반이 된다.

따라서 토큰증권을 통해 증권을 거래한다고 하더라도 유가증권제도나 전자증권제도처럼 분산장부 기록을 통해 법률관계를 명확히 할 수 있다.

3.2 토큰증권의 법적 성질 문제

다음으로 토큰증권의 기술적 특성을 이용해 토큰증권을 거래하기 위해서는 먼저 토큰증권의 법적 성질을 규명하여 제도를 설계해야 한다.

---

36 구체적인 내용은 아래 '4. 블록체인을 통해 권리를 유통하기 위한 기술상의 쟁점' 참고.

토큰증권에 관한 법률이 없다면 토큰증권이 증권거래 수단으로서 어떠한 법적 지위도 갖지 못한다. 그래서 토큰증권이 법제화되지 않는다면, 블록체인을 통한 권리자 공시와 권리이전 시 이중 양도 및 이중 행사 방지를 할 수 있는 법적 장치가 존재하지 않게 된다. 그렇게 되면 증권적 권리의 유통수단으로서 토큰증권은 기능하기 어렵다. 따라서 토큰증권을 위한 법제가 설계되어야 한다.

토큰증권은 트랜잭션 기록이 분산장부에 기재되어 토큰의 이동을 나타낸다고 볼 수도 있고, 증권에 대한 권리 보유의 기준점인 계정(또는 주소)별 토큰 내역이 변동하는 것이라 이해할 수도 있다.[37]

따라서 토큰증권을 제도화할 때 토큰을 기준으로 유가증권과 유사한 방식으로 법적 효력을 부여할 수도 있으며, 분산장부의 계정(또는 주소)을 기준으로 예탁증권 또는 전자증권과 유사한 방식으로 법적 효력을 부여할 수도 있다. 혹은 이와는 다른 제3의 방식으로 법적 효력을 부여할 수도 있을 것이다. 그리고 어떠한 방식으로 제도를 설계하더라도 법률관계를 명확하게 할 수 있다. 따라서 토큰증권의 법적 성질을 어떻게 볼지는 제도설계에 중요한 문제가 된다.

3.3 토큰증권 기술에 대한 신뢰와 법률에 따른 보완

마지막으로 토큰증권 기술에 대한 신뢰를 얼마만큼 법률로써 보완할 수 있는지 알아보자.

특히 유가증권제도, 예탁제도, 전자증권제도와는 다르게 블록체

---

37 블록체인 기술은 원칙적으로 트랜잭션을 블록에 기재하는 방식으로 데이터를 저장하여 기존 실물 증권 방식이나 장부 기재하는 방식에 있어서 일부 차이가 있다. 하지만 결과적으로는 유사한 전자적 기재 방식으로써 약간의 데이터 처리만을 거치면 유가증권의 이전, 전자증권의 계좌부 대체와 같은 결과로 해석할 수 있어서 증권적 권리에 대해서도 유효한 재산권 양도 방식이 될 수 있다.

인 기술은 그 자체로 사후적 변경과 조작을 방지할 수 있는 특성을 갖추고 있다. 따라서 사후적 변경과 조작을 방지할 수 있는 정도에 따라 형사처벌 또는 인허가제도 등 법률에 근거해서 제공하던 신뢰를 블록체인에 의한 기술적 신뢰로 대체할 가능성을 제공한다.

하지만 블록체인을 얼마나 신뢰할 수 있는지와 관련해서는 여러 가지 의문이 제기될 수 있다. 블록체인 기술이 위변조 방지 능력과 보안이 뛰어나다고 알려졌지만, 토큰보유자에 의한 이중 양도가 어떻게 방지되는지, 관리자에 의한 조작 또는 변경을 어떻게 방지하는지, 제3자에 의한 변조를 어떻게 방지하는지를 알아볼 필요가 있다.

한편 블록체인의 네트워크 구조에 따라서도 신뢰성이 변할 수 있다. 예컨대 모든 노드를 하나의 주체가 통제하는 허가형 블록체인의 경우 관리자에 의해 언제든지 조작될 수 있다. 그리고 공개형 블록체인에서도 컴퓨팅 능력 또는 지분을 이용한 51% 공격, 개인키에 대한 해킹 등으로 분산장부의 기록이 조작될 여지가 존재한다.

그러므로 블록체인 기술이 가지는 위변조 방지 능력과 보안의 한계에 대해서도 알아볼 필요가 있다. 예컨대 원천 데이터 자체가 사전에 조작되거나 변조된 경우, 즉 사전적인 조작 및 변조에 대해서는 블록체인 기술로도 막을 수가 없다. 만약 거래데이터가 조작된 경우는 조작된 내용이 그대로 장부에 기록된다.

따라서 기술적인 특성을 확인하여 블록체인이 얼마나 기존 제도의 신뢰를 대체할 수 있을지에 대한 검토가 필요하다. 그리고 그에 따라 제도적 설계 또는 개별 블록체인이 가져야 하는 요건이 변화할 수 있을 것이다.

뒷부분에서는 토큰증권을 위한 법적 제도를 검토하기 위해 먼저 권리의 이전과 관련된 블록체인 기술상의 쟁점에 대해 살펴보고, 토큰증권의 법적 성질과 제도설계에 관해서 현재 세계적으로 논의되는 블록체인을 통한 권리이전의 법제로써 크게 기존 방식을 유지하는 방법(유가증권적 접근, 전자증권적 접근)과 디지털자산의 권리이전을 위한 새로운 법리를 적용하는 방식(UNIDROIT)으로 구분하여 알아보고자 한다.

블록체인을 통해 권리를 유통하기 위한 기술상의 쟁점

4.1 블록체인은 어떻게 권리를 있는 그대로 공시할 수 있는가?

4.1.1 증권 거래기록에 필요한 기술적 특징

당연한 전제이지만 블록체인을 통해 권리를 공시하기 위해서는 블록체인에 기재된 거래기록 또는 권리 보유내역이 실제 발생한 거래 내용을 있는 그대로 반영하여 기재할 수 있어야 한다. 거래기록 또는 권리 보유내역이 실제의 거래를 반영하지 못할 가능성이 존재한다면 사람들은 그 거래기록 또는 권리 보유내역을 더 이상 신뢰할 수 없을 것이고, 이를 기초로 권리를 양도하거나 행사할 수도 없게 될 것이다.

토큰증권 분산장부에서 거래기록 또는 권리 보유기록이 실제를 그대로 반영하기 위해서는 ① 먼저 거래기록이 있는 그대로 블록체 인 노드들에게 전달되어야 하고, ② 블록체인 프로그램이 오작동하지 않아 트랜잭션이 있는 그대로 분산장부에 기록되어야 한다. 그리고 ③ 이중 양도 등이 방지되어 권리에 대한 처분 권한이 있는 자에 의해 분산장부 기록이 조작되어서는 안 되며, ④ 관리자(블록체인에서는 노드)에 의해서도 분산장부 기록이 조작되어서는 안 된다. ⑤ 한편 분산 장부의 특성상 노드들의 담합에 의한 분산장부 기록의 조작 가능성을 배제할 수 없으므로 노드들의 담합에 의한 분산장부 기록의 조작도 방지할 수 있어야 하며, ⑥ 마지막으로 제3자(외부 주체)에 의한 해킹을 막을 수 있을 정도로 충분한 보안능력을 갖추어야 한다. 위 6가지 조건 중 하나라도 달성되지 않는 경우 분산장부 기재내역이 실제 법률관계와 달라질 여지가 생긴다.

먼저 거래기록(트랜잭션)이 있는 그대로 블록체인 노드에 전달되어야 한다. 트랜잭션이 오류 또는 조작으로 인해 증권거래의 실제를 반영하지 않은 경우, 네트워크에 전파되어 합의 알고리즘에 따라 검증되더라도 분산장부의 기록은 실제를 반영하지 못하게 된다.

블록체인 네트워크는 디지털서명 기술을 이용하여 트랜잭션 전파 과정에서 트랜잭션에 대한 조작을 방지하는 방식으로 이 문제를 간단하게 해결한다. 트랜잭션을 생성하기 위해서는 반드시 양도인의 개인키가 필요하며, 일단 개인키로 서명된 트랜잭션은 조작하기 어려우므로 관리자에 의한 트랜잭션 조작이 방지된다.

다음으로 프로그램 오작동 문제를 살펴보면 데이터베이스 또는 블록체인을 통한 거래기록 또는 권리 보유기록의 신뢰성을 확보하기 위해서는 가장 먼저 프로그램의 오작동으로 인해 거래기록 또는 권리 보유기록이 잘못 기재되지 않아야 한다.

그리고 권한 있는 자에 의해서도 거래기록 또는 권리 보유기록이 조작되지 않아야 한다. 즉, 데이터 관리자 또는 토큰을 처분할 정당한 권한이 있는 자에 의해 이중 지불이 이루어지는 것을 막을 수 있어야 한다.

앞서 언급한 권리의 이중 양도 문제는 권리 자체의 형태가 실물로 존재하지 않는 특성에 의해, 권리를 처분할 권한이 있는 자에 의해 양도된 이후에 다시 한번 그에 의해 양도됨에 따라 발생하는 문제이다.

특히 블록체인에서는 하나의 주소에 대한 트랜잭션이 서로 다른 노드에서 동시에 생성될 수 있어서 이중 양도의 문제가 발생할 염려도 존재한다. 즉, 대한민국에 존재하는 노드를 통해서 임의의 주식 1,000주를 보유한 A가 매수자 B에게 1,000주를 보낸다는 트랜잭션이 생성되고, 같은 시점에 미국에 존재하는 노드를 통해 A가 또 다른 매수자 C에게 1,000주를 보낸다는 트랜잭션이 생성되는 경우가 발생할 수 있다.

이때 두 번째 트랜잭션이 생성된 후에 첫 번째 트랜잭션이 P2P 네트워크를 통해 미국에 존재하는 노드에 도달하게 되는데 블록체인은 합의 알고리즘에 따른 검증 절차를 통해 둘 중 하나만 유효한 것으로 선택하여야 이중 양도의 문제를 방지할 수 있다.

다음으로 처분 권한이 있는 자에 의해 이중 양도 등이 조작되지 않았다고 하더라도 분산장부를 관리하는 자에 의해서도 조작될 수 없어야 한다. 분산장부에서는 노드들이 네트워크를 통해 합의 알고리즘에 따른 검증에 공동으로 참여하여 분산장부를 공동으로 관리한다. 따라서 분산장부가 실제 법률관계를 반영하기 위해서는 노드 단독으로 분산장부를 조작할 수 없어야 할 뿐만 아니라 노드들이 담합하는 등의 방식으로 공동으로 장부를 조작할 수 없어야 한다.

마지막으로 제3자에 의한 조작이 방지되어야 한다. 블록체인이 제3자의 해킹에 의한 조작이 가능하다면, 역시 권리 기재내역에 대해 신뢰성을 가질 수 없다.

따라서 실제 증권 보유내역을 기록하고 이를 기준으로 거래하기 위해서는 법률적, 기술적 방식으로 트랜잭션이 실제 거래와 동일한 내용으로 생성되어야 하고, 프로그램의 오작동 및 이중 양도 등을 방지하며, 관리자와 제3자에 의한 조작을 방지할 수 있어야 한다.

4.1.2 프로그램 오작동 및 이중 지불의 방지

데이터베이스든 블록체인이든 기재내역이 실제 권리내역을 있는 그대로 드러내게 하기 위해서는 트랜잭션이 제대로 입력된 경우, 프로그램의 오작동에 따라서 잘못된 기재가 일어나는 것을 막을 수 있어야 한다.

예컨대 임의의 주식 2,000주를 보유한 A가 B에게 1,000주를 양도한 후에 C에게 1,000주를 양도하는 주문의 경우를 생각해 보자. 제대로 명령이 실행되는 경우 A는 0주, B는 1,000주, C는 1,000주를 보유하게 되어 실제 거래 결과와 동일하게 기재된다. 그런데 프로그램이 오작동하여 B에게 1,000주 양도 트랜잭션을 완료하기 전 C로 양도 트랜잭션이 실행되어 A가 2,000주를 가지고 있는 상태를 기준으로 양도가 실행되면 A는 1,000주, B는 1,000주, C도 1,000주를 보유하게 되어 총주식 수가 원래 2,000주에서 3,000주로 변동하여 1,000주의 초과분이 발생하게 된다. 이런 현상이 발생하는 경우 기재내역을 신뢰할 수 없게 되어 증권거래에 이용할 수 없게 된다.

데이터베이스 오작동 및 이중기록 방지

현재 계좌간 대체기재 방식인 예탁제도와 전자증권제도에서 이용되는 데이터베이스는 프로그램의 오작동 방지 메커니즘을 가지고 있어서 제대로 된 관리 감독이 전제된다면 이중 양도 등도 방지할 수 있다.

데이터베이스가 정상적으로 작동하는 것을 보장하기 위해서는 데이터베이스 관리 시스템(DBMS)에서 데이터베이스의 상태를 변화시키는 작업 단위인 트랜잭션이 지녀야 할 아래의 네 가지 기본적인 속성을 나타내는 ACID를 만족하는 트랜잭션 처리 방식에 따라 작동해야 한다.

ACID란 원자성(Atomicity),[38] 일관성(Consistency),[39] 고립성(Isolation)[40] 그리고 영속성(Durability)[41]을 의미하는 약자로서 ACID를 만족하는 데이터베이스는 트랜잭션이 일부분만 완결되어 데이터가 일관적이지 않게 되는 사태를 방지하고 데이터의 안정성과 무결성을 보장해 준다.

하지만 ACID를 만족하여 데이터베이스가 정상적으로 작동하더라도 트랜잭션 자체가 권한 없는 자에 의해 발생하거나 관리자가 트랜잭션을 조작하는 경우를 막을 수는 없다. 또한 만약 데이터베이스 관리자가 이중 양도를 막고자 한다면 이중 양도 트랜잭션을 데이터베이스에 입력하지 않을 것이지만 관리자가 조작하고자 한다면 이중 양도 트랜잭션이 그대로 데이터베이스에 기록될 것이다.

따라서 제도권의 증권시장에서는 법률에 의거 관리자에 의한 조작을 방지할 수 있도록 하는 장치를 두고 있다. 즉, 증권 보유내역을 관리하는 전자등록기관이 되기 위해서는 높은 자본금과 인적 물적 설비를 갖추어야 허가를 받을 수 있고, 오기재에 따른 책임을 전자등록기관이 부담하게 된다. 또한 공적 기관으로서 거버넌스 체계를 갖춘 전자등록기관은 신뢰할 수 있는 절차에 따라 업무를 수행하므로 기재내역의 조작이 사실상 불가능하게 된다.

---

38 원자성(Atomicity)이란 트랜잭션이 데이터베이스에 모두 반영되거나 전혀 반영되지 않도록 보장하는 성질을 말한다.

39 일관성(Consistency)이란 트랜잭션이 실행되기 전과 후에 데이터베이스가 데이터 모순이 없는 상태를 유지하도록 보장하는 성질을 말한다.

40 고립성(Isolation)이란 트랜잭션 수행 시 다른 트랜잭션의 연산 작업이 끼어들지 못하도록 보장하는 성질을 말한다.

41 영속성(Durability)이란 트랜잭션이 성공적으로 완료되면, 시스템의 오류가 발생하더라도 트랜잭션 결과는 영원히 반영되어 유지되는 성질을 말한다.

블록체인의 오작동 및 이중기록 방지

하지만 블록체인 메인넷은 각자 고유한 이중 지불 방지 메커니즘과 합의 알고리즘으로 오작동을 방지할 뿐만 아니라 권한 없는 자에 의한 이중 양도와 관리자에 의한 조작을 방지한다.

블록체인은 하나 또는 소수의 노드에 오작동이 발생하더라도 합의 알고리즘에 따라 다른 다수의 노드에 의해서 오작동이 검증되어 블록에 반영되지 않게 된다.

또한 블록체인 네트워크는 저마다 각자 다양한 방식으로 이중 지불의 문제를 해결한다.

예를 들어 대표적인 공개형 블록체인 중 하나인 비트코인에서는 UTXO(Unspent Transaction Output; 미사용 트랜잭션 출력)를 통해 이중 지불을 막는다. 비트코인 블록체인 네트워크에서는 트랜잭션이 입력 부분과 출력 부분을 가지고 있는데, 아직 사용되지 않은 트랜잭션 출력(UTXO)은 트랜잭션 수신자가 가지고 있는 비트코인을 의미하며, 비트코인을 전송하기 위해서는 자신이 보유하는 UTXO를 소비해야 한다. 다시 말해 비트코인의 전송은 자신이 보유한 UTXO의 소비를 의미한다.

비트코인의 블록체인 노드들은 UTXO를 주소별로 분류하여 관리하며 비트코인 보유자가 비트코인 전송 시 전송하는 비트코인이 UTXO인지를 확인한다. 트랜잭션이 생성되어 전파되면 모든 노드에 UTXO가 사용(Spent) 상태로 변경되고 다시 사용할 수 없게 된다.

만약 두 트랜잭션이 동시에 같은 UTXO를 이용하여 트랜잭션이 만들어지고 이어서 두 트랜잭션이 네트워크에 전파된 경우, 작업증명 (PoW) 합의 과정을 통해 둘 중 하나의 트랜잭션만이 무작위로 유효하게 처리되고, 나머지 트랜잭션은 무시되거나 거부된다.[42] 따라서 동일

---

42 일반적으로 노드들은 더 높은 트랜잭션 수수료(transaction fee)를 제안하는 트랜잭션을 우선적으로 선택하는 경향이 있다.

한 비트코인(UTXO)을 두 번 사용할 수 없게 된다.

또한 이더리움에서는 트랜잭션마다 발신자 주소의 속성인 nonce 값을 포함하며, nonce 값의 순서에 따라 트랜잭션이 실행된다. 발신자 주소의 nonce 값은 0에서 시작하여 그 발신자로부터의 후속 트랜잭션이 있을 때마다 nonce 값이 증가한다. 그리고 서로 다른 노드에서 동일 nonce 값을 가진 두 트랜잭션이 생성되어 네트워크에 전파된 경우, 합의 과정을 통해 높은 가스[43]를 가진 트랜잭션만이 유효하게 처리되고, 나머지 트랜잭션은 무시되거나 거부된다. 그렇게 되면 동일한 발신자의 트랜잭션은 특정 순서로 실행되어 이중 양도와 같은 문제를 방지하고 트랜잭션이 발신자의 의도대로 처리되도록 보장할 수 있다.

한편 블록체인에서는 관리자에 의한 분산장부 자체에 대한 직접적인 조작도 방지되는데, 이와 관련하여 살펴보기 위해 먼저 '4.2 블록체인의 신뢰성과 네트워크 구조(공개형, 허가형 블록체인)'에서 블록체인의 네트워크 구조에 따른 차이를 설명하고 이를 바탕으로 '4.3 블록체인은 얼마만큼 관리자에 대한 신뢰를 대체할 수 있는가?'에서 하나의 노드 또는 노드 공동으로 분산장부 기재내역에 대한 조작을 방지하는 기능에 대해서 알아본다.

4.2 블록체인의 신뢰성과 네트워크 구조 (공개형, 허가형 블록체인)

앞서 이야기한 바에 따르면 토큰증권은 분산장부 오기재와 이중 지불을 방지할 수 있다. 그런데 실제 권리관계를 제대로 공시하기 위

---

43 가스(Gas)는 스마트 컨트랙트 실행이나 트랜잭션 처리에 필요한 비용 또는 수수료를 의미하며, 높은 가스를 가진 트랜잭션이 우선 처리된다.

해서는 노드 단독으로도 장부를 조작할 수 없어야 하고, 노드들의 담합에 의한 조작도 방지할 수 있어야 하며 보안성을 갖추어 제3자에 의한 조작을 방지할 수 있어야 한다.

그뿐만 아니라 금융거래를 지원할 수 있을 정도로 성능이 보장되어 사람들이 블록체인 네트워크를 통해 증권을 거래할 수 있다는 점에 대해 당연하게 여길 수 있을 정도로 신뢰를 갖추어야 한다. 이러한 블록체인 분산장부의 신뢰성은 블록체인 기술에 의해 확보되는데, 블록체인 기술은 네트워크 구조와 운영 방식에 따라 크게 영향을 받는다.

블록체인 네트워크의 구조와 운영 방식은 크게 공개형(Public; Permissionless)과 허가형(Permissioned)으로 나누어지고, 허가형은 단일한 관리자에 의해 관리되는 폐쇄형(Private)[44]과 이들 간의 절충형 구조로서 제한된 권한을 가진 다수의 주체에 의해 공동으로 관리되는 연합형 또는 컨소시엄(Consortium)형으로 분류할 수 있다.

블록체인에 참가하는 방식은 크게 2가지가 존재한다. 노드로서 참가하거나 개인키를 보유하여 주소 또는 계정을 통해 블록체인 이용자로서 참가할 수 있다.

공개형 블록체인은 노드와 개인키 모두 누구나 접근할 수 있도록 완전하게 개방된 네트워크 구조인 블록체인으로서 암호화 기술과 불특정 다수 노드의 집단적 검증에 기반하여 신뢰를 확보한다.

허가형 블록체인은 공개형 블록체인과 대비되는 네트워크 구조이다. 허가형 블록체인은 노드 또는 노드와 개인키 모두에 대해서 특정한 사용자나 그룹만이 네트워크에 참여할 권한(특히 노드로 참여할 권

---

44 폐쇄형 블록체인은 외부로부터의 접근을 차단하여 보안성과 개인정보보호를 강화할 수 있지만, 반대로 단일기관이 블록체인 노드를 모두 보유하게 되므로 단일기관에 의한 블록체인 기재 내용 조작을 막을 방법이 없게 된다. 폐쇄형 블록체인은 블록체인의 특성 중 하나인 다수의 노드에 의한 검증 방식의 조작 방지 특성을 발휘할 수 없으므로 토큰증권과 관련된 논의에서는 배제된다. 따라서 이하에서 논의하게 되는 허가형 블록체인의 특성은 컨소시엄형 블록체인의 특성에 관한 것이다.

한)을 부여받는 블록체인으로서 중앙화된 방식이라 할 수 있다. 허가형 블록체인에서는 그 구조에 따라 네트워크를 관리하는 관리자가 존재할 수 있고 네트워크에는 허가받은 자만이 접근할 수 있다.

이들 블록체인의 네트워크 구조와 운영 방식에 따라서 분산원장의 신뢰성을 확보하는 방식도 달라지며, 참여자 구조가 바뀔 뿐만 아니라 적용되는 합의 알고리즘의 유형도 변경된다.

4.2.1 공개형 블록체인과 허가형 블록체인의 네트워크 참여 방식

공개형 블록체인과 허가형 블록체인의 가장 큰 차이점은 블록체인 참여 방식에 있다.

공개형 블록체인에서는 노드와 이용자가 직접 자유롭게 블록체인 네트워크에 참여한다. 공개형 네트워크 구조는 블록체인을 관리하는 운영자 또는 관리자를 전제로 하지 않는 탈중앙화 방식으로 운영되는데, 누구나 노드가 될 수 있으며, 이용자는 자신의 개인키를 직접 보유하고 이를 활용하여 직접 트랜잭션을 생성한다.

공개형 블록체인에서는 개인키만 있으면 블록체인 네트워크에 접속하여 블록체인을 이용할 수 있고, 온체인상으로는 공개키와 대응되는 계정(주소)만 확인할 수 있으므로 익명 거래가 가능해진다. 또한 공개형 블록체인에서는 블록체인 이용자가 직접 노드를 운영할 수 있는 경우가 일반적이다. 요약하면 이용자는 중개 기관이나 관리자를 거치지 않고 직접 블록체인 네트워크에 참여한다.

모든 참여자가 동등한 위치에서, 참여자 간에 블록을 상호 공유하고 데이터를 관리하게 되므로 특정의 노드가 중심이 되거나 관리자 역할을 하지 않는다. 그러므로 블록체인을 통한 탈중앙화와 탈중개화를 이룰 수 있는 기반이 되며 탈중앙화의 특성을 토큰증권에 도입하기 위해서는 공개형 블록체인을 적용할 필요가 있다.

가상자산의 경우 대부분 공개형 블록체인으로 운영되는데, 네트워크 참여자에 의해 자발적으로 운영되는 노드가 합의 알고리즘에 따라 블록을 생성한다. 그리고 노드들에 의해 거래데이터의 진위를 상호 검증할 수 있는 구조여서 네트워크 구성원 간에 신뢰 관계나 계약 등을 전제로 한 참여자 승인 방식을 채택할 필요가 없고, 모든 기록 과정이 합의 알고리즘에 따라서 자동으로 이루어져 참여자 간의 거래를 검증·관리하거나 중재 역할을 하는 관리자를 필요로 하지도 않는다.

따라서 공개형 블록체인은 관리 및 책임의 주체가 존재하지 않거나 제한된 책임을 지게 된다. 공개형 블록체인 네트워크에 존재하는 가상자산의 경우 재단 등 관리주체가 존재하지 않거나 재단 등이 존재하더라도 자신이 보유한 지갑이나 자신이 운영하는 소수의 노드만을 통제할 수 있을 뿐 전체 블록체인 네트워크를 관리할 수 없다. 따라서 블록체인 네트워크가 비정상적으로 작동하여 오류가 생기거나 중단되어 피해가 발생하는 경우 토큰보유자들은 블록체인 네트워크가 비정상적으로 작동된 것에 따른 피해를 보전받기 어렵게 된다.

한편 허가형 블록체인에서는 이용자가 직접 네트워크에 노드로 참여할 수 없다. 이용자들은 자신의 개인키를 직접 보유하지 않고 네트워크 노드로 역할을 하는 네트워크 참여기관에 의해 개인키가 관리되는 방식도 가능하다. 이 경우 네트워크 참여기관들은 블록체인 이용자들의 신원을 확인할 수 있기 때문에 익명성에 따른 공개형 블록체인의 문제가 발생하지 않는다. 이용자들은 네트워크 참여기관들에 의존하여 블록체인 네트워크에 참여할 수 있다.

다만 현재 허가형 블록체인을 이용하는 대부분의 가상자산 프로젝트에서는 노드에 대해서만 네트워크에 참가하기 위해 허가를 받고, 이용자들이 개인키를 직접 보유하는 방식을 취한다. 이 경우 중앙화된 네트워크지만 블록체인의 익명성을 가질 수 있게 된다.

네트워크에 참여하지만 서로 이해관계를 달리하는 기관들은 제한된 권한을 가지며, 각 권한 범위 내에서 거래의 검증과 블록 생성에 참여한다. 네트워크에 노드로 참여하는 기관과 이용자들이 분리되어 있어 역할과 권한이 나누어지며, 네트워크 참여기관들은 네트워크에서 일부 중앙화된 기능을 수행하고 블록체인 이용자들의 블록체인 네트워크 이용을 중개한다. 따라서 블록체인 네트워크에 탈중앙화 또는 탈중개화의 특성은 약해진다.

한편 허가형 블록체인에서는 관리의 실패나 조작에 관해 책임을 질 수 있는 주체가 존재한다. 신원이 인증되지 않은 참여자가 없으므로 법률이 있는 경우 블록체인을 조작한 참여자에 대해 처벌 및 손해배상이 가능하게 되며, 참여자가 충분하게 많고 그들에 대한 거버넌스가 잘 유지되는 경우 담합을 막고 이해 상충을 방지하여 네트워크에 대한 조작을 어렵게 할 수 있다.

특히 허가형 블록체인 중 컨소시엄형 블록체인은 블록체인 기술과 공동의 목표를 가진 조직들이 신뢰성과 보안성을 유지하면서 어떤 노드도 중앙화된 권한을 갖지 않고 상호 협력하여 운영·관리된다. 여러 노드가 네트워크를 공동으로 관리하기 때문에, 단일실패지점(Single Point of Failure; SPOF)[45]의 위험이 줄어들고, 중앙집중식 관리의 단점을 극복할 수 있다. 그러므로 컨소시엄형 블록체인은 폐쇄형 블록체인보다 분산성과 협업성이 높지만, 공개형 블록체인의 완전한 개방성과 탈중앙화는 달성하기 어렵다는 한계를 가지고 있다.

---

45 단일실패지점(Single Point of Failure; SPOF)은 시스템, 네트워크, 소프트웨어 아키텍처 또는 프로세스 내에서, 고장 또는 문제가 발생할 경우, 전체 시스템의 작동을 중단시킬 수 있는 구성요소나 부분을 의미한다.

4.2.2 공개형 블록체인의 합의 알고리즘

공개형 블록체인은 누구나 참여할 수 있는 완전히 탈중앙화된 네트워크이다. 참여자는 누구나 트랜잭션을 제출하거나, 블록을 생성하고 검증할 수 있다. 이러한 개방된 환경 때문에 공개형 블록체인은 참여자들 사이의 신뢰가 없는 상태에서도 작동할 수 있도록 하는 합의 알고리즘이 필요하게 된다. 또한 신뢰가 없는 환경에서 노드가 자발적으로 블록을 검증하도록 인센티브를 제공할 필요가 있다.

공개형 블록체인에 쓰이는 대표적인 합의 알고리즘은 작업증명과 지분증명이 있다.

작업증명

작업증명(PoW)에서는 네트워크의 노드들이 '마이너(miner)'로 활동하고 마이너는 진정한 트랜잭션 블록을 생성하여 블록체인에 추가하기 위해, 해결하는 데 많은 시간이 소요되는 수학적으로 어려운 문제를 해결하는 '채굴(mining)' 과정을 거친다. 문제 해결에 성공한 마이너는 블록을 생성할 수 있고, 다른 노드들은 이 블록을 전파받아 유효성을 검사하기 위해 해당 작업을 확인하여 검증한다. 다른 노드에 의해 문제 해결이 확인되면 모든 노드가 전파받은 블록을 승인하고, 채굴에 성공한 마이너는 그에 대한 보상으로 가상자산을 받는다. 작업증명을 합의 방식으로 취하는 대표적인 가상자산으로는 비트코인이 있다.

작업증명은 누구나 참여할 수 있어 신뢰가 없는 공개형 블록체인 환경에서도 안정적으로 블록체인이 작동할 수 있도록 해준다. PoW는 트랜잭션을 검증하고 블록을 생성하기 위해 상당한 양의 컴퓨팅 파워와 전기를 소모해야 한다.

이처럼 작업증명 과정은 큰 컴퓨팅 비용을 발생시키므로 잠재적인 네트워크 공격자에게도 마찬가지로 큰 비용을 요구한다. 즉, 네트워크를 해치려는 시도에 따른 이익보다 비용을 상회하게 만들어 사실상 공격을 억제한다.

한편 새로운 블록을 성공적으로 생성하는 데 필요한 수학적 문제를 해결한 참여자(채굴자)에게는 새로 생성된 코인과 트랜잭션 수수료 형태의 보상이 주어지도록 하여 참여자들이 자발적으로 작업검증 과정에 참여하여 네트워크를 유지하는 일에 기여하도록 동기를 부여한다.

하지만 PoW는 컴퓨팅 리소스를 많이 소모하므로 높은 에너지 비용과 환경 문제를 유발하며, 네트워크 해시 파워의 51% 이상을 가지고 있는 공격자가 블록을 조작하는 방식의 공격을 할 위험이 있다.

지분증명

지분증명(PoS: Proof of Stake) 방식은 작업증명(PoW) 방식의 높은 전력 소모량 문제를 해결하기 위해 만들어졌다. 지분증명(PoS)에서는 블록 생성 권한을 얻기 위해 각 노드가 가지고 있는 가상자산의 양, 즉 '지분(stake)'을 사용한다.

블록체인 네트워크에서 노드로 참여하여 가상자산을 스테이킹한 참여자 중 하나가 스테이킹 비율의 확률로 블록 생성자로 선택되고, 이 블록 생성자는 새로운 블록을 생성하여 네트워크에 추가한다. 스테이크를 가진 다른 참여자들은 새로운 블록의 유효성을 검사하고, 블록 내의 트랜잭션 및 블록 생성자의 행위를 확인하여 부정확한 작업을 방지하고 네트워크를 안전하게 유지한다.

블록 생성자와 블록 검증자는 블록 생성과 검증에 대한 보상으로 가상자산을 받는다. 이 보상은 트랜잭션 수수료(가스) 또는 새로 발행된 가상자산으로 지급된다. 지분증명 방식의 합의 알고리즘을 사용하는 블록체인 네트워크는 이더리움이 대표적이다.

PoS 합의 알고리즘이 참여자들 간에 상호 신뢰가 없는 네트워크인 공개형 블록체인에서 작동할 수 있는 이유 역시 네트워크 참여자들의 경제적 이해관계를 이용하여 보안성과 블록 생성에 관한 합의를 달성하기 때문이다.

PoS에서는 참여자들이 블록 생성 과정에 참여하기 위해 자신의 코인을 '스테이킹'해야 한다. 이 과정에서 선택된 검증자(Validator)는 보상을 받지만, 부정행위를 할 경우 스테이킹한 코인을 잃게 된다. 이러한 구조는 참여자들이 시스템에 기여하도록 독려하며, 동시에 악의적인 행위에 대한 경제적 손실을 이용해 부정행위를 억제한다.

또한 PoS에서는 참여자가 네트워크에서 소유하고 있는 지분의 크기에 따라 검증 과정에 참여하여 인센티브를 받을 확률이 결정된다. 이는 참여자가 더 많은 지분을 소유할수록 네트워크에 대한 더 큰 경제적 이해관계를 갖게 되며, 그에 따라 네트워크를 보호하고 정직하게 유지하려는 동기를 강화한다.

그리고 지분증명은 네트워크를 공격하려는 시도가 매우 높은 경제적 비용을 수반한다는 점에서 네트워크가 안정적으로 유지되게 만든다. 네트워크의 지배적인 지분을 획득하기 위해서는 막대한 비용이 들며, 성공적으로 공격한다 해도 자신의 지분 가치를 저하하게 만드는 결과를 초래한다.

마지막으로 PoS는 PoW에 비해 블록 검증에 상대적으로 낮은 컴퓨팅 파워를 요구하여 많은 참여자들이 네트워크에 기여할 수 있도록 한다. 그리하여 낮은 컴퓨팅 자원 소모로 인해 더 많은 참여자들이 네트워크에 참여할 수 있게 하며, 네트워크의 분산화와 보안을 강화한다.

PoS는 PoW와 달리 컴퓨팅 리소스 대신 암호화폐 지분을 사용하므로 에너지 소비가 적다는 장점이 있다. 하지만 생성 초기에는 충분히 많은 참여자가 스테이크를 나눠 가지지 않아서 분산성이 떨어지는 경우 소수의 노드가 다수 지분을 확보해 합의 알고리즘을 조작할 여지가 있다.

공개형 블록체인 합의 알고리즘의 속도 문제

작업증명과 지분증명으로 대표되는 공개형 블록체인 합의 알고리즘의 문제점은 느린 속도이다. 수많은 참여자 간에 합의가 진행되어야 하고, 각각 분산된 저장장치에 모든 거래 정보가 기록되어야 하는 문제로 인해, 작동 속도가 느리다는 특성이 대표적인 단점으로 지적되고 있다.

또한 합의 알고리즘에 따른 검증 절차로 인해 온체인에서 발생한 트랜잭션이 일정 시간 동안 확정되지 않은 채 대기 상태로 남아 있게 되고,[46] 발생한 거래가 취소될 가능성이 존재하기 때문에 증권시장에 적용되는 경우 결제 불이행 문제 등 거래 완결에 대한 불확실성이 발생하여 블록체인의 신뢰를 떨어뜨릴 수 있다.

한편 토큰증권을 현행 가상자산거래소가 거래하는 방식대로 중앙화된 데이터베이스에서 거래한다면 느린 속도에 관한 문제를 해결할 수 있다고 주장하는 경우가 있을 수 있다.

하지만 그러한 방식의 거래를 허용하는 것은 블록체인의 혁신을 통해 데이터베이스 방식의 전자증권제도에서 관리자에 의한 신뢰성을 기술로 대체하고자 하는 토큰증권 도입의 본래 취지에 맞지 않게 된다.

---

[46] 블록 생성 시간(블록 타임)은 블록체인 네트워크별로 다르다. 예컨대 비트코인(PoW)은 평균적으로 약 10분이고, 이더리움(POS)은 평균적으로 약 13~15초, 카르다노(Ouroboros PoS)는 약 20초, 트론(DPoS)의 경우 대략 3초이다.

데이터베이스 방식으로 증권을 유통하는 방식은 현행 전자증권제도를 통해서 전자등록기관이 되는 방식으로 가능하다. 하지만 블록체인을 통해 전자등록기관이 되지 않고도 증권 보유내역을 기록·공시하는 업무를 수행하기 위해서는 모든 토큰증권의 거래가 온체인상에서 일어나는 방식일 필요가 있다. 따라서 온체인상의 거래도 충분한 속도가 보장되어야 하고, 거래가 취소될 수 있는 결제 상의 문제에 대한 해결책이 존재해야 한다.

4.2.3 허가형 블록체인의 합의 알고리즘

허가형 블록체인은 특정 조직이나 그룹에 의해 운영되며, 네트워크에 참여하기 위해서는 허가를 받아야 한다. 따라서 네트워크 참여자 사이에 일정한 신뢰를 전제로 하여 합의 알고리즘이 작동한다. 또한 인센티브가 없더라도 블록 검증이 수행될 수 있는 특성 때문에 허가형 블록체인은 비교적 효율적이며, 네트워크 내에서 정보의 무결성과 보안을 유지하는 데 유리하다. 그리고 일반적으로 더 빠른 트랜잭션 처리가 가능하다.

한편 컨소시엄형 블록체인 역시 합의 알고리즘과 노드에 의한 블록 검증으로 조작을 방지한다. 하지만 허가형 블록체인은 참여자의 신뢰성에 더 의존하여 공개형 블록체인의 합의 알고리즘을 그대로 사용하기보다는 참여자의 특정 요구에 맞추어 더 효율적인 합의 알고리즘을 사용하는 경우가 많다.

그리고 네트워크의 환경, 네트워크의 리더 유무, 성능 요구 및 안정성(고가용성, 내구성 등) 요구사항에 따라 다양한 허가형 블록체인의 합의 알고리즘이 존재하여, 블록체인을 사용하는 각각의 목적과 환경

에 적합한 합의 알고리즘을 사용할 수 있다.[47]

또한 공개형에 비해 참여자의 수가 제한되고 거래 트랜잭션의 기록 과정에 참여자 간의 합의가 생략되기 때문에 한계가 있기는 하지만, 공개형 블록체인보다 상대적으로 높은 처리 속도와 효율성을 나타낸다. 이러한 허가형 블록체인은 기업 부문에서 거래 내용을 기록하고 관리하는 용도로 많이 사용되며, 분산장부와 관련한 거래데이터를 신속하게 처리할 수 있는 등 금융시장에서의 활용 가능성이 높다.

4.3 블록체인은 얼마만큼 관리자에 대한 신뢰를 대체할 수 있는가?

토큰증권은 블록체인 기술이 기재 이후 조작이나 변조를 방지할 수 있다는 신뢰에 기초하여 증권을 양도, 유통하는 수단이 될 수 있다. 여기에서는 먼저 기존 제도가 구체적으로 어떤 방식으로 기재내역에 대한 신뢰성을 확보하고 있으며, 앞서 이야기한 블록체인 네트워크 유형에 대한 이해를 전제로 블록체인으로 이를 대체할 수 있는지 알아보고자 한다.

특히 기존 예탁제도 및 전자증권제도의 대체기재 방식에서 권리자 공시의 신뢰성을 보장하기 위해서는 장부를 작성하는 관리자의 신뢰성이 중요했다. 장부가 관리자에 의해 조작되는 경우 장부에 기재된 권리내역이 실제의 권리관계를 반영하지 못하게 되며, 권리자 공시 수단으로써 장부 기재의 기능을 수행할 수 없기 때문이다. 따라서 블록체인 기술로 기존 관리자의 신뢰를 대체할 수 있는지 알아볼 필

---

47 다만 다양한 환경에 따라 다양한 합의 알고리즘을 고려할 수 있다고 하더라도 기술을 통해 노드 간의 상호감시로 확보한다는 관점에 따르면 모든 노드가 검증에 참여하여 상호감시를 실질적으로 수행하는 합의 알고리즘을 선택할 필요가 있다.

요가 있다. 블록체인 기술을 통한 신뢰의 대체 정도는 토큰증권 입법 방향에 영향을 미치게 될 수 있다.

4.3.1 법적 요건과 책임에 기반한 신뢰성 확보
(현행 전자증권제도)

현행 전자증권제도에서는 전자등록기관이 높은 허가 요건을 갖추고 법적 책임을 짐으로써 증권 보유기록의 진실성을 담보하여 증권 보유기록에 대한 신뢰를 확보한다.

특히 2-Tier 체계[48]에서 중앙증권예탁기관(Central Securities Depository; CSD)인 전자등록기관은 증권이 우연하거나 고의 또는 과실로 생성 또는 삭제되지 않도록 하고, 증권에 관한 세부 정보가 조작되지 않도록 하여 증권발행 및 관리의 무결성을 보장하는 역할을 한다.

이에 더하여 전자등록기관은 증권시장 참여자인 계좌관리기관들의 중심에서 전자증권제도 전반을 운영하며 전자등록, 계좌관리기관의 계좌 개설 및 폐지, 계좌의 작성 및 관리에 관한 업무를 수행하여 발행된 증권의 관리에 중심적인 역할을 담당한다. 그런 때문에 전자등록기관에 대해서는 높은 법적 요건을 설정하는 허가제도를 채택하고 있다.

전자증권법상의 전자등록기관이 되기 위해서는 전자등록업의 허가 업무 단위별로 대통령령으로 정하는 금액 이상의 자기자본을 갖출 것을 요구하고 있다(전자증권법 제5조 제2항 제2호). 구체적으로 전자증권법 시행령 [별표1]에 따르면 전자등록계좌부를 관리하는 전자등록기관이 되기 위한 자본금 요건을 최소 200억 원(신탁수익증권 및 파생결

---

48 2-Tier 시스템은 증권 결제 기능을 수행하는 CSD(Central Securities Depository) 계층과 은행, 증권사, 기타 금융 기관과 같이 고객의 거래 지시 사항을 CSD에 제공하는 계층 두 가지 차원의 계층을 갖는 참여 구조를 말한다. 자세한 내용은 Part 5 참고.

합증권 등에 한정)에서 최대 2,000억 원(전자증권법 제2조 1호에서 규정한 주식등 전체)으로 정하고 있다.

아울러 권리자 보호가 가능하고 전자등록업을 수행하기 충분한 인력과 전산 설비, 그 밖의 물적 설비[49]를 갖추어야 하고(전자증권법 제5조 제2항 제4호), 임원이 「금융회사의 지배구조에 관한 법률」 제5조에 적합하여야 하며 대주주가 충분한 출자 능력, 건전한 재무 상태 및 사회적 신용을 갖추어야 한다.

그리고 전자등록기관은 허가제로 운영되기 때문에 금융위원회와 법무부장관의 재량에 따라 적합한 전자등록기관을 허가할 수 있다. 신뢰할 수 없거나 신뢰를 잃을 우려가 있는 자들은 전자증권법에 규정된 법률상 요건을 만족하여 전자등록기관 허가를 신청하더라도 전자등록기관이 될 수 없다.

마지막으로 전자등록기관과 계좌관리기관은 전자증권법상 증권 보유내역의 오기재에 대한 책임을 진다. 만약 계좌관리기관이 계좌관리기관 자신의 증권 보유내역이나, 고객증권 보유내역을 조작하더라도 전자등록기관과 공모하지 않는 한 전자등록기관은 계좌관리기관과의 일일 대사 체계에 의한 수량 확인을 통해 오류를 발견할 수 있다.

일일 대사를 통해 수량 오류 등의 문제가 발생하는 경우 전자등록기관과 계좌관리기관은 적립금 등의 재원으로 이를 보전할 법적 책임을 진다. 전자증권제도는 증권 보유기록의 조작을 방지하기 위해 전자등록기관에 높은 신뢰성을 요구함과 동시에 전자등록기관과 계좌관리기관 사이의 2-Tier 장부구조를 이용한 상호작용을 통해 감시한다.

---

49 전자증권법 시행령 제3조 제4항 제2호는 '전자등록업을 수행하기에 전산 설비, 그 밖의 물적 설비'에 관하여 규정하고 있는데, 다음 각 목의 전산 설비 등의 물적 설비를 모두 갖출 것을 규정하고 있다.
　가. 전자등록업을 수행하는 데 필요한 전산 설비와 통신수단.
　나. 사무실 등 충분한 업무공간과 사무장비.
　다. 전산설비 등의 물적 설비를 안전하게 보호할 수 있는 보안설비라. 정전·화재 등의 사고가 발생할 경우에 업무의 연속성을 유지하기 위해 필요한 보완설비.

4.3.2 상호감시에 기반한 신뢰성 확보(현행 전자증권제도)

한편 전자증권제도뿐만 아니라 자본시장제도 또한 상호감시를 통해 증권기록의 신뢰성을 확보한다. 즉 자본시장제도는 금융시장 인프라 간의 역할 분담에 따른 상호감시를 통해 증권 보유기록의 조작을 방지한다.

전자증권제도의 장부구조에 의한 상호감시

먼저 전자등록기관과 계좌관리기관의 상호감시에 대해 알아본다. 고객계좌부와 계좌관리기관 자기계좌부를 분리 운영함으로써 전자등록기관과 계좌관리기관 간에 증권업무의 처리와 수량관리 등에 있어서 이해충돌을 방지하고 상호감시가 작동한다.

먼저 고객이 보유하는 증권과 계좌관리기관이 보유하는 증권은 서로 다른 방식으로 법적 효력이 부여된다.[50] 고객이 보유하는 증권에 대해서는 계좌관리기관이 관리하는 고객계좌부에 기재되면 법적 효력을 가지지만, 계좌관리기관이 직접 보유하는 증권에 대해서는 전자등록기관이 관리하는 계좌관리기관등 자기계좌부[51]에 기재된 내역만이 법적 효력을 가지게 되며, 자신이 관리하는 고객계좌부를 이용해 계좌관리기관의 자기 보유분 증권을 등록하는 경우 법적 효력을 인정받을 수는 없다(전자증권법 제2조 제3호, 제35조). 따라서 계좌관리기관이 임의로 고객계좌부상에 자기가 보유한 증권의 수량을 기재하더라도 해당 기재내역은 증권으로서 법적인 효력을 가지지 않는다.

---

50 구체적인 내용은 Part 5의 '4.2.2 총량 관리를 통한 상호감시' 참고.

51 전자등록기관이 계좌관리기관 등의 자기분 증권을 등록하여 관리하기 위한 계좌부로 계좌관리기관은 전자등록기관에 계좌관리기관등 자기계좌를 개설한다.

한편 총량 관리 절차에 의해서도 상호감시가 일어난다. 현재 전자증권제도에서는 매일 장 마감 이후부터 다음날 장 개장 이전까지 전자등록기관의 고객관리계좌부와 계좌관리기관의 고객계좌부 사이의 장부 수량 일치 여부를 일간으로 확인한다. 따라서 전자등록기관 또는 계좌관리기관이 보유 수량을 임의로 변경하게 되면 총량 관리 절차를 통해 초과분 또는 부족분이 확인된다. 증권 총수량은 장 마감이 이루어진 후 한 번, 익일 업무 개시 전 한 번에 걸쳐 위와 같은 절차를 반복 수행하면서 전산오류나 임의적인 변경이 있었는지 확인한다.[52] 만약 이 과정에서 오류가 발견되는 경우 앞서 말한 바와 같이 전자증권법은 오류에 관해 책임이 있는 기관이 그에 대한 책임을 지도록 하고 있다.

기관 간 상호감시

그리고 금융시장 참가회사와 인프라의 기능별 역할 분담을 통해 상호감시가 이루어진다. 증권시장에서 증권은 전자등록기관(한국예탁결제원)이 등록하여 관리하고 투자자예탁금은 증권금융회사(한국증권금융)가 보관한다.

증권사를 통한 주문은 거래소를 통해 체결되지만, 증권과 대금은 거래소를 거치지 않고 증권은 전자등록기관(한국예탁결제원)에서 결제되고, 대금은 한국은행 또는 시중은행을 통해서 결제된다.

그에 따라 하나의 기관에서 증권거래에 관한 조작을 시도하는 경우 증권 결제 과정에서 다른 기관과 연동된 기록의 일관성이 깨지므

---

52 물론 계좌관리기관이 관리하는 고객계좌부 등 하나의 계좌부 내에서 발생하는 조작에 대해서는 일일 대사 절차를 통해 조작 여부를 확인하기 어렵다. 블록체인 네트워크의 합의 알고리즘에 따른 검증이 모든 트랜잭션에 대해 검증하여 조작 자체가 불가능하지만, 반면에 2-Tier 시스템에 따른 총량 관리는 계좌부 간 수량 비교만을 수행하여 하나의 계좌부 내의 조작을 확인하기 어렵다는 한계가 존재한다.

로 사후적으로 조작 여부를 확인할 수 있다.

금융시장 인프라 중 하나의 기관에서 조작이 일어나더라도 조작 여부와 그 사실이 빠르게 드러나고, 조작을 입증할 증거도 쉽게 확보할 수 있다. 따라서 어떠한 기관도 조작을 시도하기조차 어렵게 하여, 오로지 여러 기관이 담합을 하는 경우에만 증권 권리 및 거래에 관한 기록을 조작할 수 있게 되는데, 그마저도 흔적을 남기지 않고 조작하기란 상당히 어려운 구조이다.

또한 기관마다 이해관계가 달라서 장부 기재의 일부 조작을 위해 담합 하기란 쉽지 않다. 게다가 만약 기록을 조작하다 적발되는 경우 기관의 인가·허가 취소 및 형사처벌[53]등의 불이익을 받을 수 있기 때문에 사실상 조작이 어렵다. 물론 금융시장 인프라는 높은 공공성을 추구하는 기관이므로 증권거래에 관한 조작을 시도하지 않는다.

다만 전자증권제도에서 전자등록기관과 계좌관리기관 사이와 전자등록기관과 거래소, 증권금융회사 사이의 기관 간 상호감시를 수행하더라도 조작 이후 최소 장 마감까지는 조작 여부를 확인하기 어려운 사후적인 감시에 불과하다.

전자등록계좌부에 대한 전자등록 시점에는 관리자가 기록을 조작하더라도 기술적인 조작 방지 장치 없이 그대로 데이터베이스에 기록

---

53 전자증권법 제73조(벌칙) ① 다음 각 호의 어느 하나에 해당하는 자는 7년 이하의 징역 또는 2억원 이하의 벌금에 처한다.
　1. 제44조제1항을 위반하여 전자등록기관 또는 계좌관리기관의 주식등의 전자등록 및 관리를 위한 정보통신망(정보처리장치를 포함한다. 이하 이 항에서 같다)에 거짓 정보 또는 부정한 명령을 입력하거나 권한 없이 정보를 입력·변경한 자
　② 다음 각 호의 어느 하나에 해당하는 자는 5년 이하의 징역 또는 1억원 이하의 벌금에 처한다.
　3. 제 44조제2항을 위반하여 전자등록 정보 또는 기록 정보를 멸실하거나 훼손한 자
　④ 다음 각 호의 어느 하나에 해당하는 자는 1년 이하의 징역 또는 3천만원 이하의 벌금에 처한다.
　1. 제21조제2항을 위반하여 발행인관리계좌부를 작성하지 아니하거나 거짓으로 작성한 자
　2. 제22조제2항을 위반하여 고객계좌부를 작성하지 아니하거나 거짓으로 작성한 자
　3. 제22조제3항을 위반하여 전자등록기관에 고객관리계좌를 개설하지 아니한 자
　4. 제22조제4항을 위반하여 고객관리계좌부를 작성하지 아니하거나 거짓으로 작성한 자
　5. 제23조제2항을 위반하여 계좌관리기관등 자기계좌부를 작성하지 아니하거나 거짓으로 작성한 자

될 수밖에 없다. 조작이 일어난 시점부터 기관 간 상호감시를 통해 조작이 밝혀질 때까지 조작된 내용은 전자등록계좌부에 기재되어 공시된다. 전자증권제도는 데이터베이스에 근거하여 여러 상호감시 장치가 존재한다고 하더라도 본질적으로는 조작에 취약하다.

그러므로 전자증권제도는 기관 간 상호감시에 의한 검증이 이루어지지 않을 가능성을 염두에 두고 매우 높은 인허가 요건과 행정조치, 처벌 등을 규정하는 것으로 볼 수 있다.

4.3.3 블록체인 기술에 기반한 개별 노드에 의한 조작 방지 (토큰증권)

하지만 블록체인 기술은 본질적으로 다수의 노드에 의한 집단적이고 상시적인 상호감시를 전제로 설계되어 있다. 블록체인 네트워크의 유형과 상관없이 블록체인 기술은 합의 알고리즘에 따른 블록 생성 시 개별 트랜잭션 단위로 검증을 수행하여 분산원장 기재 전에 개별 노드에 의한 조작 여부를 확인할 수 있다.

물론 블록체인 기술은 트랜잭션 생성 전에 발생하는 사전적인 조작을 발견하지는 못한다. 하지만 대다수의 노드를 해킹하거나 대다수의 노드가 담합하지 않는 한 정상적인 노드에 의해 트랜잭션이 만들어진 후 분산원장에 기재되기 전에 발생하는 조작을 검증할 수 있어서 노드에 의해 사후적으로 조작된 자료가 분산장부를 통해 공시되는 것을 방지한다.

하지만 아직 관리자에 의한 조작을 완전하게 방지할 수 있는지 의문이 든다. 만약 노드들이 담합을 하는 경우 혹은 대부분의 노드가 해킹을 당하는 경우 검증 결과 자체를 조작할 수 있기 때문이다. 특히 허가형 블록체인 네트워크를 전제로 하는 경우 소수의 노드가 네트워크를 이루게 되어 담합의 위험성이 높아진다.

4.3.4 네트워크 요건을 통한 노드 간 담합 방지(토큰증권)

분산장부는 합의 알고리즘에 따른 상호검증을 기반으로 신뢰성을 확보한다. 따라서 만약 합의 알고리즘에 따른 상호검증이 제대로 작동하지 않는 조건이 형성되면 분산장부도 신뢰성을 확보하기 어려워진다. 예컨대 다수의 노드가 해킹되어 하나의 주체에 의해 통제되거나 노드들이 담합을 하여 하나의 노드에서 조작이 발생하더라도 다른 노드가 묵인하는 경우 검증이 제대로 이뤄지지 않는다.

공개형 블록체인 네트워크에서도 소수의 노드가 네트워크를 이룬 경우(혹은 POS 합의 알고리즘에서 소수의 노드에게 스테이크가 집중된 경우) 노드에 의한 담합 및 해킹에 따른 보안 위협이 생긴다. 하지만 공개형 블록체인 네트워크는 불특정 다수가 노드로 참여할 수 있어서 충분한 수의 노드가 참여하는 경우 노드에 의한 담합 또는 다수의 노드가 해킹당하는 상황이 발생할 여지가 많이 낮아져 검증 과정을 직접 조작하는 방식의 보안 문제는 발생할 여지가 많지 않다.

한편 허가형 블록체인 네트워크에서는 블록체인 네트워크의 신뢰성을 소수의 기관에 의존하게 되기 때문에 다양한 보안 문제가 발생할 수 있다.

컨소시엄형은 공개형 블록체인의 특징인 불특정 다수에 의한 집단적인 검증이 불가능하고, 공신력 있는 소수의 기관을 통해 신뢰성을 확보할 수밖에 없다. 따라서 네트워크에 참여할 수 있는 기관은 공개형 블록체인의 노드와 비교해 상대적으로 높은 신뢰성을 갖춘 기관이어야 한다.

네트워크에 참여한 노드가 소수이거나 노드들 사이에 이해관계가 있는 경우, 서로 담합을 하여 장부 기재내역을 조작할 수도 있다. 혹은 모든 노드가 담합을 하지는 않더라도 거래자료에 접근할 권한과 장부 기재(트랜잭션 생성) 권한을 하나 또는 소수의 노드만이 가지는 경우, 권한 있는 노드들이 담합을 하여 트랜잭션을 조작하는 방식으로 장부 기재를 조작할 가능성이 생기게 된다. 이러한 조작의 위험을 방지하기 위해서는 서로 간에 이해관계를 달리하는 가급적 많은 수의 노드가 존재해야 한다.

한편 금융위원회의 토큰증권 정비 방안은 노드 사이의 담합 가능성에 대비하고 있다. 금융위원회 정비 방안 12쪽의 '1. 분산원장 요건(안)' 중 4. 요건은 '전자등록기관, 금융기관 또는 발행인과 특수관계인에 해당하지 않는 계좌관리기관이 다수 참여하여 분산원장을 확인할 수 있을 것'이라는 요건을 전제하는데, 전자등록기관, 금융기관, 계좌관리기관만이 분산원장의 노드가 되도록 하여 신뢰성을 갖춘 기관이 노드로 참여할 수 있도록 한다. 또한 계좌관리기관 중 발행인과 특수관계인에 해당하지 않는 계좌관리기관만을 요구하여 담합 등 이해 상충의 여지를 줄인다.

목차 4.3.3과 4.3.4의 내용을 종합하면 데이터베이스 기반의 전자증권제도는 사후적으로 조작을 원천적으로 방지하지는 못하지만, 수량 비교 또는 기관 간 상호감시 등의 방식에 의해 사후적으로 조작을 확인할 수는 있다. 반면 블록체인 기술은 서로 이해관계를 달리하는 신뢰성 있는 노드에 의해 운영되는 경우 트랜잭션이 유효하게 검증된 이후의 자료조작을 원천적으로 방지하여 기술을 통해 무결성을 갖춘 거래기록을 공시할 수 있다.

요컨대 블록체인 기술은 기존 증권시장 인프라들 사이의 수직적인 상호감시를 블록체인 네트워크 노드들 간의 수평적인 검증과 합의로 전환하면서 사후적 변경을 원천적으로 방지할 수 있게 된다.

전자증권제도에 블록체인 기술이 도입되면 전자증권법에 근거한 기관에 대한 신뢰를 상당 부분 블록체인 기술에 의한 신뢰로 전환할 수 있다. 따라서 기관의 신뢰를 보장하기 위한 높은 인허가 요건과 강한 행정규제는 블록체인 기술에서는 불필요하게 될 수 있다.

4.3.5 블록체인의 보안(제3자에 의한 조작 방지)

블록체인의 보안은 조작을 방지하는 블록체인의 특성에 중요하게 영향을 미치는 부분이다. 거래기록 또는 권리 보유기록이 실제를 반영하기 위해서 4.1.1에서 열거한 ⑥ 제3자에 의한 블록체인 조작을 방지해야 하기 때문에 이용자, 관리자에 의한 조작을 방지하는 블록체인의 특성만큼 증권거래를 위한 블록체인이 가져야 하는 중요한 특성이다.

한편 블록체인 기술은 네트워크 구조와 관계없이 보안과 관련해 여러 공통된 특성을 갖는다.

블록체인은 분산 네트워크를 기반으로 하기 때문에 데이터를 여러 노드에 걸쳐 저장함으로써 단일실패지점을 제거하고, 네트워크를 통틀어 데이터의 안정성과 접근성을 높인다.

블록체인에 기록된 데이터는 변경 불가능하며, 새로운 데이터는 오직 블록체인의 끝에만 추가될 수 있다. 이는 해시함수와 연결 리스트 형태의 블록 구조를 사용하여 구현된다. 그리고 블록체인 네트워크는 노드 간의 합의를 통해 새로운 블록의 유효성을 검증하고 네트워크상의 데이터 일관성을 유지한다.

마지막으로 블록체인은 데이터를 보호하고 네트워크상의 통신을 안전하게 유지하기 위해 강력한 암호화 기술을 사용한다. 블록체인 기술은 비대칭 암호화를 사용하여 제3자에 의한 조작을 방지하여 트랜잭션의 안전성을 확보한다.

하지만 블록체인은 네트워크 구조에 따라 보안에 있어 서로 다른 특징도 갖는다.

공개형 블록체인의 보안상 특징

공개형 블록체인의 개방성은 누구나 네트워크의 참여자가 될 수 있게 하며, 이는 큰 장점이지만 동시에 다양한 보안 위험을 동반한다. 특히 공개형 블록체인을 증권시장에 도입하는 데에는 보안상 여러 가지 문제점이 존재한다. 이러한 문제점들은 주로 참여자의 검증 부재, 네트워크의 높은 익명성 그리고 모든 참여자가 네트워크에 기여할 수 있는 특성에서 비롯된다.

1) 검증되지 않은 다수의 참여자가 네트워크에 참여하는 상황은 가능성이 작지만, 51% 공격과 Sybil 공격의 가능성을 만들어 낸다.

51% 공격이란 단일 사용자 또는 사용자 그룹이 네트워크의 51% 이상의 해시 파워(작업증명의 경우) 또는 지분(지분증명의 경우)을 통제할 경우, 블록체인의 합의 메커니즘을 조작하는 블록체인 네트워크 공격 방법이고, Sybil 공격이란 한 사용자가 다수의 가짜 신원을 생성하여 네트워크의 검증 과정을 공격하는 것을 말한다.

2) 다수의 컴퓨터를 이용하여 특정 시스템으로 대량의 유해 트래픽을 전송함으로써 해당 시스템을 공격하는 DDoS 공격 또한 위협이 된다. 일반적으로는 트랜잭션 수수료와 합의 알고리즘을 통해 방지되지만, 검증되지 않은 다수의 참여자가 네트워크에 참여하기 때문에 DDoS 공격을 원천적으로 차단하기는 어려워 특정 노드나 네트워크 일부에 대한 과도한 요청이 시스템의 성능 저하를 일으킬 수 있다. 특히, 작은 규모의 네트워크나 특정 기능을 담당하는 노드가 공격 대상

이 될 수 있다.

3) 공개형 블록체인에서는 블록체인에 대한 해킹이 일어나지 않더라도 네트워크에 참여하는 사람들이 직접 개인키를 보유하기 때문에 개별의 토큰보유자가 자신의 책임으로 개인키를 관리해야 하고, 개별 토큰보유자들에 대한 해킹 시에 개인키 탈취나 분실에 취약하다는 문제가 있다.

메인넷에는 사용자 정보 중 공개키에 대한 정보만 기록되어 있어서 공개키에 대응되는 개인키를 통해서만 메인넷 주소에 접근할 수 있게 된다. 따라서 개인키와 주소에는 보유자(권리자)를 특정하는 정보가 없으므로 개인키를 탈취하거나 분실된 개인키를 획득하게 되면, 트레블 룰[54] 등의 AML 규제를 받는 가상자산거래소를 통하지 않는 한, 누구나 개인키에 해당하는 주소(계정)에 할당된 토큰을 마음대로 처분할 수 있다.

물론 해킹을 통해 개인키를 탈취하거나 분실된 개인키를 이용하여 토큰을 빼돌린다고 하더라도 트랜잭션이 온체인에 기록되므로 추적은 가능하며, AML 규제가 적용되는 가상자산거래소에서는 토큰을 매도하여 현금화하기 어려운 상황이다. 하지만 일부 AML 규제가 적용되지 않는 규제 사각지대의 거래소를 통한 현금화가 가능하기도 하다. 그리고 공개형 블록체인의 특성에 의해 탈취된 가상자산이 위법한 거래로 인해 다른 주소(계정)로 이전되는 경우 원상을 회복하기 어려운 것이 현실이다.

4) 또한 토큰발행 등을 위해 이용되는 스마트 컨트랙트 코드에 존

---

54 자금세탁을 방지하기 위해 금융권에 구축되어 있는 '자금 이동 추적 시스템'으로, 금융기관들이 송금 시에 국제은행간통신협회(SWIFT)가 요구하는 형식에 따라 송금자의 정보 등을 수집하는 것을 뜻한다. Travel Rule에 따르면, 특정 금액 이상의 자금을 이동시키는 금융기관은 송금인의 이름과 주소, 송금인의 계좌 번호 또는 고유 식별번호, 수령인의 이름, 수령인의 계좌 번호 또는 고유 식별번호와 같은 정보를 수신기관과 공유해야 한다.

재하는 버그나 취약점으로 인해 재진입(Reentrancy) 공격,[55] 프론트 러닝(Front Running) 공격[56] 등 보안 문제를 일으키거나 네트워크의 성능을 저하하게 하고 신뢰도를 떨어뜨릴 수 있다.

허가형 블록체인의 보안상 장단점

컨소시엄형 블록체인의 신뢰성은 네트워크 참여자의 특성에 의존한다. 컨소시엄형 블록체인은 신원을 파악할 수 있고, 권한이 부여된 신뢰할 수 있는 참여자만을 네트워크에 참가시킬 수 있으므로 악의적인 행위자에 의한 위험이 줄어든다.

허가된 블록체인의 참여자는 액세스 권한을 부여받기 전에 신원을 인증해야 하는 경우가 많다. 또한 참여자가 특정 작업을 수행하는 데 필요한 권한을 가지고 있는가를 확인하기 위해 액세스 제어 메커니즘에 따라 악의적 행위가 방지된다. 아울러 전용망을 이용한다면 네트워크에 대한 외부의 공격도 차단할 수 있는 장점이 있다.

허가형 블록체인은 네트워크의 통제를 운영자가 집중적으로 관리할 수 있다. 이는 네트워크상의 정책 변경, 트랜잭션 승인 과정 그리고 참여자 관리 등을 보다 더 유연하게 처리할 수 있게 한다.

이러한 통제 능력은 네트워크에 대한 신속한 대응과 보안 위협 감지 및 해결을 가능하게 한다. 특히 폐쇄된 네트워크와 허가된 참여자만으로 구성되어 자산 탈취 시 컨소시엄 네트워크를 이루는 노드의

---

55 스마트 컨트랙트가 외부 컨트랙트에 대한 호출을 실행하고, 그 호출이 완료되기 전에 해당 외부 컨트랙트가 원래의 컨트랙트를 다시 호출할 때 발생한다. 예를 들어, 이를 통해 공격자는 스마트 컨트랙트에서 자금을 여러 번 인출하는 등의 부정행위를 할 수 있다.

56 블록체인 네트워크에서 아직 처리되지 않은 트랜잭션을 미리 볼 수 있는 사용자(주로 채굴자)가 해당 정보를 이용해 자신의 거래를 우선 처리함으로써 이익을 얻는 방법이다. 예를 들어, 누군가 특정 자산을 구매하는 트랜잭션을 제출했을 때, 공격자가 더 높은 가스 비용을 지불하여 자신의 구매 트랜잭션을 먼저 처리시키고, 가격 상승 후 판매하여 이익을 얻을 수 있다.

합의를 통해 원상회복이 가능하므로, 토큰 자산을 탈취하는 게 의미가 없게 되고 개인키의 분실 문제도 발생하지 않게 된다.

또한 네트워크 운영자가 특정 보안 위협에 대응하기 위해 맞춤형 보안 정책과 프로토콜을 개발하여 적용할 수 있다. 예를 들어, 민감한 트랜잭션 데이터를 처리할 때 추가적인 암호화 조치나 접근 제어 메커니즘을 도입할 수 있다.

4.3.6 토큰증권을 위한 블록체인 네트워크의 평가

앞서 '4.1 블록체인은 어떻게 권리를 있는 그대로 공시할 수 있는가?'에서 살펴본 바와 같이 토큰증권을 위한 블록체인 네트워크가 거래기록 또는 권리 보유기록이 실제를 그대로 반영하기 위해서는 ① 트랜잭션이 조작되지 않아야 하고, ② 오작동하지 않아야 하며, ③ 증권에 대한 처분 권한이 있는 자에 의해 분산장부 기록이 조작되어서는 안 되며, ④ 관리자에 의해서도 분산장부 기록이 조작되어서는 안 되고, ⑤ 분산장부의 특성상 노드들의 담합에 의한 분산장부기록 조작의 가능성을 배제할 수 없으므로 노드들의 담합으로 인한 분산장부 기록의 조작을 방지할 수 있어야 하며, ⑥ 그 이외의 제3자에 의해서도 조작이 되지 않아야 한다.

토큰증권의 블록체인 네트워크는 권리를 실제와 동일하게 공시하는 것이 1차적인 목표이므로 향후 전자증권법 개정안에 따른 분산원장 요건이 위와 같은 기준을 반영하여 설정될 필요가 있다.

또한 토큰증권을 위한 블록체인 네트워크는 위 6가지 기준으로 평가할 수 있으며 구체적인 설계에 따라 위 6가지 기준에 따른 평가는 달라질 것이다. 만약 어떤 블록체인 네트워크가 위의 6가지 기준 중에 부족한 부분이 존재한다면 사후적 조작 또는 변조에 대비하여 기술적 요건 이외의 추가적인 신뢰성 확보를 위해 높은 법적 요건이 필요할 수 있을 것이다.

4.4 토큰증권과 개인키

폐쇄형 블록체인 네트워크를 통한 토큰증권 도입 과정에서 가장 많은 논란이 발생하는 부분 중 하나가 개인키와 관련되어 있다.

공개형(개방형) 블록체인에서 사용자가 지갑(Wallet) 프로그램을 설치하면 메인넷의 계정에 해당하는 주소의 생성, 개인키와 공개키의 생성·관리, 거래 트랜잭션을 발생시키고, 보유자의 주소와 관련된 트랜잭션을 읽어서 코인 잔고를 관리하는 기능을 지원해 준다.

그런데 이 문제는 이번 Part 4의 문제의식인 어떻게 권리자를 공시할 수 있는지와도 연결되는 문제이다.

실물 화폐 또는 실물 증권의 경우 그 자체만으로는 보유자 또는 소유자를 공시할 수 없으므로, 사실상의 지배를 뜻하는 점유의 개념을 통해 권리자(보유자 또는 소유자, 소유권자)를 공시할 필요가 있다. 마찬가지로 공개형 블록체인에서도 토큰이 속한 네트워크 주소(address)는 그 자체만으로는 권리자를 드러낼 수 없으므로 권리자 공시에 개인키 보유자의 개념이 필요할 수 있다.

하지만 허가형 블록체인에서는 토큰의 보유자가 개인키에 의해 직접 장부에 접근하는 것을 반드시 허용할 필요는 없다.

허가형 블록체인의 주소 또는 계정을 대체기재 방식의 계좌로 인식하고 기존 공인인증 체계를 이용하여 전자서명을 하여 트랜잭션 조작을 방지한다면, 공시 방식 및 디지털서명 수단으로서 개인키의 역할은 크게 줄어들 수 있다. 따라서 각 주소 또는 계좌에 해당하는 권리자가 대세적으로 지정되어 있어 권리자 공시에 별도의 개인키가 중요해지지 않게 된다.

물론 노드만 허가된 자가 참가하고 이용자가 개인키를 자유롭게 보유하는 네트워크[57]에서는 토큰의 보유자가 직접 허가형 블록체인 네트워크에 접근해 개인키를 이용해 트랜잭션에 대해 직접 디지털서명을 할 수도 있다. 하지만 개인키를 직접 보유하는 방식의 허가형 블록체인 네트워크는 개인이 허가 없이 자유롭게 네트워크를 이용할 수 있어 탈중앙성, 탈중개성, 익명성과 같은 공개형 블록체인과 유사한 블록체인의 특성을 가짐에 따라 곧바로 토큰증권에 수용하기 어려운 현실에서 이러한 방식의 허가형 블록체인으로 토큰증권을 구성하기는 쉽지 않다.

다시 말해 실물 증권의 방식과 개인키는 공개형 방식의 토큰증권에 대해서는 의미가 있을 수 있지만, 허가형 분산장부를 전제로 하는 전자적인 방식에 의한 토큰의 이전을 표현하는 의미에 있어서는 개인키에 의한 방식의 중요성보다는 '주소' 또는 '계좌'라는 개념이 더 중요한 요소가 될 것이다.

물론 향후 탈중앙성, 탈중개성, 익명성 등 블록체인의 특성에 대해 충분한 검토가 되어 공개형 블록체인 또는 허가형 블록체인 중 개인키를 블록체인 네트워크 이용자가 직접 보유하는 방식의 블록체인을 통해 토큰증권이 유통되는 경우 개인키 개념을 토큰증권으로 수용할 여지도 있다.

하지만 현재 시점에서 허가형 블록체인에서 유통되는 토큰은 지갑에 입고되는 것이 아니라, 메인넷이라는 분산 네트워크상의 블록체인 계정 주소로 전자적인 방식에 의해 기재되는 것으로 보는 것이 바람직하다.

---

57 예컨대 Hedera, Klaytn과 같은 허가형 블록체인 네트워크이다.

4.5 권리를 어떻게 공시할 것인가?

가상자산에 대한 증권법의 적용과 달리 디지털자산의 사법과 관련한 논의는 사람들의 주목을 받지 못하였으나, 여러 국가에서 다양한 방식으로 논의가 이루어져 왔다. 특히 디지털자산 중 토큰증권을 규율하는 사법의 대표적인 방식은 ① 유가증권 법리를 그대로 유지한 독일, ② 전자증권법으로 수용을 계획하고 있는 한국 그리고 ③ 블록체인의 특성을 반영한 국제사법위원회(UNIDROIT)이다.

각각의 방식들은 자신만의 방식으로 블록체인 기술을 수용하고 증권적 권리를 공시하는데, 지금부터 각 방식의 연혁을 살펴보고 권리 공시 방식과 법리, 블록체인 기술을 보완하는 제도 등에 대해 알아본다.

유가증권의 방식
(독일 전자유가증권도입법)

유가증권의 방식을 이용한 토큰증권 도입 사례는 독일의 전자유가증권도입법(Gesetz über elektronische Wertpapiere; eWpG)이 대표적이다. 독일은 계속하여 유가증권제도를 유지해 오다가 블록체인에 기반한 암호증권을 수용하는 과정에서 전자증권제도를 본격적으로 도입하였다.

독일 전자유가증권도입법('5. 유가증권의 방식'에서 이하 '독일 전자증권법' 또는 '법'이라 함)은 전자증권등록부를 중앙등록부와 암호증권등록부로 구분하며(법 제4조 제1항), 전자증권을 데이터베이스에 기반한 중앙등록부증권과 블록체인에 기반하는 토큰증권(독일 전자증권법상 '암호증권 Kryptowertpapier')으로 구분[58]하였다. 그리고 중앙등록부(법 제2절: 제12조에서 제15조까지)와 암호증권등록부(법 제3절: 제16조에서 제23조까지)에 관한 규정을 병렬로 규정하는 방식으로 입법하였는데, 여기서는 토큰증권(암호증권)에 관한 규정에 대해 중점적으로 다룬다.

5.1 증권적 권리의 공시

독일 전자유가증권도입법은 토큰증권(암호증권)뿐만 아니라 중앙등록부증권을 포함하여 전자증권에 대해 동일한 방식으로 공시적 효

---

[58] 중앙등록부에 등록된 전자증권이 중앙등록부증권이며(법 제4조 제2항), 암호증권등록부에 등록된 전자증권이 암호증권이다(법 제4조 제3항).

력을 부여하여 증권거래의 법률관계를 명확하게 한다.

독일 전자증권법은 먼저 전자증권을 물건으로 의제한다(법 제2조 제2항). 이를 통해 전자증권의 법적 기재 사항에 있어 그 기재 방식이 달라도 '종이 유가증권'의 법적 성격 또는 법적 효력과 비교해 차이가 전혀 없다는 점에 관해 분명하게 밝히고 있다.[59]

하지만 법적 성질 및 법적 효력은 실물 유가증권과 동일하다고 할지라도 전자증권은 물건을 점유하는 방식의 공시 기능을 수행할 수가 없다. 이는 실물 증권은 증서를 통해 감각적으로 인식할 수 있는 매개체가 있지만 전자증권은 일련의 전자적으로 기재된 데이터일 뿐이기 때문이다. 그리하여 법적 거래를 위해 전자증권에 대한 형식적인 정당한 지배관계를 확인할 수 있도록 하는 법률 규정이 필요하다.[60]

따라서 독일 전자증권법은 보유자와 권리자를 규정하여 전자증권등록부에 전자증권의 보유자로 혹은 전자증권 발행 총수에 대한 일정 지분의 보유자로 등록된 자를 보유자로(법 제3조 제1항), 유가증권의 권리를 소유한 자를 권리자로 규정하였다(법 제3조 제2항). 전자증권에서 보유는 증서 방식으로 발행된 증권에 있어 점유의 역할에 해당한다.

전자증권등록부에 보유자로 기재되어 있는 경우 보유자가 권리가 있는지 또는 실질적으로 전자증권을 처분할 수 있는지와 관계없이 등록부에 보유자로 등록된 자만이 형식적으로 적법하다(형식적으로 정당한 권리자이다).[61]

---

59 Deutscher Bundestag (독일연방의회, 한국어 번역), Entwurf eines Gesetzes zur Einführung von elektronischen Wertpapieren (전자증권도입법안 초안, 한국어 번역), 2021, p.39.

60 Deutscher Bundestag (독일연방의회, 한국어 번역), Entwurf eines Gesetzes zur Einführung von elektronischen Wertpapieren (전자증권도입법안 초안, 한국어 번역), 2021, p.40.

61 Deutscher Bundestag (독일연방의회, 한국어 번역), Entwurf eines Gesetzes zur Einführung von elektronischen Wertpapieren (전자증권도입법안 초안, 한국어 번역), 2021, pp.40~41.

독일 전자증권법이 보유자와 권리자를 분리하여 규정한 것은 보유와 권리가 분리될 수도 있음을 의미한다.[62] 하지만 보유자가 권리자가 아님이 드러나지 않는 한 등록부관리기관이 전자증권등록부를 변경할 수 있는 지위를 갖는다(중앙등록부의 경우 법 제14조 제1항 제1호, 암호증권등록부의 경우 법 제18조 제1항 제1호).

따라서 실제 권리자가 암호증권등록부에 기재된 보유자가 진정한 권리자가 아님을 증명하지 않는 한, 암호증권등록부상의 보유자가 전자증권에 대해서 처분할 수 있는 지위를 갖게 된다. 이로써 전자증권의 보유자는 전자증권등록부의 기재를 통해 우선적으로 전자증권등록부에 대한 변경 권한을 갖게 되고 거래상대방은 전자증권등록부의 기재를 신뢰하여 거래할 수 있게 된다.

5.2 물건 의제를 통한 유가증권 법리 이용

독일 전자증권법은 오로지 전자적 기재라는 특성만을 활용해서 토큰증권(암호증권)뿐만 아니라 중앙등록부증권을 포함하여 전자증권에 대해 동일한 방식으로 공시적 효력을 부여하였기 때문에, 데이터베이스와 대비되는 블록체인의 기술적 특징이 암호증권의 권리를 공시하는 부분에 있어서는 큰 영향을 미치지 못한다.

하지만 유가증권제도를 전면적으로 활용할 수 있어서 기존 유가증권과 통일성을 유지할 수 있고, 권리의무관계를 명확히 하는 기능을 충실히 수행할 수 있다. 이처럼 전자증권을 물건으로 의제함으로써 물권법에 관한 규정 전부를 전자증권에 적용할 수 있게 된다. 따라서 전자증권의 양도는 물건(동산)의 양도에 관한 물권법 규정, 즉 양도

---

62 Deutscher Bundestag (독일연방의회, 한국어 번역), Entwurf eines Gesetzes zur Einführung von elektronischen Wertpapieren (전자증권도입법안 초안, 한국어 번역), 2021, p.41.

의 합의와 인도(점유 이전)에 의거 양도가 이루어진다.

암호증권에서도 물건의 이전에 있어 물권적 합의와 인도를 통해 권리를 이전하는 것과 유사하게, 암호증권의 이전은 물권적 합의와 지시에 기초한 대체 등록으로 분산장부에 기록되어 이전된다. 이때 암호증권등록부 관리기관은 보유자의 지시에 따라 트랜잭션을 일으켜 대체 등록을 수행한다(법 제18조 제1항 제1호).

그리고 보유자가 암호증권등록부(분산장부)의 기록에 드러나므로 권리가 이전되면 양수인이 암호증권등록부(분산장부)상 보유자가 되어 이중 양도를 할 수 없게 된다. 또한 권리의무자는 암호증권등록부(분산장부)의 보유자에게 권리를 이행하면 되므로 이중 행사의 문제를 해결할 수 있다.

5.3 법률을 통한 신뢰성 보완

암호증권 발행에 따라 발생할 수 있는 투자자 보호, 장부 기재내역에 대한 조작 및 변경 등의 문제는 암호증권등록부에 대한 기술적 요건을 법 조항에 반영하고, 암호증권등록부 관리기관 및 암호증권 발행인이 법적 의무를 지게 하여 금융당국의 감독을 받게 함으로써 해결할 수 있다.

암호증권은 암호증권등록부(Kryptowertpapierregister)에의 등록을 전제로 하는데(법 제4조 제3항), 암호증권등록부는 시간 순서에 따라 데이터가 기록되고, 권한 없는 말소와 변경으로부터 데이터가 보호되는, 즉 위조를 방지할 수 있는 기록시스템을 이용하여야 한다(법 제16조 제1항). 그리고 암호증권등록부를 위한 기록시스템은 시간 순서에 따라 데이터가 기록되고 권한 없는 말소와 변경에 대한 방어가 가능한 분산된(탈중앙화된) 데이터구조를 갖추어야 한다(법 제4조 제11항).

등록부관리기관은 전자증권등록부의 데이터에 대한 신뢰성, 무결성 및 진실성이 보장되도록 관리해야 하며(법 제7조 제1항), 등록부관리기관은 과실로 인해 제7조 제1항을 준수하지 못하여 손해가 발생하는 경우 권리자에게 손해를 배상할 책임을 진다(법 제7조 제2항, 제3항).

전자증권법은 암호증권등록부 관리와 관련하여 책임질 주체가 필요하므로 암호증권등록부 관리자를 암호증권의 발행인이 지정할 수 있도록 하고 있다. 즉, 암호증권등록부 관리자는 암호증권 발행인이 관리자로 지정한 자인데, 발행인이 관리자로 지정한 자가 없는 경우 발행인 스스로가 암호증권등록부의 관리자가 된다(법 제16조 제2항 제1문).

암호증권의 발행인은 암호증권의 완전성과 진정성을 보장하는 데 필요한 기술적·조직적 대책을 수립할 의무가 있으며(법 제21조 제1항), 암호증권등록부가 법적 요건을 충족하지 못하면 암호증권의 발행인은 상당한 기간 내에 요건을 충족할 대책을 제시하여야 한다. 상당한 기간 내에 대책을 제시하지 못하면 감독기관인 연방금융감독청은 다른 암호증권등록부로 암호증권을 이관하도록 요구할 수 있다(법 제21조 제2항).

5.4 적용 가능성

하지만 우리나라의 토큰증권 도입 시 독일 전자증권법과 같이 토큰증권을 유가증권으로 규정하기는 어려운 상황이다. 전자증권법 입법과정에서 전자증권의 물건성을 인정하여 유가증권의 성질을 인정하고자 하는 오랜 논의가 있었으나, 개념적인 정합성을 추구하려는 학계의 반대가 많았다.

그 결과 전자증권법에서 전자증권을 권리로 규정하고 전자등록기관에 전자등록된 전자증권에 법적 효력을 부여함에 따라 물건성에서 벗어나 독자적인 법적 지위를 갖게 되었다. 국내에서 오랜 학계의 논의를 무시하고 독일 전자증권법의 입법례에 따라서 다시 유형물이 존재하지 않고 전자적 기록으로만 존재하는 토큰증권만을 유가증권으로 인정한다는 것은 무리일 것이다.

독일 전자증권법의 물권법적 의제에 대해 학계에서도 다양한 비판이 존재한다. 유형적 대상물이 없는 암호증권에 대해 유가증권으로 의제하는 것은 작위적이며, 독일 전자증권법이 취하는 물권법적 의제만으로는 향후 발생할 여러 종류의 토큰과 관련한 다양한 법적 문제를 해결하기 어려울 수 있다는 학계의 비판도 존재한다.[63]

한편 기술 중립적이지 않은[64] 한국 전자증권법의 특성을 고려할 때 적용 기술에 따라 병렬적인 체계를 가져가는 것은 입법에 도움이 될 수 있을 것이다.

현재 우리나라는 토큰증권을 도입하더라도 기존 데이터베이스 방식의 중앙집중식 전자등록계좌부를 그대로 유지하는 상태에서 블록체인 기술에 기반한 토큰증권의 도입을 계획하고 있다. 그런데 전자증권과 토큰증권은 권리로서 증권의 본질과 효력에는 변화가 없지만, 기술 형식에 차이가 존재하므로 기술적 차이에 맞게 적용되는 법적 규율도 달라져야 한다.

그에 따라 전자증권법 입법 시 전자증권과 토큰증권을 병렬적인 방식으로 규정하여 법적 위상을 동일하게 가져가고 법적 규율의 차이를 명확하게 드러낸다면 체계적인 입법이 될 수 있을 것이다.

---

63 정대익, "독일 전자증권법의 주요 내용에 대한 검토", 금융법연구, 2021, 40면.
64 Part 1의 '3.1 현행 전자증권법상 전자증권과 토큰증권의 차이점' 참고.

전자증권 방식으로 증권적 권리 공시하기
(한국의 전자증권법 개정안)

독일과 다르게 한국은 이미 오랜 연구와 수년에 걸친 입법 준비 끝에 2016년 전자증권법(주식·사채 등의 전자등록에 관한 법률)이 국회를 통과하고 2019년 9월 16일 시행되면서 전자증권제도가 도입되었는데, 그 시행이 얼마 지나지 않은 상황에서 블록체인에 기반한 토큰증권 도입 논의가 시작되었다.

전자증권제도는 전자적 방법으로 증권을 등록함으로써 발행, 유통, 권리행사 등이 이루어지는 제도이기 때문에 전자적 방법이라는 특성에 초점을 맞추어 자연스럽게 전자증권 방식으로 토큰증권을 수용하는 논의로 이어지게 되었다.

6.1 토큰증권의 전자증권법적 해석

토큰증권은 증표의 특성과 계좌부의 특성을 모두 갖는다. 개별 디지털자산인 토큰에 중심을 둔다면 유가증권과 유사하게 (전자적) 증표를 중심으로 한 규율을 할 수도 있지만, 토큰증권은 디지털자산으로서 분산원장(분산장부)에 기재되는 방식으로 존재하기 때문에 계좌부에 기반한 (전자적) 등록방식[65]으로 이해할 수도 있다.

---

[65] 일반적인 계좌부와는 달리 단순히 트랜잭션 기록만을 통해 분산장부에서는 계좌간 대체(계좌간 수량 증감 기재)가 불가능하다고 볼 수 있으나, 계좌부와 유사한 방식으로 계정별 보유내역을 관리하는 블록체인 기술(예: 이더리움)도 존재하며, 분산장부의 트랜잭션 기록에 대해 전산처리하면 계좌부 형식으로 전환될 수 있으므로 트랜잭션을 통해 계좌간 대체가 가능하다고 해석할 수 있다.

디지털자산을 증표에 기반한 법리로 규율하는 대표적인 사례는 본 Part 4의 끝부분에서 설명할 UNIDROIT의 디지털자산 원칙에 따른 방식이고, 전자적 등록방식으로 규율하는 대표적인 사례는 한국의 전자증권법 개정안이다. 토큰증권에 전자등록방식을 적용한다면 분산장부에 대해 증권적 권리를 기재한 장부로 보아 분산장부에 기재된 자를 권리자로 인정하는 방식이 될 수 있다.

2023년 7월 국회에서 발의된 전자증권법 개정안은 대체기재 방식에 기반한 기존 전자증권법의 법리를 원칙적으로 그대로 토큰증권에 적용하는 방식이다. 동 법안의 내용은 금융기관 등이 네트워크의 노드로 역할하는 폐쇄형 또는 컨소시엄형 블록체인 네트워크에 기반하며, 권리자를 공시하는 방식과 토큰증권의 효력도 기존 전자증권제도와 동일한 방식과 법리로 규정하고 있다.

앞서 설명한 바와 같이 블록체인 기술이 도입되면 기관(관리자)에 대한 신뢰를 기술에 의한 신뢰로 전환하여 인허가 요건 등에서 높은 법률의 규제를 받을 필요성이 낮아진다. 따라서 어떠한 방식으로 수용하더라도 전자등록기관 또는 계좌관리기관의 토큰증권 네트워크 운영을 위한 인허가 요건은 낮아질 수 있다.

6.2 컨소시엄 블록체인 + 노드 요건

금융위원회 정비 방안은 컨소시엄형 블록체인을 도입하면서 컨소시엄형 블록체인의 기술적 취약점을 보완하기 위해 노드 요건을 언급하고 있다.

금융위원회 정비 방안은 ① 분산장부 요건(안)을 통해 권리자 정보 및 거래 정보가 시간 순서대로 기록되고 사후적인 조작·변경이 방지될 것, ② 분산원장에 기록된 권리자 정보 및 거래 정보와 실제 거래내역 사이의 동일성이 계좌관리기관의 책임으로 입증이 가능할 것, ③ 권리자 정보 및 거래 정보가 복수의 분산된 장부에 동일하게 기록될 것, ④ 전자등록기관, 금융기관 또는 발행인과 특수관계인에 해당하지 않는 계좌관리기관이 다수 참여하여 분산원장을 확인할 수 있을 것 등의 요건을 두어 컨소시엄형 블록체인으로 구성하되 사후적 조작을 방지할 수 있도록 이해관계가 다른 노드들이 참여하여 블록체인 네트워크를 유지하고 계좌관리기관 자신의 책임으로 기재내역의 입증이 가능하게 하였다.

그리고 전자증권법 개정안은 전자등록기관과 계좌관리기관이 모두 분산원장을 이용할 수 있도록 하면서 발행인이 자기 발행 토큰증권에 관한 전자등록업무를 하는 발행인 계좌관리기관의 경우 분산원장만을 이용하도록 하였다(개정안 제23조의2 제1항). 그리고 발행인 계좌관리기관의 등록 요건을 일반적인 계좌관리기관에 대비해 완화하였다(개정안 제19조의2 제2항).

한편 분산장부 요건에 관해서는 전자증권법 개정안에서 구체적으로 규정하지 않은 대신 대통령령으로 규정하도록 하며, 향후 전자증권법 개정안 시행령을 통해 구체화가 필요하다.

금융위원회는 토큰증권 정비 방안 및 전자증권법 개정안을 통해 토큰증권을 전자증권법으로 수용하는 계획을 제시하면서, 블록체인 네트워크를 계좌관리기관 중심으로 운영하는 방식을 채택하였다.

금융위원회의 토큰증권 정비 방안 및 전자증권법 개정안에 관한 구체적인 내용은 Part 6의 토큰증권 정비 방안과 관련 법 개정안 분석에서 다룬다.

디지털자산에 대한 새로운 거래법 제정 방식
(UNIDROIT Principle)

7.1 개요

국제사법위원회(이하 UNIDROIT 또는 유니드로아)[66]는 블록체인 및 분산원장 기술과 관련한 디지털자산의 민사법상 이슈를 다루고 디지털자산을 규율하는 각국 민사법에 대한 세계적 기준을 제시하기 위해 2020년부터 DIGITAL ASSETS AND PRIVATE LAW 워킹그룹을 운영하였다. 이 워킹그룹은 2023년 3월 8회차 회의의 결과물로 '디지털자산과 사법(私法)에 관한 UNIDROIT 원칙 초안(DRAFT UNIDROIT PRINCIPLES ON DIGITAL ASSETS AND PRIVATE LAW; 이하 '원칙' 또는 'UNIDROIT 원칙'이라 함)'을 발표하였다.

이 원칙은 디지털자산, 특히 소유권과 관련된 사법 문제를 다루는 일련의 입법 가이드라인으로 모든 디지털자산 유형의 거래법에 대한 입법원칙을 제시하기 때문에, 일반적인 가상자산의 거래법 입법원칙뿐만 아니라 연결된 자산 개념(각주 73 참조)을 통해 토큰증권, 지적재산권 관련 토큰(예: NFT 등)의 거래법을 포괄할 수 있는 입법원칙을 제시한다. 또한 준거법, 담보부 거래, 역외거래, 도산, 중개 기관 등 다양한 재산권적 논점을 다루지만, 이 책에서는 UNIDROIT 원칙의 지배(Control)

---

[66] 국제사법위원회(International Institute for the Unification of Private Law)는 독립된 국제기구로서 국제간 사법(私法; Private Law)의 통일성과 일관성을 높이기 위해 설립된 단체로, 국가 간 상법을 표준화하고 각종 협약이나 조약을 작성하는 역할을 한다.

개념을 통한 권리자 공시 방식에 집중해서 이야기해 보고자 한다.

원칙은 디지털자산의 물건성 및 점유 개념을 인정하지 않지만, 디지털자산에 대해 대륙법상 물건의 점유와 유사한 기능을 하는 영미법의 지배(Control) 개념을 인정하여 실물 유가증권과 유사한 방식으로 디지털자산의 독자적인 권리자 확정 및 권리이전 법리를 구축하고 거래 안전을 확보할 수 있는 디지털자산의 법률 원칙을 제공한다.

7.2 법률관계 기준 제시

'디지털자산'은 지배(Control)[67]의 대상이 될 수 있는 전자 기록(Electronic Record)[68]으로 매우 광범위하게 정의된다[원칙2 (2)].

디지털자산(Digital Asset)은 지배(Control)할 수 있는 전자 기록(Electronic Record)으로 해석되며, 여기서 '지배(Control)'는 배타적 지배를 의미한다.

블록체인에서 토큰증권, 가상자산 등은 개인키를 통해 지배할 수 있으므로 원칙에 부합하는 디지털자산이 될 수 있다. 하지만 반드시 블록체인 기술을 전제로 하는 것은 아니어서, 기술적 중립성을 추구

---

67 Principle 6: Definition of control
  (1) 다음과 같은 경우 디지털자산에 대한 '지배권'이 있는 것으로 간주한다:
    (a) (2)항 및 (3)항에 따라 디지털자산 또는 관련 프로토콜 또는 시스템이 해당 개인에게 부여하는 경우:
      (i) 다른 사람이 디지털자산으로부터 실질적으로 모든 이익을 얻지 못하도록 막을 수 있는 배타적 능력;
      (ii) 디지털자산으로부터 실질적으로 모든 이익을 얻을 수 있는 능력; 그리고
      (iii) (a)(i), (a)(ii), (a)(iii)항의 능력을 다른 사람에게 양도할 수 있는 배타적 능력('지배권 변경').
    (b) 디지털자산 또는 관련 프로토콜 또는 시스템을 통해 해당 개인이 (1)(a)항에 명시된 능력을 보유하고 있음을 스스로 신원 확인할 수 있는 경우.
  (2) 지배권의 변경에는 디지털자산의 교체, 수정, 파기, 취소 또는 제거와 그에 따른 새로운 디지털자산('결과 디지털자산')의 파생적 생성 및 타인의 지배하에 놓이게 되는 것이 포함된다.
  (3) (1)(a)항의 목적을 위한 능력은 다음과 같은 경우와 범위까지만 배타적일 필요는 없다.
    (a) 디지털자산 또는 관련 프로토콜 또는 시스템이 디지털자산의 사용을 제한하거나, 디지털자산의 변경 또는 지배권 상실을 포함하여 디지털자산을 변경하도록 프로그래밍 되어 있는 경우, 또는
    (b) 지배권을 가진 사람이 한 명 이상의 다른 사람과 해당 기능을 공유하는 것에 동의하거나, 동의했거나, 묵인한 경우.
68 '전자 기록' (i) 전자 매체에 저장되어 있고 (ii) 검색할 수 있는 정보로 정의된다[원칙2(1)]. 모든 유형의 디지털 기술을 포함하도록 정의되었다.

하는 것으로 볼 수 있다.[69]

원칙은 일반적으로 디지털자산에 대한 암호키(공개형 블록체인에서는 개인키)의 보유를 입증하는 것을 통해 디지털자산을 지배한다는 것으로 추정된다(원칙7).[70] 따라서 디지털자산의 암호키 보유 여부를 중심으로 디지털자산거래와 관련된 법률관계를 명확화할 수 있다.

다만 원칙은 디지털자산의 지배를 통해 소유권이 타인에게 유효하게 이전되도록 하는 것에 관한 법률상 요건을 규정하지는 않았다(원칙 2: Definitions 23).[71] 따라서 각국은 저마다 기존 법 제도의 특성을 고려하여 디지털자산에 관한 소유권 이전의 요건을 규정할 수 있다.

원칙에서 디지털자산에는 증권, 지식재산권 등 다른 자산에 연결된(Linked) 자산[72]이 포함된다.[73] 디지털자산이 자국 관할권 내의 기존 자산군에 적합한지 또는 새로운 자산군으로 인정해야 할지에 대한 여부를 결정하는 것은 개별 국가의 입법사항에 해당한다.

또한 디지털자산을 통해 다른 자산을 거래할 수 있도록 각국은 디지털자산의 연결에 관해 규정할 수 있다. 따라서 각국은 증권을 원칙

---

69 UNIDROIT. "Draft UNIDROIT Principles on Digital Assets and Private Law." Study LXXXII – W.G.8 – Doc. 2, Eighth Session (Hybrid), 8-10 March 2023, p3.

70 Principle 7: Identification of a person in control of a digital asset
   (1) 디지털자산에 대한 개인의 지배권이 쟁점이 되는 모든 소송 절차에서
   (a) 해당 개인이 원칙 6(1)(a)에 명시된 능력과 관련하여 원칙 6(1)(b)의 신원확인 요건을 충족한다는 것을 입증하는 것으로 충분하다.
   (b) 원칙 6(1)(a)(i) 및 원칙 6(1)(a)(iii)에 명시된 능력을 보유하고 있음을 입증하는 경우, 해당 능력은 배타적인 것으로 추정된다.
   (2) 원칙 6(1)(b)에 언급된 신원확인은 식별 번호, 암호키, 사무실 또는 계좌 번호를 포함하되 이에 국한되지 않는 합리적인 수단을 사용할 수 있으며, 식별 수단에 식별 대상자의 이름이나 신원이 표시되어 있지 않더라도 가능하다.

71 우리나라 민법에서 소유권이 이전되기 위해서는 유효한 법률행위(계약 등)와 그 법률행위에 따른 물권변동을 위한 물권행위(소유권 이전 등록, 인도 등)가 필요한데, 원칙에서는 디지털자산의 소유권 이전의 요건에 대해서 규정하지 않는다.

72 '연계자산' 등으로 번역되는 경우도 있다.

73 Principle 4: Linked assets
   본 원칙은 다른 자산이 유형자산이든 무형자산이든 관계없이 다른 자산과 연결된 디지털자산에 적용된다. 디지털자산과 다른 자산 간의 연결의 존재, 요건, 법적 효과를 결정하기 위해 다른 법률이 적용된다.

에 입각한 법에 따라 디지털자산을 거래하기 위해 증권과 디지털자산의 연결에 관한 법률을 따로 제정할 수 있다.

7.3 새로운 법리를 이용

디지털자산의 지배를 물건의 점유에 대응하게 되면 디지털자산은 물건과 유사한 방식으로 양도된다.

일반적으로 물건을 인도하여 점유를 이전하는 방식으로 물건을 양도하는 것과 마찬가지로, 디지털자산은 그 지배권을 변경하여 디지털자산을 양도하게 된다.

물건의 점유와 마찬가지로 디지털자산의 지배도 사실상의 개념이다. 즉 '지배'가 존재하는지에 대한 여부는 사실관계의 문제이지 법적 해석의 문제가 아니다.[74] 그러나 지배가 존재하면 일정한 법적 효력을 만들어 낼 수 있다. 예컨대 가상자산 시장에서 양수인이 양도인으로부터 트랜잭션을 이전받아 지배를 획득한 경우, 가상자산의 소유권을 취득할 수 있게 된다.

하지만 지배권 변경은 디지털자산 또는 그에 대한 지분의 이전, 즉 소유권의 이전과 구별되어야 한다.

유효한 거래(법률행위)가 없으면 물건을 점유하였다고 하더라도 소유권자가 되지 못하는 것과 마찬가지로 디지털자산을 지배하고 있다고 하더라도 디지털자산을 소유하는 것은 아니다. 마찬가지로 물건을 상속하는 등의 상황과 같이 물건을 점유하지 않더라도 법률 등에 의해 소유권을 취득할 수 있는 것과 마찬가지로 디지털자산을 지배하지 않는다고 하더라도 디지털자산의 소유권을 가지는 경우가 생긴다. 이러

---

74 UNIDROIT. "Draft UNIDROIT Principles on Digital Assets and Private Law." Study LXXXII - W.G.8 - Doc. 2, Eighth Session (Hybrid), 8-10 March 2023, p.27.

한 경우에 대한 구체적인 규율 방식은 각국의 입법사항에 해당한다.[75]

UNIDROIT 원칙에는 기존 제도와 마찬가지로 선의취득자 (innocent acquirer) 규정이 존재한다.[76] 선의취득 규정은 선의취득자가 이해 관계있는 자들에 의해 상충하는 소유권 주장이 있음에도 불구하고 디지털자산의 소유권을 취득할 수 있다. 선의취득 규정을 통해 디지털자산이 많은 보통법 및 민법 관할권에서 유통 증권(negotiable instrument) 및 유가증권에서의 유통성[77]과 유사한 속성을 갖게 된다.[78]

7.4 법률을 통한 보완

UNIDROIT 원칙은 사인(私人) 간 디지털자산의 거래를 규율하는 민사법상 원칙이기 때문에 앞서 확인해 본 독일 전자증권도입법 및 우리나라의 전자증권법 개정안과 비교했을 때 블록체인 네트워크의 안정성, 시장의 효율성 및 안전성에 관한 규정이 존재하지 않는다.

즉 공개형 블록체인에서 주로 문제가 되는 디지털자산의 분실 및 탈취, 해킹 등의 상황에 관해 규정하지 않으며, 네트워크에서 발생하는 문제에 대한 책임 주체에 관한 내용이 존재하지 않는다. 다만, 사법상의 관계에서 수탁계약을 맺은 고객(Client)과 디지털자산거래소와 같은 수탁기관(Custodian)이 디지털자산에 대한 안전 보관 의무가 있

---

[75] UNIDROIT. "Draft UNIDROIT Principles on Digital Assets and Private Law." Study LXXXII - W.G.8 - Doc. 2, Eighth Session (Hybrid), 8-10 March 2023, p.28.

[76] UNIDROIT 원칙은 각국이 선의취득에 관해 어떻게 입법해야 하는지 구체적인 기준을 제시한다. 어떻게 선의취득에 관해 규정할지는 각국의 입법사항이지만 각국의 선의취득에서 관련 규정에서의 요건과 동등한 요건을 규정해야 한다. 또한 선의취득 주관적 요건에 관해서 '알았거나 알았어야 하는 경우를 제외하고'와 같이 구체적인 기준을 제시한다(Principle 8: 선의취득자).

[77] 유통성(negotiability)이란 권리의 내용이 증권의 기재사항만으로 결정되고 무권리자를 권리자로 믿고 증권을 취득한 경우에도 권리를 취득할 수 있는 성질을 말한다(정경영, 유가증권 전자화의 법리연구, 동방문화사, 2019, 6면.

[78] UNIDROIT. "Draft UNIDROIT Principles on Digital Assets and Private Law." Study LXXXII - W.G.8 - Doc. 2, Eighth Session (Hybrid), 8-10 March 2023, pp.32~33.

다는 내용만을 규정하고 있다[원칙 11 (1)(c)].

따라서 금융시스템의 안정성과 보안성을 갖추기 위해서는 네트워크의 요건, 해킹 등 디지털자산에 대한 범죄 예방에 대한 구체적인 규제, 책임 주체 등에 관한 규제법의 규정이 필요할 수 있다.

7.5 한계

UNIDROIT 원칙은 전 세계 공통적인 디지털자산의 사법상 거래법의 입법원칙으로서 중요한 의의를 갖는다. 하지만 UNIDROIT 원칙을 금융투자상품인 토큰증권에 곧바로 적용하기에는 현실적으로 어려운 부분이 있다.

네트워크의 보안 규정 부재

먼저 앞서 논의한 바와 같이 디지털자산 원칙에서는 증권의 안전한 관리 또는 보안을 위해 블록체인 네트워크의 조작 불가능성이나 보안에 관한 사항을 규정하지 않았다.

금융시스템의 안정성과 효율성을 위해서는 신뢰할 수 있는 증권 관리시스템이 필요하다. 그리하여 증권이 안전하게 보관되고 정확하게 등록되어 있어야, 비로소 투자자들은 거래의 정당성과 증권의 진위에 대해 확신할 수 있으며 금융시스템을 신뢰하고 거래에 참여할 수 있게 된다.

공개형 블록체인 시스템의 개방성은 여러 장점을 제공하지만, 동시에 다양한 보안 사고의 위험에도 노출되어 있다. 예컨대 스마트 컨트랙트의 취약점을 이용하여 공격자가 가상자산을 탈취하거나 시스템을 조작할 수 있으며, 피싱 등으로 투자자의 개인키를 해킹하여 지갑의 가상자산을 탈취하는 사례도 존재한다.

심지어 51% 공격 등과 유사한 방식으로 네트워크 자체에 대한 공격을 통해 이중 지출(double spending) 또는 특정 거래의 검증을 조작하는 방식으로 디지털자산을 탈취할 수 있다. 따라서 공개형 블록체인 네트워크는 네트워크를 관리하는 책임 주체가 없어서 네트워크의 오류 및 해킹에 대해서 투자자를 보호할 방법이 부재하다.

그런데 앞선 논의와 같이 UNIDROIT 원칙 중에는 네트워크의 안정성, 시장의 효율성 및 안전성에 관한 원칙이 존재하지 않는다. 단지 UNIDROIT Digital Asset Principles에서 정의한 디지털자산의 정의에만 해당하면 그에 적용되는 상거래법을 규정하여 두었을 뿐이다.

따라서 UNIDROIT Digital Asset Principles에 따라 공개형 블록체인을 이용하여 증권을 거래한다면 금융시스템의 안정성과 효율성을 위해 추가적인 네트워크에 대한 요건이 필요할 수 있으므로, 블록체인 네트워크의 안정성과 신뢰성에 관해 각각의 국가에 의한 추가적인 법적 규제가 필요하다.

규제 적용의 문제

또 다른 문제점으로 공개형 블록체인은 기존 금융시스템과는 기반 기술에서 차이가 나기 때문에 기존 금융규제와 동일한 수준의 규제를 적용하기 어렵다는 점이다.

대다수의 거래는 현재 가상자산거래소 등 중앙화된 중개 기관을 통해 이루어지기 때문에 시장의 효율성을 높이기 위해 중개 기관에 대한 금융시장 인프라 수준의 규제가 필요하다. 또한 블록체인 네트워크를 통해 이전되는 디지털자산에 대해서도 사법상 효력을 부여하는 디지털자산거래법이라는 관점에서 볼 때 블록체인 네트워크의 신뢰성에 관한 충분한 규제가 필요한데, UNIDROIT 원칙은 사인 간 거래에 적용되는 법률에 관한 원칙이므로 이에 관해서 규정하고 있지 않다.

물론 별도 법을 통해 중개 기관을 규제할 수는 있을 것이다. 하지만 중개 기관을 통한 거래와 사인 간 거래가 모두 그들이 의존하는 블록체인 자체를 규제할 수 있는 적절한 방법이 존재할지는 의문이다.

특히 디지털자산 원칙에서는 신원을 확인할 수 없는 온체인 거래에 대해서 범죄 예방 및 투자자 피해 방지와 같은 부분이 고려되지 않고 있다.

물론 유가증권제도와 같이 UNIDROIT 원칙은 사인 간 거래에 적용되는 내용이기 때문에 정책적 고려에 대해서는 다른 제도를 통해 구현하여야 할 것이다. 하지만 아직 국가에 의해 블록체인을 통제하는 것이 제한적이기 때문에 블록체인상의 범죄를 예방하고, 강제집행 등을 통해 피해를 보전하는 등의 시스템을 만드는 것은 향후의 과제로 남게 된다.

법리 도입을 위한 연구 필요

그리고 UNIDROIT 원칙에 따라 토큰증권을 도입한다면 앞에서 제시한 문제들로 인해 빠른 토큰증권 도입이 어려워질 수 있다.

블록체인 기술은 개발된 지 10여 년이 지났지만, 아직 발전이 진행되고 있으며 관련해서 많은 연구가 필요한데, 특히 공공의 영역에서 블록체인 기술에 관한 충분한 연구가 부족하다. 이러한 상황에서 국가 주도로 금융시스템의 안정성과 효율성을 위하여 금융시장에 이용될 공개형 블록체인에 대한 요건을 가까운 시일 내에 규정하기란 쉽지 않은 일이다.

수탁기관(Custodian)에 대한 업(業) 규제 등도 UNIDROIT 원칙에 맞게 그리고 기존 가상자산사업자 또는 금융회사의 규제와 균형을 이루도록 다시 규정할 필요가 있으므로 빠른 기간 내에 완료하기는 어렵다.

또한 기존 금융시장과 대비해 규제 차익이 없도록 공개형 블록체인 네트워크에서의 규제 시스템을 만드는 것도 쉽지 않은 일이다. 공개형 블록체인의 익명성으로 인해 금융실명법이 적용되지 않는 개인 간 증권거래를 어떻게 바라볼지 등 다양한 문제들에 관해 많은 연구와 입법적 결단이 필요한 상황이다.

Part **5**

토큰증권의 법적 장부와 증권 실무

토큰증권 실무 프로세스 설계하기

1.1 토큰증권 실무 프로세스의 중요성

지난 Part 4에서는 토큰증권을 통한 권리 유통을 위한 법과 기술적 쟁점, 법 구성을 위한 접근방식에 대해 살펴보았으며, 이번 Part 5에서는 토큰증권을 위한 증권 실무에 대해 알아보고자 한다.

금융위원회의 토큰증권 정비 방안이 나오기 전까지는 분산장부를 통한 증권거래를 구현하기만 하면 토큰증권으로 증권을 거래할 수 있을 것으로 생각하는 경우가 많았다. 또한 분산원장 기술을 적용해 주식, 채권 등을 발행하면 스마트 컨트랙트로 배당이나 이자를 지급하고 거버넌스 기술 등을 통해 의결권 등을 행사하며, 가상자산거래소에서 증권을 거래하거나 온체인을 통해 증권을 전송하는 등 블록체인 기술이라는 혁신을 곧바로 수용할 수 있을 것으로 생각했다.

하지만 토큰증권은 기존의 전자증권과는 다르다. 그리고 토큰증권은 기술적인 기반이 변화함에 따라 그에 맞추어 관련된 증권 실무도 변화될 수 있다. 즉, 토큰증권제도가 실제 운영되기 위해서는 현행 증권 실무를 블록체인 및 분산원장 기술을 적용하는 방식으로 대체할 수 있어야 한다는 것이다.

현행 전자증권제도와 증권예탁결제제도에서의 증권 실무는 데이터베이스에 기술적 기반을 둔 상태로 구성되어 있고, 여러 운영기관 또는 관리기관이 역할을 분담하는 체계라서, 토큰증권을 도입하는 경우 기술 기반의 변화에 따라 현행 전자증권제도나 증권예탁결제제도와 비교했을 때 어떠한 부분에서 실무적인 변화가 일어나게 되는지 검토할 필요가 있다.

물론 토큰증권의 실무 또한 동일한 법률(자본시장법, 전자증권법, 회사법 등)을 적용받게 되는 것이므로 기존증권의 실무와 크게 다르지는 않을 것이다.

현행 전자증권제도의 기술적 방식과 관련된 주요 증권 실무는 증권의 권리를 기록하는 장부 관리에 기반한 증권의 등록, 권리행사, 결제 등이 해당한다. 토큰증권 역시 증권으로서 기능하기 위해서는 증권 권리에 대한 보유기록을 안전하게 보관하고, 증권의 권리자와 권리를 기록하여야 하며 이를 근거로, 권리자가 증권의 권리를 행사할 수 있어야 한다. 또한, 증권거래 시 자금과 증권이 안전하고 정확하게 인도(결제)되어야 하므로 분산장부의 도입에 따라 관련 업무들도 효율적으로 수행될 수 있도록 하기 위한 검토가 필요하다.

특히 현행 전자증권제도와 증권예탁결제제도의 여러 증권 실무 중 토큰증권 도입과 관련된 핵심적인 사항은 블록체인 장부인 분산장부의 기재와 관련된 권리행사와 결제 업무이다.

증권 권리행사 업무와 장부 기재

자본시장법상 증권은 권리로 규정되어 있으므로 토큰증권도 증권에 수반하는 권리의 행사가 가능하여야 한다. 기존의 증권제도에서 권리행사 실무는 오랜 기간 발전하여 현재 안정적으로 운영되고 있다. 따라서 토큰증권제도의 권리행사 실무를 구성하기 위해서 먼저 현행의 전자증권제도와 증권예탁결제제도에서 장부 기재와 연계하여 어떻게 권리행사가 이루어지는지를 알아볼 필요가 있다.

권리행사 업무는 증권 후선 업무 중 비교적 복잡한 프로세스를 가지고 있다. 가상자산거래소들이 거래 매칭 엔진에 따라 거래를 중개하고 거래 결과에 따른 회원별 가상자산 보유내역을 관리하는 거래소 서비스를 제공하지만, 거래 매칭 기능과 권리자 기록은 증권 후선 업무의 일부 프로세스에 지나지 않는다. 증권 후선 업무 프로세스가 복잡한 이유는 권리관리 업무가 무척 다양하며 상법, 자본시장법 등 복잡한 증권 관계 법규를 준수해야 하고, 여러 관련기관이 상호 유기적으로 연결되어 업무를 처리해야 하기 때문이다.

증권의 권리업무와 관련하여 장부(Ledger)에 대한 이해는 매우 중요한 부분이다. 그중에 내용이 비교적 복잡한 주식의 경우 전자증권제도의 전자등록계좌부와 증권예탁결제제도의 계좌부상 권리 보유내역에 따라 명의개서대행회사가 주주명부를 작성하고 이 주주명부에 기반해서 권리행사가 이루어지는데, 토큰증권에 대해서도 법적 확실성을 가지고 장부 관리 및 증권 권리행사 업무가 수행되어야 한다.

한편 토큰증권에서는 스마트 컨트랙트를 이용한 증권적 권리의 행사가 분산장부를 통해서 중개 기관의 개입 없이 자동으로 이루어질 수 있다고 생각하는 시각이 많다. 예컨대, 블록체인으로 의결권을 행사하거나 스마트 컨트랙트를 이용해 배당받는 등의 권리행사가 가능할 것으로 생각하여, 이러한 기능이 증권시장에 혁신을 가져올 수 있을 것으로 보는 것이다. 이번 Part 5에서는 증권 실무가 어떻게 운영되는지 알아봄으로써 토큰증권을 통한 권리행사 방식에 대해 생각해보고자 한다.

결제 업무

한편으로 토큰증권의 결제 문제도 권리행사와 마찬가지로 블록체인 적용의 중요한 이슈 중 하나이다. 토큰증권의 결제와 관련해 블록체인의 기술적 특성을 살리기 위해서는 기존의 결제 절차와 방식, 규제의 틀에 대해 고민해 볼 필요가 있다.

증권의 결제는 그 자체로도 증권시장이 안정적으로 운영됨에 있어 중요한 문제이다. 시장에서 증권의 거래가 체결되어 매매 계약이 성사되었을 때, 정작 거래당사자 중 어느 일방이 증권을 인도하지 않거나 대금을 지불하지 않는다면 체결된 거래는 완결되지 않고 실패하게 되는데, 이를 결제 불이행이라 한다.

현행의 증권시장에서는 거래를 담당하는 기관과 결제기관이 별도로 분리되어 운영되고 있다. 이는 되도록 많은 거래를 체결시키려는 시장 부문의 이해와 최대한 안정적으로 거래 이후의 결제를 완결시키려는 이해가 서로 충돌하는 이슈가 존재하는 데다 증권시장의 결제 건수와 수량이 급격히 증가하면서 이를 효율화하기 위한 결제 방법들이 진화하면서 거래와 결제를 서로 분리하여 처리하는 여러 가지 방법들이 생겨났기 때문이다.

일각에서는 실시간 결제와 저렴한 비용구조를 블록체인의 장점으로 꼽기도 하는데, 증권 결제 실무를 살펴보면서 토큰증권을 위한 결제에 대해 고민해 볼 필요가 있다.

1.2 글의 전개 방향

지금부터 증권제도에서 사용되는 법적 장부와 연관된 증권 권리에 대해 다루고자 한다. 먼저 증권제도에는 어떤 법적 장부들이 있고 그 장부들이 어떻게 운영되는지 알아본다.

그다음 기명증권에서 다수 권리자 사이의 권리관계를 획일적으로 처리하기 위해 쓰이는 주주명부등[1]에 대해 정리하고, 다음 장에서는 이전 장에서 설명한 장부에 관한 내용을 근거로 증권적 권리의 행사 절차에 대해 알아본다.

권리행사 절차에 앞서 법적 장부와 발행인 사이에 어떤 관계가 있고 어떤 흐름으로 권리업무가 일어나는지 살펴볼 계획이다. 마지막으로 토큰증권과 관련하여 블록체인 스마트 컨트랙트를 통한 권리행사가 가능한지, 그러기 위해서는 무엇이 필요한지에 대해 생각해 보기로 한다.

다음으로는 증권의 결제가 어떤 것이며, 현행 증권시장에서 이루어지는 증권 결제의 방법에 대해 알아본 후, 해당 내용을 기초로 하여 금융위원회의 정비 방안에서 제시한 토큰증권의 거래 방식에 적합한 결제 방식에 대해 논해보고자 한다.

---

1 전자증권법 제27조 및 동법 시행령 제22조 제1항에서 규정하는 '주주명부등'을 의미한다. 이는 주식회사의 주주명부와 신탁의 수익자명부, 상법 제488조의 사채원부 등을 포괄하는 표현이다.

증권과 관련된 장부

2.1 증권제도에서 장부의 역할

정부의 토큰증권 정비 방안은 전자증권법 등 기존의 증권 관련법률에 기초하여 작성되었으므로, 토큰증권에 대한 실무를 구성하기 위해서는 전자증권법 등 실무적 법률관계에 대한 이해가 필요하다.

증권 실무와 다양한 장부

현행 증권 실무에서는 증권의 권리를 기록하고 그에 따른 권리행사와 관련해 현재 다양한 법률에서 증권실무에 사용되는 장부를 규정하였다.

먼저 우리 상법은 유가증권에 대한 법적 장부로서 주주명부와 사채원부에 대해 정의하고 있는데, 주주명부는 기명주식[2]의 보유자가 발행회사에 대해, 사채원부는 기명사채에 대해 성명 등의 기재에 의해 보유자를 정당한 권리자로서 인정받게 하는 효력을 가진다. 다만 무기명사채는 사채원부에 사채권자의 성명과 주소 등 사채권자를 특정하는 정보를 기재하지 않고 무기명사채의 소지(점유)에 의해 발행회사와 제3자에 대항해서 권리를 행사하므로 기명사채와 같은 효력을 가지지 않는다.

---

2   2014년 5월 시행된 개정상법에 따라 무기명주식 제도가 폐지되고 기명주식 제도로 일원화되었다.

또한 신탁법은 기명식과 무기명식 수익증권의 권리관계를 위한 수익자명부를 작성하도록 하고 있으며, 기명식 수익증권의 보유자는 수익자명부 기재를 통해 주주명부와 같은 효력을 가진다. 무기명식 수익증권과 수익자명부의 관계는 무기명사채와 사채원부 간의 관계와 같이 수탁자가 무기명 수익증권을 발행한 내역을 기재한 장부인데, 무기명식 수익자명부는 무기명의 개별 수익자에 대해 발행회사와 제3자에 대한 대항력을 부여하지 않는다.

실물 증권을 전제로 하는 자본시장법에 근거한 증권예탁결제제도에서는 예탁자계좌부, 투자자계좌부, 실질주주명부가 법적 장부이며 보조적으로 실질주주명세가 있다. 예탁자계좌부와 투자자계좌부에 기재된 보유자를 실질주주로 하는 실질주주명세에 통지 연월일을 기재하여 작성한 것이 실질주주명부이며 주주명부와 같은 효력을 가진다(자본시장법 제316조).

실질주주명부와 발행회사가 관리하는 주주명부에 개별 투자자 명의(명부 주주)로 기재된 내역을 합산하여 주주명부를 완성하게 된다.

실물 증권의 발행을 생략하는 국채법상 국채등록부와 공사채등록법에 따른 공사채등록부도 법적 장부로 열거해 볼 수 있는데, 국채등록부는 전자증권제도 시행(2019년 9월)에 따라 전자등록계좌부와 연계[3]하여 운영되며, 공사채등록부의 근거가 되는 공사채등록법은 전자증권제도 시행과 함께 폐지되어 현재는 국채에 대해서만 종전의 채권등록제도 방식이 남아 있다.

참고로 국채등록제도와 공사채등록제도로 구분되는 채권등록제도 하에서 국채법에 따른 국채증권은 국채등록부에 등록하고, 공사채

---

3 국고채, 통화안정증권 등의 국채는 국채법에 따라 국채등록부에 등록되지만, 전자증권법 시행에 따라 전자등록기관 명의로 국채를 일괄하여 등록하고, 다시 전자등록계좌부에 소유자 명의로 전자등록하도록 전자증권법 제72조의 특례를 두고 있다.

등록법상 등록 대상이었던 지방채, 특별법에 따라 발행된 채권(은행채, 특수채 등), 사채권 등을 공사채등록부에 등록(구 공사채등록법 제2조)하여 발행할 수 있었다.

채권등록제도는 채권 실물 발행을 완전히 배제하는 것이 아니라, 채권자는 공사채의 등록이 말소되는 경우 실물 채권 발행을 청구할 수 있다(구 공사채등록법 제5조). 다만 국채는 국가비상사태의 경우에만 실물 채권을 발행할 수 있다(국채법 제8조 제1항).

이들 국채와 공사채는 기명식과 무기명식 모두 등록발행이 가능한데, 채권등록제도는 채권자가 채권을 소지하지 않고 법에 지정된 등록기관에 채권자의 성명,[4] 주소, 채권 금액 등의 권리내역을 등록함으로써 발행회사와 기타 제3자에게 대항[5]할 수 있는 권리가 보장되는 제도[6]이기 때문에, 무기명채권을 등록하게 되면 기명화하는 효과[7]가 나타나게 된다.

무기명식이라 할지라도 국채와 공사채 채권자의 성명과 주소 등 권리내역을 각각의 등록기관이 관리하는 등록부(국채등록부, 공사채등록부 등)에 기재하여 등록하고, 역시 채권자(등록 권리자)의 성명, 주소 등이 기재된 등록필증(국채는 등록필통지서)을 교부하도록 하여, 결과적으로 기명식 증권의 형식을 갖추게 된다.

채권등록제도를 통해 법적 장부인 채권등록부에 채권자의 성명, 주소 등이 기재되어 채권자가 특정됨에 따라 무기명식인 경우에도 기명식으로 전환되는 효과가 있으므로, 증권 실물을 완전히 무권화하는 전자증권제도 역시 무기명식 증권을 기명식으로 전환하는 효과가 있

---

4 국채의 등록은 개인은 성명으로, 법인은 그 명칭으로, 법인이 아닌 단체는 그 관리자의 성명으로 한다(국채법 시행규칙 제18조 국채등록시의 기명방법 제1항).

5 등록한 기명식 공사채의 경우에는 발행자가 비치한 공사채원부에 그 사실을 기록하지 아니하면 그 공사채의 발행자나 그 밖의 제3자에게 대항하지 못한다(구 공사채등록법 제6조 제2항).

6 한국예탁결제원, 증권예탁결제제도, 1995, 519면.

7 한국예탁결제원, 증권예탁결제제도, 1995, 525면.

다고 할 수 있다. 한편 전자증권제도는 채권등록제도와 같이 채권자의 성명과 주소 등이 기재된 등록필증과 같은 증서나 증권을 교부하지 않으므로 전형적인 기명식이라고 볼 수 없다.

실물 증권의 발행을 폐지한 전자증권법에서는 계좌관리기관등 자기계좌부, 고객계좌부, 특별계좌부[8]가 법적 장부이며, 관리 목적의 계좌부로서 발행인관리계좌부, 고객관리계좌부가 있고, 그 외 주주명부 작성의 기초자료가 되는 소유자 명세가 있다.

발행인관리계좌부는 최초 전자증권을 발행하는 발행회사의 발행증권 총수량 및 금액을 기재하여 관리하는 목적의 계좌부이며, 고객관리계좌부는 전자등록기관이 계좌관리기관의 고객계좌부에 등록된 고객분 증권의 총수량 및 금액을 관리하는 목적의 계좌부이다. 전자등록기관이 작성하는 소유자 명세는 증권예탁결제제도의 실질주주명세와 같은 기능을 한다.

■ 전자증권법 및 다른 법상 장부 간의 기능적 협업 관계 ■

- 증권의 수량관리 측면을 살펴보면, 전자증권제도는 전자등록계좌부의 수량 및 금액 관리에 관해 다른 법률에 따른 장부와의 관계를 규정하고 있다.
- 전자증권법 제21조의 발행인관리계좌부는 증권에 대한 권리 보유내역을 기재하여 법적 효력을 부여하는 기능을 하지 않고, 법적 장부인 자기계좌부와 고객계좌부의 증권 수량의 총량을 관리하는 기준으로서 역할을 한다. 고객관리계좌부는 여러 계좌관리기관이 관리하는 고객분 전자증권의 수량 및 금액의 합계를 관리하는 기능을 한다.
- 이러한 수량관리 구조는 다른 법상의 장부와도 연결되어 있는데, 발행인관리계좌부에 기록된 수량과 금액이 법에서 열거하고 있는 타 법상의 장부인 주주명

---

[8] 전자증권법상 특별계좌부에는 이미 주권을 발행한 발행회사의 주식이 전자증권으로 전환되지 않고 아직 주주가 실물 주권을 보유하고 있는 경우에 대해서는 명의개서대행회사가 계좌관리기관이 되어 명부상 주주를 위해 특별계좌를 개설하여 관리한다. 해당 특별계좌에 등록된 주식에 대해서는 계좌간 대체의 전자등록, 질권설정 및 말소, 신탁의 표시 및 말소 등이 제한된다(전자증권법 제25조).

금융위원회 토큰증권 정비 방안에서의 발행인 계좌관리기관이 운영하는 고객계좌부가 일반의 계좌관리기관이 관리하는 고객계좌부와는 목적과 기능을 달리하는 개념을 가지고 등장하면서 증권의 장부와 관련한 이해를 복잡하게 한다.

이들 다양한 장부는 크게 법적 장부로서 기재의 법 효력을 가지는 장부와 법적 장부를 보조하는 장부, 명세 등으로 구분해 볼 수 있다. 이러한 두 분류의 장부들은 서로 유기적으로 상호작용하면서, 증권을 공시하여 법률관계를 명확하게 하고, 증권적 권리행사를 돕는다.

▌법률에 따른 증권의 법적 장부

구 분	근거법	법적 장부		보조 장부/명세
		통칭	명칭	
유가증권제도	상법	-	주주명부	-
			사채원부	-
	신탁법	-	수익자명부	-
	국채법	-	국채등록부	-
	지방재정법	-	지방채증권원부	-
예탁제도	자본시장법	계좌부	예탁자계좌부	실질주주명세 실질주주증명서
			투자자계좌부	
			실질주주명부	
전자증권제도	전자증권법	전자등록계좌부	자기계좌부	발행인관리계좌부 고객관리계좌부 소유자명세 소유자증명서
			고객계좌부	
			특별계좌부	

대체기재 방식과 권리행사 업무의 효율성

증권제도는 유가증권의 소지인에게 증권적 권리를 부여하는 실물 기반의 유가증권제도에 머물지 않고, 데이터베이스 방식의 장부(Ledger)에 권리자별로 증권 보유내역을 기록하는 대체기재 방식인 증권예탁결제제도와 전자증권제도로 진화하였다.

실물 증권은 권리를 유통하기 위한 수단이며 증권에 담긴 권리가 재산적으로 가치가 있는 것이고 증권만으로는 재산적 가치가 없다. 그런데 만일 증권에 대한 보유기록이 존재한다고 해도 권리자 스스로 보유기록에 근거해서 직접 권리를 행사해야만 한다면 권리행사 사무의 효율이 급격하게 저하되고, 사회 전체적으로 비용이 상승하게 된다.

예컨대 주식을 보유한다 해도 권리자 스스로 회사에 방문하여 배당받거나 의결권을 행사해야 한다면 증권보유자의 사무처리 비용이 많이 증가하게 된다. 마찬가지로 채권을 보유했을 때도, 해당 이자를 채권 보유자 각자의 노력으로 발행회사에 방문하여 행사하는 경우 역시 많은 시간과 비용이 들게 되는데, 단지 비용 증가의 문제에 그치지 않고 권리를 실현해 주어야 하는 의무자가 대량의 권리 사무를 감당하지 못하여 기한 내에 처리하지 못하는 등 권리행사에 실패하게 될 가능성도 유발할 수 있다.

따라서 증권의 권리자와 권리내역을 기재한 장부를 근간으로 하여 권리행사 등 제반 증권 사무가 지원되어야만 비로소 증권제도에서 발생하는 사회적 비용을 줄여 효율성을 높이고 금융산업이 안정적으로 운영될 수 있다. 다시 말해 주주명부, 계좌부 등 권리행사를 지원하는 장부와 관련된 실무를 통해 법적 확실성과 사무처리의 효율성이 확보되고, 다수가 참여하는 대규모 권리행사를 효과적으로 처리할 수 있게 된다.

이처럼 실물 증권을 발행하고 유통하던 것을 대신하여 장부상 권리 보유 관계의 기록에 의거 증권을 관리하는 방식에 해당하는 주권불소지제도나 채권등록제도와 같은 증권 무권화제도 등은 실물 증권의 분실 및 위변조 위험 해소, 신속한 증권 업무처리와 사무 간소화를 가능하게 한다.

또한 보유내역이 기록되는 장부는 증권의 발행 및 유통에 따라 변동되는 내역을 기재하고, 그 변동된 기재에 대해 법률상 증권 권리에 대한 효력을 부여하여 증권의 권리자를 공시하게 한다.

한편 현재의 증권예탁결제제도와 전자증권제도는 장부를 통해 전체 수량에 오류가 발생하지 않도록 복층(2-Tier)구조의 계좌체계를 통해 총량이 관리되는 방식으로 설계되어 있다.

복층구조의 계좌체계에서 기관 간 전산 네트워크에 의해 증권 사무를 집중적으로 처리하고, 집적된 정보를 활용하는 방식에 의해 증권시장의 운영 효율을 상당한 수준까지 높일 수 있게 된다.

그에 따라 실물 증권이 유통과 권리행사를 위한 증명 수단으로서 기능을 축소 및 상실하게 되어, 더 이상 실물 증권을 발행하지 않고도 증권의 기능을 그대로 수행할 수 있게 되는 기반이 조성되면서 결국은 실물 증권의 발행을 폐지하는 전자증권제도로 이행하게 된 것이다.

권리행사 업무와 장부 간 협업

증권의 권리행사 실무에서는 다양한 법적 장부간 협업이 핵심적인 역할을 한다. 기명증권 중 주식의 예를 들면 주식의 권리행사를 가능하게 하는 법적 장부의 효력 측면에서 기명주식의 경우 발행회사를 상대로 주주권을 행사하고자 할 때 계좌부나 전자등록계좌부 기재만으로는 완벽한 주주권을 행사할 수 없고, 주주명부에 성명, 수량 등이 기재되어야 한다.

실무적으로는 자본시장법상 계좌부와 전자증권법상 전자등록계좌부에 기재된 권리자 명세에 기초하여 발행회사(명의개서대행회사)가 작성하는 주주명부가 작성되어야 비로소 주주총회에서 의결권을 행사하거나 유무상 증자 등에 기존 주주로서 참여하는 등의 권리행사가 가능해진다.

이는 상법상의 법적 장부인 주주명부가 가지는 효력과 자본시장법과 전자증권법상의 법적 장부의 효력이 그 목적에 따라 기능적으로 분리되어 있기 때문이다.

실물 증권을 인도받아 개인이나 법인이 직접 보관·관리하는 방식과 예탁결제기관에 보관하여 계좌부를 통해 관리하는 방식이 혼용되던 증권예탁결제제도에서는 주주명부상의 주주와 증권예탁결제제도를 이용하는 실질주주의 명세가 합산되어야만 온전한 주주명부가 만들어지는 번잡함이 있었다.

그런데 상장주식에 대해 전자증권 발행이 의무화되면서 전자등록계좌부를 기준으로 작성한 소유자 명세는 주주명부와 내용상의 차이가 없으며 발행회사가 단지 소유자 명세에 통지 연월일을 기재하면 주주명부가 된다. 즉 전자증권으로 발행하는 주식과 관련해서는 주주명부와 전자등록계좌부를 구분하는 실익이 상당 부분 줄어들게 된 것이다.

이상과 같이 증권제도의 수량관리와 장부의 효력 관계를 미루어 볼 때 토큰증권 또한 증권으로서 기능을 적절하게 수행할 수 있도록 분산장부에 기반한 실무체계가 마련되어야 할 것이다. 그러기 위해서는 전제조건으로 분산장부가 지금까지 설명한 현행 증권 장부의 기능을 대체할 수 있어야 한다.

그리고 분산장부를 통한 장부 기능의 대체 가능성을 판단하기 위해서는 구체적으로 장부들이 실무적으로 어떻게 운영되는지 파악할 필요가 있다. 지금부터는 권리자 공시를 위한 장부, 권리행사를 위한 장부의 순서로 각각의 장부가 구체적으로 어떻게 구성되고 운영되는지 알아보기로 한다.

앞으로 살펴보겠지만, ① 현행의 계좌부는 복층(2-Tier)구조를 근간으로 하고, 분산장부는 단층(1-Tier)구조에 적합한 방식이라는 점, ② 전자증권제도의 권리이전은 계좌간 대체 방식이지만 분산장부는 거래기록이 트랜잭션으로 저장되는 방식이라는 점에서 토큰증권의 실무적 구성이 달라질 수 있다. ③ 또한 분산장부 체계 내에서도 네트워크의 구성 방식(공개형과 허가형)에 따라 실무적 접근이 많이 달라질 수 있다.

2.2 권리자 공시를 위한 장부
(전자증권법상 전자등록계좌부)

전자등록계좌부와 관리기관

현행 복층(2-Tier)구조는 장부를 관리하는 기관으로 '전자등록기관'과 '계좌관리기관'을 두고 있으며, 전자등록기관은 ① '발행인관리계좌부'와 ② '계좌관리기관등 자기계좌부'(이하 '자기계좌부'라 한다), ③ '고객관리계좌부'를 관리하고, 계좌관리기관은 '고객계좌부'를 관리한다.

그리고 전자증권법은 전자등록기관의 자기계좌부와 계좌관리기관의 고객계좌부에 기재된 증권 보유내역에 법적 효력을 부여하고, 이를 법적 장부인 '전자등록계좌부'로 규정한다.

즉 증권회사, 은행 등 계좌관리기관이 보유하는 증권은 전자등록기관이 관리하는 '자기계좌부'에 기록되어 법적 효력을 부여받고, 고객의 증권 보유내역은 증권회사 등 계좌관리기관이 관리하는 '고객계좌부'에 기록되어 법적 효력을 부여받는다.

계좌관리기관의 보유내역과 고객의 보유내역에 대한 법적 효력을 같은 장부에서 부여하지 않고 장부 자체를 분리하여 법적 효력을 부여한 것은, 계좌관리기관이 자신의 증권 보유내역을 직접 관리하게 되는 경우 자신의 증권 보유내역을 조작할 여지가 생기는 이해 상충 문제를 방지하기 위한 것이다.

이러한 2-Tier(복층) 계좌부 구조로 인해 증권회사, 은행 등 계좌관리기관이 장부를 관리하게 되는데, 계좌관리기관이 자기분 보유 증권을 자신이 관리하는 법적 장부(계좌부)에 직접 등록관리하는 경우 계좌관리기관 자신이 보유한 증권 보유내역에 대해 조작할 유인이 발생하게 된다. 따라서 계좌관리기관의 증권 보유내역을 고객의 증권 보유내역과 분리하여 전자등록기관이 관리하게 하고, 이를 기준으로 법적 효력을 부여하여 계좌관리기관이 자의적으로 자신의 증권 보유내역을 조작하여 기재하는 것을 방지한다.

장부의 법 효력 측면에서 보면 자기계좌부와 고객계좌부는 법상 기재의 효력을 가지는 '전자등록계좌부'인 반면, '발행인관리계좌부'와 '고객관리계좌부'는 증권의 수량 일치 확인을 위한 관리 목적의 계좌부로서 증권 권리 보유내역에 대한 기재의 법적 효력은 없고, 전자등록된 증권 수량의 초과 또는 부족을 확인하는 목적을 가진다. 이에 관해서는 '4. 현행 증권제도의 총량 관리'에서 구체적으로 다룬다.

▌현행 전자증권법의 전자등록계좌부 구조

전자 등록기관	발행인관리계좌부		
	고객관리계좌부		자기계좌부
계좌 관리기관	A 고객 계좌부	B 고객 계좌부	C 고객 계좌부

대체기재와 계좌부 구조

증권의 권리내역을 기재하고 권리자를 정하는 법적 장부를 이해하기 위해서는 대체기재(book-entry)에 대한 이해가 선행되어야 한다.

대체기재(Book-entry) 방식이란 실물 증서의 물리적 이동이 없이 주식이나 채권과 같은 금융상품의 소유권 또는 지배권을 전자적인 기재에 근거하여 이전하는 것을 의미한다. 대체기재 방식에서는 소유권 변경 사항이 중앙예탁결제기관(CSD) 또는 금융기관의 장부에 전자적으로 기록된다. 현행 증권예탁결제제도와 전자증권제도는 모두 한국예탁결제원이 관리하는 장부를 통해 증권의 권리가 이전되는 대체기재 방식에 따라 증권을 양도한다.

증권예탁결제제도와 전자증권제도에서 운영되는 장부는 권리자 공시와 대체기재에 의한 권리이전 등의 기능 측면에서는 동일하다.

그러나 양 제도 간에는 장부의 구체적인 법적 성질과 법리에 차이가 존재한다. 증권예탁결제제도는 실물 유가증권을 상정하여 실물 점유의 효력을 부여하는 데 반해 전자증권제도에서는 실물 증권을 전제하지 않고 증권 권리 자체의 등록과 이전으로 본다.[9]

대체기재 방식에서는 계좌부와 계좌의 개념이 등장한다. 계좌부는 장부를 일컫는 것이고, '계좌'는 계좌부를 구성하는 단위이며 법적 장부인 계좌부와 관련해 증권 권리의 보유자가 개별적으로 개설하는 계좌를 말한다.

그런데 현재 실무에서는 장부를 관리하는 한국예탁결제원은 모든 증권보유자의 계좌를 하나의 계좌부에서 관리하지 않는다. 오히려 개인 계좌(고객계좌)는 모두 증권회사 등 계좌관리기관이 자신의 고객에

---

9 이에 관한 구체적인 내용은 앞의 Part 4에서 자세하게 다루었으며, 이번 Part 5에서의 실무와는 직접적인 연관성이 크지 않으므로 여기서는 깊게 다루지 않는다.

대해 관리하고 있으며, 한국예탁결제원은 금융기관 등이 증권을 보유하는 계좌만을 직접 관리하는데, 그 이유는 2-Tier(복층) 구조의 대체기재 방식을 취하고 있기 때문이다.

증권의 권리를 법적 장부에 기재하여 권리관계를 공시하는 방법과 관련하여, CSD[10](예탁결제기관 또는 전자등록기관)나 계좌관리기관의 구분 없이 증권의 권리가 수평적으로 동등한 단일의 구조에서 어느 하나의 계좌부에 기재되어 동일하게 법적 효력을 가지면 단층(1-Tier) 장부구조이고, 법인 등 기관투자자의 권리에 대한 기재를 담당하는 CSD가 작성하는 장부와 일반 투자자의 권리에 대한 기재를 담당하는 증권회사 등 계좌관리기관이 작성하는 장부로 보유자의 권리를 계층으로 분리하여 두 단계의 장부로 나누어서 관리하는 것은 복층(2-Tier) 장부구조로 정의된다.

복층(2-Tier) 장부구조

전자증권제도의 2-Tier 장부구조를 이해하기 위해서는 전자증권법에서 정의하는 전자등록기관과 계좌관리기관에 대한 이해가 필요하다.

전자등록기관은 전자증권제도의 운영기관으로서 법적 장부를 작성·관리하고, 증권 권리의 이전, 담보 관리, 권리행사 대행, 증권 정보 관리 등 제반 업무를 수행하며, 계좌관리기관은 고객계좌부를 운영하여 일반 투자자 보유 증권의 전자등록 및 관련 업무를 수행하기 위해 지정된 기관이다.

전자등록기관은 실물 증권의 집중예탁에 기반한 증권예탁결제제

---

10 Central Securities Depository.

도의 운영기관인 예탁결제기관이 실물 증권의 발행을 폐지한 전자증권제도 운영기관으로 진화한 모델이다.

현행 전자증권법은 2-Tier 장부구조로서 '전자등록계좌부'를 '자기계좌부'와 '고객계좌부'로 계층을 나누어 복층으로 관리하는 방식인데, 기존 증권예탁제도의 복층구조 골격을 유지하지만 자기계좌부와 고객계좌부의 총수량과 금액을 관리하는 목적에서 발행인관리계좌부와 고객관리계좌부를 두고 있다.

전자증권제도의 계좌부 체계는 기존 증권예탁제도의 계좌구조 골격을 유지함으로써 안정적인 제도 도입, 운영의 효율성, 증권회사 등 금융중개기관의 업무 프로세스 개선 용이, 국제간 투자 방식 부합도, 총량 관리 안정성 등을 위해 2-Tier 장부구조를 최종적으로 채택하였다.

증권의 부동화를 통해 전자증권제도 도입의 발판이 된 증권예탁결제제도에서는 일반 투자자의 증권은 증권회사 등 예탁자가 운영하는 투자자계좌부에 기재하고, 증권회사나 은행 등 기관이 보유한 증권은 예탁결제기관의 예탁자계좌부에 기재하는 2-Tier 장부구조로 운영된다.

마찬가지로 전자증권제도 도입에 있어 2-Tier 장부구조를 유지할 경우, 종전의 예탁결제제도와 업무 프로세스가 유사함에 따라 큰 위험부담 없이 안정적으로 제도를 수용할 수 있었다.

증권회사 등 기관 보유분에 대한 업무처리는 전자등록기관이 담당하고, 일반 투자자에 대해서는 증권회사, 은행 등 계좌관리기관이 역할과 책임을 담당하는 분담 체계하에서, 예탁자와 투자자 각각의 특성에 맞는 업무와 서비스를 운영할 수 있게 된다. 또한 단일의 전자등록기관에 사무처리와 시스템이 과도하게 집중되는 문제를 해소할 수 있고, 전자등록기관과 계좌관리기관 간 시스템과 업무 위험이 상호 전이되는 문제가 일부 완화되는 효과가 발생한다.

각 계좌관리기관의 측면에서는 전자등록기관의 시스템과 업무 프로세스를 크게 변경하지 않고 자체적인 업무개선, 프로세스 추가 등에 있어 부담이 줄어든다.

해외 투자자가 국내 전자등록기관에 증권을 직접 등록하지 않고, 보관기관을 통한 투자가 가능하므로 2-Tier 장부구조가 국제 정합성에 더 부합한다.

단층(1-Tier)구조 총량 관리는 단일의 전자등록기관에 조작이나 오류 위험 등 총량 관리 부담이 집중되지만, 전자증권제도는 기존 예탁결제제도의 2-Tier 계좌구조를 보완하여 발행인관리계좌부와 고객관리계좌부라는 관리 목적 계좌부를 신설하여 종전보다 정확하고 안정적인 총량 관리체계가 구현된 것이라 할 수 있다.

또한 앞서 Part 4에서 언급한 바와 같이 현행 전자증권법은 복층(2-Tier)구조에 맞추어 장부에 권리자의 권리내역을 기록하는 것을 원칙으로 한다.

2.3 권리행사를 위한 장부(주주명부등)

증권적 권리의 종류와 주주명부등

증권은 단지 보유하는 것만으로는 가치가 있는 것이 아니며, 증권이 담고 있는 권리를 행사할 수 있을 때 비로소 가치를 지니게 된다. 증권거래를 통한 시세차익도 증권을 통해 행사할 수 있는 권리의 가치가 변화하여 누릴 수 있게 된다. 그런데 자본시장법이나 전자증권법에 따른 계좌부 기재만으로는 증권에 담긴 권리를 온전히 행사하기 어려운 증권들이 있다.

자본시장법과 전자증권법이 적용되는 증권은 크게 기명증권[11]과 무기명증권으로 분류된다.

무기명증권이란 유가증권을 소지한 자가 증권에 대한 권리를 행사할 수 있는 증권으로서 발행인에게 증권을 제출하여 권리를 행사할 수 있는 증권이다. 무기명증권이 예탁되거나 실물로서 존재하지 않고 전자등록된 경우, 별도로 주주명부와 같이 권리행사를 보조하는 장부를 필요로 하지 않고 자본시장법에 따른 계좌부나 전자증권법에 따른 전자등록계좌부에 대한 기재만으로도 권리행사가 가능하다.

기명증권이란 회사의 주주명부등 장부에 기록된 사람만이 회사를 상대로 권리를 행사할 수 있는 증권으로서, 주주명부등 장부 기재와 권리 내용 확정 절차가 있어야 증권에 대한 권리행사가 가능해진다.

증권의 권리자가 특정되는 것만으로는 발행인이 증권 권리의 이행에 필요한 정보를 모두 확보하기 어려울 수 있다. 특히 주식, 신탁수익증권의 의결권 행사나 주식의 배당, 증자, 감자 등 집단적 권리행사에 대한 의무이행을 위해서는 발행인이 권리를 행사하려는 전체 권리자의 정보를 알아야 한다. 따라서 이러한 권리들이 포함된 증권의 권리행사를 위해서는 권리자가 발행인에게 권리 보유 여부를 알게 할 필요가 있다.

또한 이러한 집단적 권리행사에서는 다수의 권리자가 참여하여 권리자가 변동함에 따라 권리자들의 이익에 큰 영향을 미치게 된다. 따라서 주주명부등을 발행인이 관리하게 하고, 주주명부에 법적 효력을 부여함으로써 주주명부가 집단적 권리행사의 획일적인 기준이 된다.

요약하면 무기명식 증권의 경우 증권의 소지만으로도 권리를 행사할 수 있지만, 기명식 증권에서 주주명부는 기명식 증권 소유자의

---

11 전자증권법 제37조에서는 기명증권을 '기명식 주식등'이란 표현을 이용하여 표현한다.

권리를 확보하고 행사하는 데에 중요한 역할을 한다.

주주명부등의 효력

증서에 증권의 권리를 표창한 실물 유가증권은 증권에 대한 권리의 양도와 인수를 증명하는 수단으로 역할을 하는데, 기명증권을 발행한 주체인 회사를 상대로 권리를 주장하기 위해서는 주주명부등(주식의 주주명부, 기명사채의 사채원부,[12] 신탁수익증권의 수익자명부)에 보유자의 성명과 수량 등의 기재를 요하게 된다.

예를 들어, 주식회사와 관련하여 사원의 지위를 나타내는 주식의 경우 실물 유가증권에 해당하는 주권을 점유함으로써 타인에게 자신이 정당한 주식의 권리자임을 표시할 수 있고, 발행회사의 주주명부에 자신의 이름과 소유 주식이 기재 됨으로써 발행회사에 대해 정당한 주주권을 행사할 수 있게 된다.

우리 상법에 의거 주주명부에 성명과 소유 주식이 기재되면, ① 발행회사를 상대로 한 주주권 행사를 위한 대항력, ② 주주로서의 자격 수여적 효력, ③ 주주명부상 주주를 권리자로 인정하는 데 대한 면책적 효력, 주권 불발행 기재의 효력[13]등의 법적 효력을 가진다.

먼저 주주는 명의개서를 통해 발행회사에 대해 주주권 행사의 대항력을 갖추게 된다. 주식이 이전되더라도 명의개서가 되지 않은 경우, 회사는 양수인이 주주권을 행사하더라도 대항(거부)할 수 있는데

---

12 기명사채의 경우 사채원부의 기재가 주주명부와 같이 기명사채 이전의 대항요건이 되고, 사채권자에 대한 통지·최고의 근거가 된다. 그런데 기명사채는 거의 발행되지 않고 무기명채권이 대부분이므로 사채원부가 가지는 의미는 거의 없다는 해석이 많다.

13 주권 불발행 기재의 효력은 주주의 주권 불소지 신청에 따라 회사가 주주명부에 주권을 발행하지 않는다는 뜻을 기재하면 주권을 발행할 수 없고, 주주가 제출한 주권은 무효가 되는 효력이다(상법 제358조의2).

(상법 제337조),[14] 반대로 말하면 주주는 주주명부의 기재를 통해 회사에 대해 자신이 정당한 권리자임을 주장할 수 있다.

다음으로 주주는 명의개서를 하면 발행회사에 대해 주주권 행사의 자격수여적 효력을 갖게 된다. 주주명부의 자격 수여적 효력은 주주명부에 기재된 자가 발행회사의 적법한 주주로 추정된다는 뜻으로, 주권의 점유자를 적법한 주주로 추정하는 자격 수여적 효력과는 구분되는 개념이다. 주주명부에 주주로 기재된 자는 회사의 주주로 추정되므로 자신의 권리를 실질적으로 입증하지 않고도 회사에 대하여 주주로서 권리를 행사할 수 있다.

또한 면책적 효력에 의해 발행회사는 주주명부에 주주로 기재된 자를 주주로 보고 주주의 권리를 인정하면 면책된다. 이는 자격수여적 효력의 반사적 효과로서, 회사는 주주명부에 기재된 자를 주주로 인정하면 설사 그가 진정한 주주가 아니라 하여도 그에 따른 책임을 면한다는 것이다. 예컨대 회사가 주주명부상의 주주에게 주주총회에서의 의결권 행사를 허용하였으면 그가 진정한 주주가 아니었더라도 그 주주총회 결의에는 아무런 하자가 없다.

주주명부의 효력을 통해 주식시장에서의 거래 혹은 개인 간 거래를 통해 주식이 상시 거래되어 빈번한 주주 변경이 있더라도 주주권 행사 시 매번 모든 주주를 파악할 필요 없이 주주명부를 기준으로 법적 안정성을 갖추기 때문에 주주명부에 기재된 자들은 안정적으로 주주권을 행사할 수 있다.

발행회사는 독자적으로 주주명부를 관리할 수도 있다. 하지만 일반적으로 발행회사는 주식의 명의개서나 회사 자체에 대한 유무상 증자, 감자, 합병, 배당 등 권리행사에 전문화되어 있지 않고, 주주 개인

---

14 상법 제337조(주식의 이전의 대항요건) ① 주식의 이전은 취득자의 성명과 주소를 주주명부에 기재하지 아니하면 회사에 대항하지 못한다.

을 상대로 상시적인 명의개서 업무를 수행하기에는 발행회사의 업무가 과중해지므로 이와 같은 업무를 대행해 주는 회사를 선임할 수 있다. 이 기관을 상법에서는 명의개서대리인, 자본시장법과 전자증권법에서는 명의개서대행회사라 한다.

명의개서대행회사

명의개서대행회사란 '증권의 명의개서를 대행하는 업무를 영위'하는 회사로서 발행회사와의 위탁계약에 근거하여 주주명부등의 관리 및 증권의 명의개서 업무에 관한 일체의 업무를 대행하는 회사를 말한다.

실물 증권이 발행되는 경우 권리자의 명의개서 청구에 따라 명의개서대행업무가 이루어지겠으나, 현재의 예탁제도 및 전자증권제도에서 명의개서대행회사는 별도로 증권보유자의 명의개서 청구 없이도 권리자 내역이 기재된 자본시장법상 계좌부와 전자증권법상 전자등록계좌부에 기초한 실질주주명부 또는 소유자 명세에 근거하여 주주명부등을 작성한다. 명의개서대행회사에 의해 주주명부등이 작성된 경우에야 비로소 권리자들은 온전히 주주권을 행사할 수 있다.

자본시장법은 예탁결제원 또는 전국적인 점포망을 갖춘 은행이 요건을 구비하고 충분한 물적 설비와 이해 상충 방지 체계를 갖추어야 명의개서대행회사로 등록할 수 있도록 하고 있는데, 고유업무인 명의개서대행업무 외에 부수 업무로서 배당이나 이자 및 상환금의 지급, 증권발행 대행 업무를 영위할 수 있다.

주권 상장법인의 경우 한국거래소 상장 규정에 따라 상장하는 동안 명의개서대행회사와의 명의개서 대행 계약을 유지하도록 의무화하고 있다. 그리고 2019년 9월 상장법인에 대해 전자증권 도입이 의무화됨에 따라 전자등록기관은 발행회사가 지정한 기준일을 기점으로 소유자 명세를 작성하여 통보하면 명의개서대행회사는 해당 명세를 기초로 주주명부를 작성하여 발행회사에 교부를 한다.

증권제도의 권리행사

　토큰증권은 증권의 형식이므로 모든 종류의 증권을 토큰증권으로 등록할 수 있다. 그런데 모든 증권의 실무를 토큰증권으로 수용하기 위해서는 증권 권리행사에 법적 장부의 기재만을 필요로 하는 무기명증권뿐만 아니라 주주명부에 대한 기재까지 필요한 기명증권의 증권 사무도 수용할 수 있어야 한다.

　여기서는 기명증권인 토큰증권의 제도적 수용에 관하여 알아보기 위해 앞서 언급한 권리자 공시를 위한 법적 장부와 권리행사를 보조하는 주주명부등을 통해 기존 전자증권제도에서 기명증권의 권리행사[15] 프로세스를 알아보고자 한다.

3.1 증권의 권리 내용 확정

　일반적으로 증권은 상법(회사법), 신탁법 등 법률에 근거하여 발행된다. 주식과 사채의 경우 상법에 근거하여 발행되며, 수익증권은 신탁법에 따라, 국공채의 경우 국채법, 지방재정법 등에 근거해서 발행된다.

---

15 증권의 권리에 관해서도 회사 등을 상대로 한 소송이나 회사의 행정과 연관된 청구권적 권리는 논의에서 제외하고, 발행회사의 의사결정에 따라 증권의 권리자 모두에게 영향을 미치는 집단적인 권리행사 형태와 개별 권리자의 청구권에 의한 권리행사로 구분하여 살펴보기로 한다. 또한 회사를 설립 과정에서 자본금을 구성하는 주식 발행과 관련한 권리 내용 등에 대해서는 따로 설명할 필요가 없을 것으로 보이며, 주식회사를 운영하는 과정에서 자본금이나 주식 수의 증감, 사채의 발행과 상환 등과 관련한 내용을 주로 다룰 계획이다.

그리고 각 증권의 권리 내용의 대강은 개별법률에서 규정하고 있다.

즉 증권의 권리는 법률에 이미 정해져 있으며, 법률의 규정과 발행회사 또는 증권보유자의 의사결정에 따라 증권에 관한 세부적인 권리 내용이 정해진다.[16]

예를 들어 주식에 대해 살펴보면, 주식의 권리는 법률에 이미 정해져 있으나 주식에 대한 세부적인 권리 내용은 발행회사의 주주총회나 이사회 결의를 통해 정해진다.

대표적으로 주식의 유상증자 경우라면 보통주나 종류 주식 등 신주의 종류와 수량, 발행가액 등의 권리 내용이 발행회사의 이사회에서 결정되며, 사채의 발행 역시 발행하는 사채의 금액과 이율, 만기, 상환 조건 등이 이사회 결의를 통해 정해진다.

그리고 주식회사에 있어 주식과 관련한 주요 권리 발생 사유 중 주주총회, 유상증자(3자 배정 유상증자, 일반 공모 제외), 무상증자, 자본감소, 합병, 회사분할, 주식분할, 배당 등은 법률에 근거해 일정한 기준일에 주주명부상의 모든 주주를 대상으로 권리가 발생하게 된다.

반면 주식연계채권인 전환사채의 전환, 교환사채의 교환 등은 회사의 채권자에게 부여된 개별 청구권에 의해 채무증권이 주식으로 전환되어 총발행 주식 수가 증가하게 되는 권리 사유이다.

3.2 증권의 권리자 확정

주식과 같은 기명증권에서 증권의 권리를 행사할 수 있는 권리자는 주주명부등을 작성하는 절차를 통해 확정된다. 증권의 권리행사자 확정은 일정한 기준일의 주주명부에 기재된 발행회사의 기존 주주

---

16 만일 같은 발행회사가 동시에 발행하는 같은 종류의 증권이라 해도 권리의 내용이 다른 경우라면 시장에서는 다른 종목으로 취급된다.

를 권리자로 확정하거나, 주식이나 채권을 발행할 때 모집이나 매출 절차를 거쳐 해당 증권의 인수자를 권리자로 확정하는 방식으로 대략 분류해 볼 수 있다.

3.2.1 전자증권제도의 주주명부 작성

예탁제도와 마찬가지로 전자증권제도에서도 발행회사가 설정하는 기준일을 기점으로 권리자를 확정하는 소유자 명세 작성이 이루어진다.

대표적인 예시로서 권리자 확정 절차가 필요한 '주주총회'와 '결산배당'은 동시 또는 연이어서 발생하는 권리행사 업무인데, 이를 위해 일정한 기준일을 정해서 의결권을 행사할 권리자를 확정하고, 주주에게 배당가능이익을 기반으로 주식이나 현금을 배당하는데, 동시 발생을 기준으로 보자면 그 절차는 아래와 같다.

1) 결산기준일 공고 결산기의 일정한 날 주주총회에서 의결권을 행사하거나 배당받을 권리자를 확정하기 위해 공고일 당일을 제외한 결산기준일의 2주간 전에, 정관에서 정한 방법에 따라 공고한다.

전자증권인 주식도 상법의 조항에 의거 주주명부 폐쇄 기간은 3개월을 초과하지 못하며 기준일은 권리행사일 전 3개월 내의 날로 정하여야 한다. 다만 전자증권제도하에서는 주주명부 폐쇄 기간이 더 이상 의미가 없어짐에 따라 대개의 발행회사가 주주명부 폐쇄 기간을 따로 정하지 않는다.

2) 주주명부 작성 발행회사는 명의개서대리인에게 결산기준일 통지 및 주주명부 작성을 요청하고, 이 요청은 명의개서대리인을 통해 전자등록기관에 전달되며, 다시 계좌관리기관으로 전달된다. 그에 따라 계좌관리기관별로 작성한 소유자 명세와 특별계좌 명세를 전자등

록기관이 취합하여 명의개서대행회사에 전달하면, 명의개서대행회사는 소유자 명세를 주주명부 기재 사항에 맞게 정리하고 전자등록기관이 통지한 연월일을 기재하여 주주명부로 확정한 후 발행회사에 교부를 한다.

전자등록기관은 소유자 명세를 작성하는 과정에서 각 계좌관리기관이 가지고 있는 고객계좌부와 계좌관리기관 자기계좌부를 합산하는 과정을 거친다. 전자증권의 증권 보유내역은 여러 계좌관리기관에 분산되어 기록되어 있다. 같은 보유자가 보유한 증권도 여러 계좌관리기관에 분산되어 기록될 수 있는데 소유자별 증권 보유기록인 소유자 명세로 변환되기 위해서 전자등록기관은 계좌부 기록들을 합산하여 변환하는 작업을 한다. 예컨대 A기업의 주주 a는 가 증권사 계좌에 A기업의 주식 10주, 나 증권사 계좌에 30주, 다 증권사의 계좌에 60주를 보유하고 있는 경우, 전자등록기관은 합산 과정을 거쳐 소유자 명세에 주주 a가 A기업의 주식 100주를 보유하고 있다고 기록한다.

그리고 전자증권인 주식은 실물 증권(주권)이 발행되지 않으므로,[17] 전자등록기관이 관리하는 전자등록계좌부의 합산 명세인 소유자 명세와 최종적으로 작성된 주주명부의 내용이 사실상 동일하다.

참고로 2019년 9월 전자증권제도가 시행되면서 증권회사 등을 통해 예탁결제기관에 예탁된 주식은 전자증권으로 전환되었으나, 전자증권 전환 기준일 이후에도 전자증권으로의 전환 절차를 진행하지 못하고 주주가 실물 주권을 직접 보유하여 주주명부상 주주 개별명의로 기재된 권리자에 대해서는 명의개서대리인이 특별계좌를 개설하여 무효가 되는 주권의 권리자를 보호하는 장치를 마련하였다.

---

17 예탁증권의 경우 실물증권이 존재하므로 전자증권의 소유자명세에 대응되는 실질주주명부를 통해 주주명부를 작성하기 위해서는 실물증권의 명의개서내역까지 합산해주어야 하지만 전자증권에서는 실물증권이 존재하지 않으므로 소유자명세는 사실상 주주명부의 내용과 동일하다.

전자증권제도 시행 당시 약 85%의 주권이 증권회사를 통해 예탁된 상태였으며, 현재 소량의 전자증권만 특별계좌에 등록되어 있다. 이는 전자증권제도 시행 4년이 지난 시점에도 아직 실물 주권을 제출하지 않고 직접 보유하고 있는 일정 수의 주주가 존재하고 있음을 말해 준다.

이미 주권이 발행된 후 전자증권으로 전환한 상장회사 주식의 경우 실물 주권이 존재하더라도 특별계좌에 등록된 주식등만 효력이 있으며, 실물 주권을 보유한 주주가 있는 경우에도 해당 실물 주권은 더 이상 효력이 없다.[18] 이 경우 전자증권으로 전환은 가능하지만, 주권의 거래에 따른 명의개서는 불가능하다.[19]

3.2.2 전자증권인 주식의 모집이나 매출에 의한 권리자 확정

주식, 채권, 수익증권 등을 모집 또는 매출하여 발행하고자 하는 경우 주관 증권회사를 통해 해당 증권의 청약 절차를 거쳐 인수자 명세를 작성해서 계좌부에 기재 또는 등록을 통해 권리자를 확정하는 방식을 생각해 볼 수 있다.

전자증권의 발행회사(발행인)가 최초로 전자증권을 발행하고자 할 때 전자등록기관에 전자증권의 발행 총량을 관리하기 위한 목적의 발행인관리계좌를 개설하고, 증권 종류별로 전자등록업무 참가 신청 등 사전 준비 단계를 거치게 된다.

만일 주식의 유상증자 시 기존의 주주에 대해 청약할 수 있는 권리를 배정하고, 기존의 주주가 청약하지 않은 수량에 대해 일반 청약을

---

18 전자증권법 제29조 제1항 및 제36조 제3항
19 전자증권법 제29조 제2항 및 제36조 제3항.

받아 새로운 주주가 될 청약자들에게 신주를 배정하게 되면, 1차로 회사가 정한 기준일을 기점으로 권리자를 확정하고, 2차로 일반 공모에 응한 청약자 리스트를 최종적으로 증권의 법적 장부에 기재함으로써 추가로 권리자가 확정되는 두 청약 절차가 연속해 발생하게 된다.

그리고 권리자별로 인수할 증권 수량이 확정되면 전자등록계좌에 전자증권이 등록된다. 증권회사, 은행 등 계좌관리기관이 인수한 증권은 전자등록기관에 개설된 각자의 자기계좌에 등록되고, 개인이나 일반법인의 전자증권은 계좌관리기관이 운영하는 고객계좌에 등록된다.

증권의 권리가 전자등록계좌부에 등록되는 때 전자증권은 그 효력을 갖게 된다.

3.3 증권 권리행사 프로세스

증권의 권리행사는 증권 종류별로 내용을 달리하지만, 기본적으로 법적 장부에 기재된 권리자와 해당 권리 내용이 연동하여 행사된다. 이미 앞에서 주주명부, 전자증권법상 전자등록계좌부 등의 기능과 구조, 법적 효력, 작성 절차 등에 대해 살펴보았으므로, 그 이후에는 발행회사(발행인 또는 회사)의 의사결정이나 증권 권리자의 청구 등에 의한 권리행사 프로세스에 대해 간략하게 개관해 보고자 한다.

그리고 논의의 목적이 토큰증권의 증권 실무 프로세스 구성을 위한 것이므로, 증권의 권리행사에 관해서는 전자증권제도에 한정하여 설명하고자 하며, 회사를 상대로 하는 법률이나 행정적 다툼과 관련된 권리관계는 논외로 한다.

주식은 대표적인 기명증권으로서 권리행사 과정에서 주주명부가 개입될 여지가 많다. 주식의 권리행사는 발행회사의 주주총회, 유·무상증자, 배당, 자본감소, 액면분할, 합병·분할, 주식 이전 및 교환, 주식 전환·상환 등이 대표적이다. 하지만 해당 분류 내에서도 구체적인 권리행사 내용에 따라 법적 장부 개입 방식에 차이가 나는 등 각각의 처리 프로세스에는 차이가 존재한다.

위 권리행사 중 일반 공모나 제3자 배정 방식으로 진행되는 유상 증자 등 몇 가지 경우는 기준일을 정해 주주명부를 작성하는 절차가 수반되지 않고, 전자등록계좌부에만 연동하여 권리행사가 일어난다.

채권이나 수익증권의 경우는 권리행사 프로세스로서 이자나 수익 금의 지급, 전환권, 신주인수권, 옵션의 행사 등이 있으나 비교적 단순 하다.

토큰증권의 권리행사 프로세스를 큰 흐름에서 파악하기 위해서 먼저 주식의 권리행사 중 대표적으로 유상증자에 대해 살펴본 후 채 권의 권리행사 프로세스에 대해서 알아본다.

3.3.1 주식 권리행사

유상증자는 그 방식에 따라 네 가지 유형으로 분류된다. 첫째, 신 주인수권을 기존의 주주에게 그들이 소유한 주식 수에 비례하여 배정 하는 주주배정 방식(상법 제418조 제1항), 둘째, 기존 주주에게 우선하 여 청약 기회를 부여하고 청약하지 않은 수량에 대해서는 불특정 다 수를 대상으로 일반 공모하는 주주 우선 공모방식(자본시장법 제165조 의6 제4항 제3호), 셋째, 기존 주주의 신주인수권을 배제하고 제3자에게 배정하는 제3자 배정 방식(자본시장법 제418조 제2항), 넷째 기존 주주의 신주인수권을 배제하고 불특정 다수의 일반인을 상대로 공모하여 증 자하는 일반 공모방식이 있다(자본시장법 제165조의6).

위 네 가지 유형 중에 주주배정과 주주 우선 공모방식은 발행회사 가 이사회를 통해 자본을 변동하는 결정에 대해서 주주명부에 기재된 주주로서 다른 주주와 평등한 지위에서 발행회사를 상대로 주주권을 행사하게 된다.

반면에 제3자 배정 방식은 발행회사가 정관에 기존 주주의 신주인수권을 배제하는 근거를 두거나 주주총회 특별결의에 의해서만 가능하며, 일반 공모방식은 상장회사가 정관에서 정하는 바에 따라 이사회 결의를 통해 진행할 수 있다.

전자등록계좌부와 주주명부라는 법적 장부 기재를 근거로 한 권리행사의 측면에서 본다면 주주배정 방식의 유상증자 프로세스를 대표로 설명하는 것이 가장 적합한 예가 될 것이며, 관련 법과 규정에 따른 주요 절차는 아래와 같다.[20]

1) 발행회사가 유상증자 방식에 의한 신주를 발행하는 계획을 세우는 경우 회사가 원하는 일정대로의 순조로운 진행을 위해 사전에 명의개서대행회사와 추진 일정에 관해 협의한 후 이사회 결의를 진행한다.

2) 발행회사는 이사회 결의 후 곧바로 금융감독원에 증권신고서를 제출하고, 회사의 신주 발행 계획과 권리 배정 기준일을 2주간 전에 공고한다.

3) 발행회사는 권리 배정 기준일 공고 후 한국거래소에 대해 신주인수권증서에 대한 표준코드(종목 코드) 발급을 신청한다.

4) 발행회사는 전자등록기관에 해당 신주인수권에 대한 사전심사를 신청하고, 전자등록기관은 해당 신주인수권에 대해 회사의 정관, 계약, 약관상에 양도의 제한이 있는지, 대체가 가능한지, 전자등록기관을 통한 권리행사가 가능한지 등을 심사한다.

5) 전자등록기관은 회사의 신청에 따라 소유자 명세를 취합하여

---

20 한국예탁결제원, 전자증권 발행회사를 위한 증권대행업무해설(제5판), 2020, 73~88면.

명의개서대행회사에 통보한다.

6) 명의개서대행회사는 통보받은 소유자 명세를 기초로 권리주주를 확정한 후 유상 신주에 관한 배정 명세를 작성하여, 발행회사(주관 증권회사)에 통보한다. 주관 증권회사는 통보받은 배정 명세를 기초로 청약업무를 준비한다.

7) 발행회사는 주주가 신주 인수를 청약하기 2주간 전에 명의개서대행회사에게 신주인수권증서 발행 의뢰, 신주인수권 상장, 신주 배정 통지[21]등을 진행한다.

8) 발행회사는 주주의 신주 인수 청약 전에 신주의 발행가액을 확정하여 공고 및 공시하고, 금융감독원에 정정신고서를 제출한다.

9) 주주는 신주 인수를 청약하고 청약 대금을 회사가 지정한 은행 등에 납입한다.

10) 발행회사는 실권주와 단수주에 관한 사항을 이사회 결의로 정하고, 납입처에 주금 납입 및 관할 법원에 유상증자 사항을 등기한다.

11) 주관 증권회사는 명의개서대행회사와 전자등록기관에 청약 결과를 통보하고, 발행회사는 금융감독원에 증권발행실적보고서를 제출한다.

12) 전자등록기관은 발행회사의 주식발행등록신청에 따라 전자등록계좌부에 신규로 발행된 주식을 등록한다.

13) 발행회사는 한국거래소에 해당 신규 발행 주식의 상장을 신청하고, 해당 주식은 상장일부터 유통이 가능해진다.

상기와 같이 (상장주식을 전제로 한) 주주배정 유상증자에는 상법, 자본시장법, 증권의 발행 및 공시등에 관한 규정, 전자증권법 등 다양한 법령과 규정이 적용되며, 이를 충족하기 위해 주주배정 유상증자 프

---

21 상법 제419조에 따라 주주에게 인수권을 가지는 주식의 종류 및 수와 일정한 기일까지 주식인수의 청약을 하지 아니하면 그 권리를 잃는다는 뜻을 통지해야 한다.

로세스는 정형화되어 있어서 특정 권리행사에 적용되는 법률이 변화하는 경우 그 권리행사의 실무 프로세스는 변화하게 된다.

토큰증권의 도입에 따라 변화하게 되는 것은 전자증권법이 적용되는 부분, 특히 전자증권법상 전자등록계좌부 등 법적 장부의 변화이다. 위 주주배정 유상증자에서 법적 장부와 관련된 절차는 5), 6) 부분이다. 기준일의 권리주주를 확인하기 위해 전자등록계좌부에 근거하여 소유자 명세 및 주주명부를 작성하는 과정을 거치므로 토큰증권 도입 시 영향을 받을 가능성이 높다.

한편 제3자 배정이나 일반 공모방식의 유상증자는 기준일상의 기존 주주를 확정하는 소유자 명세 취합 절차 대신에, 회사가 미리 정한 특정의 인수자나 불특정 다수의 일반 청약자에 대한 배정 절차가 이루어진다. 따라서 유상증자의 결과에 따라 전자등록계좌부에 반영할 수는 있어도 별도로 유상증자 과정에서 주주명부를 이용하지는 않는다.

3.3.2 채권 권리행사

채권에 대한 권리행사는 채권 원리금 상환, 전환사채나 교환사채 등이 있다.

채권 권리행사 중 대표적인 업무인 원리금 상환은 미리 정해진 기일에 한국예탁결제원(전자등록기관이자 예탁결제기관)[22]이 발행회사로부터 원금과 이자를 수령하여, 원천징수 후 권리자에게 지급하는 비교적 간단한 구조이다.

---

22 전자등록기관은 전자증권법상의 전자등록주식등에 대한 권리행사업무를 대행하고, 예탁결제기관은 자본시장법상의 주식등에 대해 권리행사업무를 대행하는데, 두 기관은 별도로 분리되어 있지 않고, 한 개의 기관에 양 기능이 모두 부여된 구조로 운영된다. 우리나라에서는 한국예탁결제원이 전자등록기관이자 동시에 예탁결제기관으로서 역할을 한다.

채권 외에도 기업어음, 양도성예금증서 등도 원금과 이자를 지급하는 형태이다. 따라서 이들 상품의 원리금에 대한 지급 기일이 도래하는 경우, 계좌부상 자기분과 고객분(투자자분)을 구분하여 원리금 지급 명세를 작성하는데, 계좌관리기관의 자기분에 대해서는 원천징수액을 차감하여 지급할 원리금을 확정하게 된다. 고객분(투자자분)에 대해서는 계좌관리기관이 원천징수의무자로서 이자에 대해 원천징수한 후 나머지 금액을 고객에게 지급한다.

채권 등에 대한 원리금을 권리자에게 지급하는 방식은 매우 간단한 구조인데, 위에서 설명한 절차에 따라 확정된 원리금이 실무적으로 어떻게 지급되는가는 채권 등의 발행조건에 따라 이자 지급일과 만기, 계좌부상 권리자 등 이미 정해진 기준에 따라 규칙화해서 실행하면 된다.

국고채권이나 통화안정증권 등 한국은행이 발행기관인 경우, 발행기관인 한국은행의 한은금융망(BOK-Wire+)을 통해 원리금을 직접 청구하여 수령하는 방식이며, 일반 채권의 경우 원리금 지급 대행 기관인 시중은행에 청구하고, 해당 시중은행이 참가한 어음 교환소인 금융결제원의 은행공동망에 교환 청구하여 수령하는 구조이다.

다만, 실물 증권의 경우에는 실물 증권을 발행인에게 제시하여 권리행사를 해야 하므로 한은금융망이나, 어음 교환소를 통한 청구와 수령이 가능하지 않다.

다음으로 전환사채의 전환권 청구나 교환사채의 교환권 청구는 권리자가 이들 주식 관련 사채를 사채의 만기까지 보유하지 않고, 정해진 기간 내에 발행회사의 주가가 상승하여 당초에 발행조건으로 정해진 전환가격과 교환가격에 비해 유리한 가격에 권리를 행사할 수 있다고 판단하는 경우 전자등록기관(예탁기관)의 계좌부에 기재된 보유내역에 근거하여 거래 증권회사를 통해 권리행사를 청구하면, 발행회사가 주식을 신규로 발행하거나 신탁되어 있던 주식으로 지급하는 절차를 거친다.

3.3.3 토큰증권에서 증권 실무

토큰증권의 주식, 채권 권리행사 실무 프로세스도 큰 틀에서 위의 절차와 유사하게 진행될 것이다. 토큰증권은 기술적 기반만 데이터베이스 기반의 전자증권에서 분산장부 기반의 토큰증권으로 변할 뿐 그 이외의 적용법률 및 법률관계가 동일할 것이기 때문이다.

하지만 토큰증권의 기술적 변화에 따라서 분산장부로 법적 장부의 구조와 구성이 현행의 복층(2-Tier)구조가 단층(1-Tier)구조로 변화하기 때문에 주주명부등의 작성 시에 모든 계좌관리기관으로부터 소유자 명세를 받아 취합하는 절차가 불필요하고 분산원장을 구성하는 하나의 노드에 저장된 권리 보유 관계를 스캔해서 주주명부등을 작성할 수 있게 된다.

또한 분산장부의 권리관계 기재내역을 확인하기 위해서는 각 주소의 토큰증권 수량 정보를 평문으로 변환하는 절차가 필요하게 된다. 이는 분산장부에 암호문으로 기재된 트랜잭션만을 그대로 사용할수는 없으므로 권리관계를 평문으로 읽어서 처리할 수 있도록 데이터베이스 기반의 지원 시스템과 연결이 필요하게 된다.

현행 증권제도의 총량 관리

4.1 총량 관리의 필요성

증권제도의 총량 관리란 자본시장 제도에서 종목 단위로 구분되는 증권의 발행 총수량을 관리한다는 것이며, 증권시장 운영과 투자자 보호를 위해 중요한 의미를 지닌다.

증권의 가격은 투자 주체의 판단과 시장 수급에 따라 결정되지만, 시장에서의 가격 결정에 앞서서 전제되는 기준점이 곧 발행된 증권의 총수량이다. 총수량이 어떠한 규칙도 없이 수시로 변경된다면 해당 증권의 가격은 신뢰하기 어렵게 되며 증권은 투자 수단으로서 더 이상 기능하기 어렵게 된다.

증권의 총수량관리는 투자가 이루어지기 위한 시작점이 되기도 한다. 간단하게 보자면 1주, 1좌 등 특정한 개별 발행 단위에 증권의 가격을 총수량으로 곱해주면 그 시점에서의 증권의 시가총액이 된다. 또한 주식회사의 주식 총수량에 기초해서 중요 기업지표들이 만들어지고 다양한 지표에 근거해서 투자에 관해 기본적인 판단이 이뤄지기 때문이다.

투자자들이 증권의 총수량에 기초해 투자 판단을 한다는 것은 증권의 총수량 변동이 증권투자와 관련하여 중요한 위험 요소라는 의미이다. 증권의 총수량이 변동되면 단위 증권의 가치는 증권 수량 변동에 반비례하여 증감하기 때문이다.

투자자가 모르는 사이에 투자한 회사의 주식 수량이 대량으로 증가한다면, 투자자는 커다란 손해를 보게 될 것이다. 반대로 주식의 발행인이 여유자금으로 주식을 소각하는 등 수량이 감소하게 된다면, 회사의 자금 사정이나 영업활동에 있어 긍정적인 신호가 되어 향후 추가적인 주식 가격의 상승을 기대할 수 있는 등 투자자에게 이익이 되는 상황으로 받아들여질 수 있다.

살펴본 바와 같이, 증권의 발행 총수량의 변동은 투자자의 권리에 직접적으로 영향을 미치는 사안으로, 투자자가 반드시 알 수 있도록 하는 조치는 기본이고 투자자 보호를 위해 급격한 증권 수량의 증감이 발생하게 되는 경우 사전적인 투자자 보호 조치가 필요하게 된다.

즉 증권 총수량관리가 중요한 투자 지표가 되기 때문에, 특히 상장 증권시장에서는 증권의 발행인으로 하여, 증권의 가격이나 수량 등에 변동을 주는 의사결정이나 사건에 대해 공시하게 함으로써 투자자들이 참고할 수 있도록 의무화하고 있다.

비상장 증권이라 하더라도 증권의 총수량이 변동되는 경우 해당 증권 수량이 법인의 등기사항으로 관리되며, 증권이 예탁되거나 전자 등록되는 경우는 증권예탁결제제도나 전자증권제도의 틀 안에서 실제 증권 총수량과 일치하도록 신뢰할 수 있는 중앙기관이나 관련 중개 기관에 의해 총량이 관리되고 있다.

다시 말해 증권의 수량관리는 발행인 단위에서도 이루어지지만, 증권예탁결제제도나 전자증권제도의 법적 장부에 의해 개별 투자자의 증권 종류와 수량, 투자자 성명 등이 기재되어 총발행 수량을 매일 단위로 점검하는 체계에 의해 투자자의 권리가 보호되고 시장이 운영된다.

한편 가상자산이나 토큰증권 논의 과정에 총량 관리에 관한 이슈가 종종 발생하는데. 만일 시장 관련기관이나 투자자가 모르는 발행

수량이 존재한다면, 시장과 투자자는 통제할 수 없는 위험에 노출이 되는 것이므로 가상자산 및 토큰증권제도 구성과 관련하여 가장 우선해서 총량 관리체계를 구축해야 한다.

4.2 2-Tier 계층구조의 총량 관리

현재 전자증권제도에서는 법적 장부인 자기계좌부와 고객계좌부, 관리 목적의 계좌부인 발행인관리계좌부와 고객관리계좌부를 통해 투자자 보호의 시작점인 총량 관리를 수행한다.

▍ 전자등록계좌부의 수량 합산[23]

전자 등록기관	발행인관리계좌부 (200주)		
	고객관리계좌부 (150주)		자기계좌부 (50주)
계좌 관리기관	甲 고객 계좌부 (30주)	乙 고객 계좌부 (50주)	丙 고객 계좌부 (70주)

주1) 발행인관리계좌부 200주 = 고객관리계좌부 150주 + 자기계좌부 50주
주2) 고객관리계좌부 150주 = 갑(甲) 30주 + 을(乙) 50주 + 병(丙) 70주

4.2.1 총량 관리 절차

위 그림의 장부구조를 보면, 최초 발행인(회사)이 200주의 주식을 발행한다고 가정했을 때, 전자등록기관의 발행인관리계좌부에 최초 200주 총수량이 기재되어 수량관리의 기준점이 된다.

---

23 금융위원회 보도자료, '오늘부터 전자증권제도가 시행됩니다.' 2019.9.16.

여기에서 청약의 결과로 일반 투자자에게 배정된 수량의 합(고객분)인 150주는 전자등록기관이 보유하는 '고객관리계좌부'에 일반 투자자 명의로 각각 기재되는 게 아니라, 증권회사마다 구분한 배정 수량의 합(150주)이 기재된다. 그리고 전자등록기관은 해당 증권회사로 고객계좌부에 기재할 일반 투자자 배정 수량의 합계(갑사는 30주, 을사는 50주, 병사는 70주)를 통보해 준다.

그러면 각 증권회사는 자신의 '고객계좌부'에 일반 투자자 명의의 계좌에 배정 수량을 기재하게 된다.

그리고 총량 관리 절차를 통해 전자등록기관의 고객관리계좌 수량 150주와 각 증권회사의 고객계좌 수량의 합(갑사 30주 + 을사 50주 + 병사 70주) 150주가 수량이 일치하는지 확인한다. 고객 간 증권거래를 통해 증권회사 간 고객분 수량이 변동해도 주기적으로 총량 일치 여부를 확인하면 고객관리계좌부의 합계 수량 범위에서 움직이게 된다.

나머지 증권회사 등(계좌관리기관등)이 인수한 수량(자기분) 50주를 '(계좌관리기관등) 자기계좌부'에 인수한 증권회사별로 구분하여 기재한다.

역시 고객과 계좌관리기관 간 증권거래를 통해 고객계좌부(150주)와 자기계좌부(50주) 간 수량의 이동이 발생해도, 마찬가지로 '발행인관리계좌부' 총수량(200주)의 범위 내에서 변동한다. 또한 자기계좌부 및 고객계좌부의 수량이 변동해도 주기적으로 총량 일치 여부를 확인하면 전자등록기관이 관리하는 발행인관리계좌부의 합계 수량 범위에서 움직이게 되는 제로섬 구조로 이해하면 된다.

4.2.2 총량 관리를 통한 상호감시

한편 계좌부 간 수량을 확인하는 총량 관리 방식과 2-Tier 구조에 기반하여 전자등록기관과 계좌관리기관이 상호감시를 통해 장부 기재내역을 조작, 변경하는 것을 방지한다.

그리고 전자증권법은 계좌관리기관이 직접 보유한 자기분(고유분 또는 상품분) 증권의 권리와 계좌관리기관의 고객이 보유한 고객분 증권의 권리를 각각 '자기계좌부'와 '고객계좌부'에 나누어 기재하는 방식으로 총량을 관리하는 것에 더하여 전자등록기관이 기재한 자기계좌부의 보유내역과 계좌관리기관이 작성한 고객계좌부의 보유내역에 대해서만 증권의 권리에 대한 법적 효력을 부여한다.

다시 말해 일반의 법인이나 개인인 투자자가 보유한 증권은 증권회사나 은행 등 계좌관리기관이 관리하는 '고객계좌부'에 등록하여 권리를 확보하는 한편, 해당 고객계좌부를 관리하는 증권회사나 은행 등은 자신이 보유한 증권을 스스로가 관리하는 고객계좌부에 등록하지 못하게 하고, 중앙기관인 전자등록기관이 관리하는 자기계좌부에 등록하도록 규정하고 있다.

그리고 일반 투자자가 보유한 증권 보유내역에 대한 법적 효력은 계좌관리기관이 관리하는 고객계좌부를 통해 부여되고 계좌관리기관의 증권 보유내역에 대한 법적 효력은 전자등록기관이 관리하는 자기계좌부에 부여되게 하였다. 이렇게 관리된 고객계좌부와 자기계좌부를 이용해 전자등록기관이 고객계좌부의 수량과 자기계좌부의 수량을 합산하고 전자등록기관이 관리하는 관리계좌부(발행인관리계좌부, 고객관리계좌부)와 수량을 비교하여 총량을 관리하게 된다.

만일 계좌관리기관 스스로 관리하는 고객계좌부에 해당 기관이 직접 투자하여 보유한 고유분(상품분 또는 자기분)을 스스로 등록하도록 허용한다면, 해당 증권의 수량을 의도적으로든 오류이든 증가시켜 시장에 거래시킬 위험이 상시 발생하게 되므로, 이러한 위험을 방지하기 위해 전자등록기관에 계좌관리기관의 자기분 증권을 등록하도록 한 것으로 이해할 수 있다.

토큰증권의 법적 장부

5.1 전자증권과는 다른 토큰증권 실무의 필요성

전자증권 실무에서 제도와 관련한 구조적인 특징은 다음과 같다. ① 전자증권제도는 대체기재 기반의 제도로서 전자증권은 계좌간 대체(대체기재)의 방식으로 기재된다. ② 현행 전자증권제도는 2-Tier 구조로서 전자등록기관과 계좌관리기관이 분리되어 있으며, 전자등록기관과 계좌관리기관은 각각 서로 다른 계좌부를 관리한다. ③ 증권의 권리행사를 위해서는 전자등록기관이 관리하는 계좌부와 계좌관리기관이 관리하는 계좌부를 통합하여 주주명부등을 만들어 권리행사를 보조할 수 있도록 한다.

하지만 토큰증권에 사용되는 분산원장 기술은 기술적 특성으로 인해 전자증권과 같은 실무방식을 따를 수 없게 된다.

먼저, 전자증권제도에서는 계좌간 대체 방식이 법령으로 규정됨에 따라 장부상 보유자에 대해 증감 기재 방식으로 권리이전이 기록되지만, 분산장부에서는 거래기록인 트랜잭션이 저장되는 방식으로 권리이전이 기록된다. 분산원장 기술에는 다양한 데이터 저장 방식이 존재하지만, 본질적으로 트랜잭션을 블록으로 모아 저장하는 것이 원칙이다. 따라서 계좌간 대체 방식과는 다른 블록체인의 트랜잭션 방식에 대해서는 입법을 통해 법적인 권리이전 방식으로 인정할 필요가 있다.

다음으로, 전자증권제도는 전자등록기관과 계좌관리기관이 계좌부를 분리하여 보유할 수 있다는 점을 가정하고 있지만, 분산원장 기술은 기술적 속성에 의해 단층구조의 장부를 전제로 한다. 따라서 현행 전자증권제도의 복층 장부구조를 그대로 적용하기에는 무리가 따른다.

마지막으로, 전자증권제도에서는 전자등록기관과 계좌관리기관의 계좌부를 합산하여 주주명부등을 작성해야 하지만, 토큰증권제도에서는 모든 트랜잭션이 자기분과 고객분으로 구분하여 복층으로 나뉘어 기재되지 않고, 여러 노드로 분산된 장부에 동일한 내용으로 기록되므로 기존과 같이 복층으로 나누어진 장부를 합산할 필요 없이 단층의 분산장부 자체를 주주명부등으로 인정할 가능성이 생기게 된다.

토큰증권의 증권 실무는 이러한 토큰증권의 특성을 반영하여 만들어져야 한다. 그런데 현행 증권 실무는 증권과 관계된 여러 법적 장부 간의 관계에 기초해서 수행된다.

따라서 토큰증권의 증권 실무에 관하여 아래에서 구체적으로 알아보기 위해 먼저 여기서는 토큰증권의 법적 장부에 대해서 알아보고 '6. 토큰증권의 증권 실무'에서 생각해 보고자 한다.

5.2 단층(1-Tier)구조의 분산장부

전자증권제도는 복층(2-Tier)구조와 데이터베이스 기술을 전제로 법과 실무를 규정함에 따라 전체 증권 보유내역을 두 개 이상의 계좌부로 분리하여 관리할 수 있는 기술을 전제한다. 하지만 토큰증권이 기반으로 하는 분산원장 기술은 모든 증권 보유내역을 두 개 이상의 장부로 분리하여 관리할 수 없으며, 장부를 분리하는 것이 필요하지 않다.

그 이유는 먼저 분산원장 기술이 본래 단일의 장부로 구성되는 것을 원칙으로 하기 때문이다. 가상자산에서 사용하는 분산장부에서도 빠른 트랜잭션을 위해서 Layer 2 기술을 이용하여 메인넷(Layer 1)인 분산장부를 보조하기도 하지만, 최종적으로 트랜잭션에 따른 가상자산 이전의 결과는 메인넷(Layer 1)에 모두 기록된다.

물론 브리지 기술을 이용하는 등의 방식으로 여러 메인넷에 분산되어 기재되는 가상자산들이 존재한다. 하지만 이러한 방식은 토큰증권과 같은 허가형 분산장부에는 부적합하며 높은 비용까지 수반한다. 따라서 단일한 메인넷을 전제로 하여 모든 노드에 모든 증권 보유내역을 기재하는 방식을 전제하는 것이 바람직하다.

분산장부의 등록방식과 단층(1-Tier)구조

이런 분산장부의 단층(1-Tier)구조는 블록체인의 토큰이전 방식과도 연관된다. 개념적으로 트랜잭션을 통한 토큰의 이전은 특정한 블록체인 네트워크 주소에서 다른 주소로 증권의 권리가 이전을 나타내는 트랜잭션이 하나의 단층식(1-Tier) 분산장부에 함께 블록 단위로 모여 기재되는 방식이다. 이는 기존의 전자증권 등록의 계좌간 대체방식이 양도자와 양수자 계좌 내역의 증감 기재를 통해 권리가 이전되는 방식인 것과는 다르다.[24]

그리고 현행 전자등록의 증감 기재는 데이터를 보고 곧바로 증권 수량을 인지할 수 있는데, 트랜잭션을 통한 토큰 이전의 경우에는 (블록체인 유형마다 다르지만) 각 주소의 수량을 블록체인 스캐너 프로그램으로 읽어서 평문으로 변환해야만 증감 수량을 파악할 수 있다는 차

---

24 Part 4의 '2.3.3 전자증권제도' 참고.

이점이 있다.

또한 분산장부에서 트랜잭션을 통한 토큰의 이전은 증권 권리 보유자의 자격을 구분하지 않고, 한 거래의 트랜잭션(transaction) 안에 양도자와 양수자의 네트워크 주소(계좌)와 수량이 동시에 기재되는데, 이러한 방식은 모든 주소(계좌)가 하나의 장부에 함께 관리된다는 것을 전제한다.

이때 트랜잭션이 블록체인 네트워크에 등록되는 방식은 트랜잭션이 합의 알고리즘을 통한 검증을 거쳐 참가자들이 보유하고 있는 각각 분산된 저장매체인 노드에 동일한 내용이 등록되는 방식인데, 이러한 트랜잭션을 통한 토큰의 이전은 현행 전자증권제도의 복층구조에서 기재되는 방식과는 완전히 다르다.

앞서 'Part 4의 2.3 유가증권과 예탁증권, 전자증권을 통한 권리의 공시 및 이전'에서 다룬 내용과 여기서 살펴본 내용을 종합하자면 복층구조인 현행 전자증권제도와 토큰증권제도는 현재 법령상 정의된 전자등록의 개념과도 맞지 않으며 현행 전자증권제도의 계좌부 체계와는 달리 1-Tier 계좌부에 적합하다.

따라서 분산장부의 트랜잭션을 통한 토큰의 이전은 종전의 전자등록과는 구별하여 분산된 저장장치에 동일 내용을 등록하는 방식이므로, 기존 전자등록방식과 구분된 토큰증권만의 전자등록방식(이하에서는 가칭 '분산등록[25]'이라 함)이라는 개념이 필요할 수 있다.

예를 들어 토큰증권의 법제화와 관련하여 '분산등록'의 개념을 포함해서 계좌부에 대해서도 전자등록계좌부와는 별개로 이를 '분산등록계좌부'에 기재한다는 개념으로 정의할 필요가 있다.

분산등록계좌부에는 양도자와 양수자의 성격에 관계 없이, 해당

---

25 분산등록과 관련해서는 앞서 Part 1의 '5. 토큰증권 관련 개념의 이해'에서 '전자등록'의 개념과 대비되는 '분산전자등록' 또는 '분산등록'에 대한 설명 참고.

트랜잭션을 시간 순서에 따라 누적하여 기재하기 때문에, 2-Tier 방식으로 장부를 구분해서 관리하는 것이 무의미하다. 계좌관리기관의 자기분과 일반 투자자의 고객분 거래가 한 개의 트랜잭션으로 기재되므로 자기분과 고객분이 나누어 기재되지 않는 기술적 특성이 블록체인의 가장 큰 특징 중 하나이다.

▌분산등록계좌부 수량 기재 (예시)

계좌 관리기관	분산등록계좌부 (200주)

※ 200주의 주식 권리가 계좌관리기관이 관리하는 분산등록계좌부에 등록된다고 가정했을 때, 자기분과 고객분의 계층 구분 없이 총수량이 그대로 등록되는 구조

단층(1-Tier)구조의 필요성

만일 분산등록임에도 불구하고 전자증권제도와 같이 자기분과 고객분을 나누어 기재하는 방식으로 전자증권법을 설계한다면, 한 종목의 토큰증권에 대해서 자기분과 고객분의 메인넷이 각각 존재하는 구조가 되는데, 트랜잭션을 통한 증권의 이전 시 두 메인넷 간의 상호운용에 비용이 많이 들 가능성이 높다.

그리고 고객계좌부와 자기계좌부를 나누어 운영하면서, 고객분 분산장부에서는 자기분 토큰증권의 법적 효력이 발생하지 않고, 자기분 분산장부에서는 고객분의 법적 효력이 발생하지 않게 되므로 두 장부를 운영할 수는 있지만 노드 간 상호검증을 통해 트랜잭션과 블록 검증을 수행하는 토큰증권에서 복수 장부 운영이 불필요할 뿐만 아니라, 동일한 장부 2개를 운영해야 하는 비효율도 발생하고, 그 둘 간의 기재 사항이 동일하므로 구분 기재의 의미를 찾기 어렵다.

그런데도 현행 전자등록계좌부의 계층구조를 유지한 상태에서 분산장부를 구성하게 되면 자기분과 고객분 토큰증권의 법적 효력 부여에 있어 혼란이 발생할 여지가 있고, 불필요하게 자기분과 고객분 구분에 따른 이중의 시스템 구축 및 운영 부담이 발생하게 될 것이다. 그리하여 시장의 비효율을 증대시킬 뿐만 아니라 비용을 증가시켜 시장참가자와 투자자들에게 전가될 것이다.

5.3 토큰증권의 분산장부와 주주명부등의 기능적 통합

토큰증권과 주주명부등

기존 전자증권제도에서는 복층의 2-Tier 계좌구조로 인해 전자등록계좌부로부터 주주명부를 만들기 위해서는 복층으로 분리된 계좌부 기재 사항을 합산하여 별도로 소유자 명세를 작성하는 과정이 필요했다.

토큰증권은 단층의 1-Tier 계좌구조로 인해 시장에 몇 가지 혁신적인 변화를 불러일으키는 요소를 가지고 있는데, 그중 하나가 토큰증권의 법적 장부에 주주명부등의 효력을 부여하는 것에서 발생할 수 있다.

만일 토큰증권의 권리를 기재하는 분산장부(또는 분산원장)와 주주명부등을 통합하여 발행회사에 대해 권리를 주장할 수 있는 대항력 등 주주명부등의 효력을 부여한다면, 발행회사나 명의개서대리인을 통해 별도로 주주명부등을 작성하는 절차와 수고를 덜게 되고, 시장은 그만큼 시간, 비용, 사무적으로 효율화될 것으로 기대된다.

실물 증권을 전제로 하는 주주명부등은 명의개서대리인의 명의개서 기능에 의해 관리된다. 실물 증권의 주주명부등의 작성을 위해서

명의개서대리인은 증권을 매도한 당사자의 명의를 매수한 당사자의 명의로 실명 확인 절차를 거쳐 주주명부등에 기재하는데, 전자증권제도에서는 증권이 거래되는 즉시 전자등록계좌부에 실시간으로 명의가 전자등록됨에 따라 별도의 명의개서 절차가 발생하지 않으며, 주주명부등은 사후적으로 특정한 기일에 전자등록계좌부를 기초로 별도의 작성 절차를 거치게 된다.

즉 전자증권제도에서는 전자증권인 증권이 전자등록계좌부상 계좌간 대체에 따라 권리자의 명의로 전자등록이 이루어지므로 주주명부등과 전자등록기관이 작성한 소유자(주주) 명세가 정확히 일치하기 때문에, 전자등록에 의해 기재된 명의가 계좌부별 합산 절차를 거쳐 그대로 주주명부등으로 변환된다.

그러므로 전자등록 이후에 추가적인 명의개서 업무가 발생하지 않고, 주주명부등의 작성 권한을 가진 명의개서대리인은 별도로 명의개서 작업을 하지 않으며 형식적인 작성자 역할만을 담당할 뿐이다. 이로써 사실상 전자등록기관이 작성한 증권의 소유자 명세가 주주명부와 그 내용에 있어 다를 바가 없다는 것이다.

현행 상법에 따라 명의개서대리인이 발행회사를 대신해 주주명부를 작성할 수 있는데, 토큰증권인 주식 등 증권에 대해서도 분산장부관리기관(토큰증권의 전자등록기관)이 토큰증권 보유내역에 대해 작성한 분산장부를 주주명부등으로 인정해도 될 것이다. 그리고 분산장부를 주주명부등으로 인정하기 위해 법률을 개정하여 토큰증권인 증권에 대한 분산장부의 전자등록 내역에 주주명부등의 효력을 부여할 필요가 있다.

그렇게 되면 전자증권에 대한 권리확보, 권리이전 및 질권의 효력, 신탁 대항력 등에 더해 발행회사를 상대로 주주권 등을 행사할 수 있는 대항요건까지 갖추게 된다. 또한 전자등록계좌부와 주주명부등의 통합에 따라 사무처리에 드는 불필요한 비용과 시간을 절약하고, 주주명부등의 실시간 작성으로 주주권 등의 보호가 강화될 수 있다.

이러한 측면에서 증권보유자의 신속한 권리확보와 주주명부등의 작성에 드는 시간과 절차를 간소화하여 시장의 효율을 높이고 절차의 복잡에 따른 누락, 오류 등을 방지하기 위해서도 언젠가는 법률을 개정하여 발행회사에 대한 대항력을 확보하는 방식으로, 토큰증권에 관하여 상법 등의 법적 장부와 전자증권법이 정의하는 법적 장부를 일치시키는 입법 조치가 이루어져야 한다.

토큰증권과 명의개서대행회사

나아가 토큰증권에 대한 분산장부에 주주명부의 효력을 부여한다면 명의개서대행회사의 업무를 (가칭) 분산장부관리기관[26]이 수행할 가능성이 생긴다. 실제로 예탁제도에서 전자증권제도로 이행하는 과정에서 명의개서대행회사의 업무는 전자등록계좌부를 관리하는 전자등록기관에 통합될 여지도 있었다. 대체기재 방식의 실무에서는 명의개서대행회사의 업무 대부분이 계좌부를 관리하는 업무로 대체되기 때문이다.

예탁제도에서의 명의개서 업무는 실물 유가증권을 발행하는 비상장회사가 예탁제도를 이용하지 않고 개인이 실물을 직접 소지하여 점유하려는 일부의 경우에만 주주명부에 소지자의 성명과 주식 수 등을 기재하는 명의개서가 일어난다. 또한 전자증권제도에서는 이미 별도의 명의개서 절차가 필요하지 않으므로 명의개서대행회사의 주 목적 사업인 명의개서 업무는 기능을 상실하게 되었다.

---

26 현재 금융위원회 토큰증권 정비 방안상 분산장부를 운영할 수 있는 기관으로는 전자증권법상 전자등록기관, 계좌관리기관 및 발행인 계좌관리기관이 있다.

즉, 실물 유가증권을 공신력 있는 기관에 집중예탁하여 장부상 기재 및 대체하도록 하는 방식을 넘어서, 실물 유가증권의 취급에 따른 사무처리 비효율과 도난, 분실, 위변조의 위험 등 막대한 사회적 비용을 원천적으로 줄이기 위한 전자증권제도가 시행됨에 따라 예탁제도와 명의개서대행회사의 본질적인 기능은 대폭 축소되어 사실상 존립의 근거를 상실해 가고 있다.

또한, 명의개서대행회사와 관련해서는 전자증권제도의 영향이 명의개서 업무에만 한정되지 않는다. 자본시장법상 명의개서대행회사의 부수 업무인 배당, 이자 및 상환금의 지급, 증권발행 대행 업무가 남게 되지만 이 또한 전자등록기관 등이 충분히 수용할 수 있다.

실제로 전자증권제도 도입을 위한 검토 단계에서 위와 같은 이유로 인해 명의개서대행회사의 존치 여부에 관한 논란이 있었으나, 당시 명의개서대행회사의 요청 등으로 인해 종전의 체계가 그대로 남게 되었다.

그러나 블록체인 기술이 증권에 적용된다면 해당 토큰증권의 전자등록을 담당하는 회사에는 명의개서대행회사의 기능까지 수행하도록 허용될 여지가 더 커진다.

물론 토큰증권의 전자등록을 담당하는 회사가 명의개서대행회사의 기능까지 수행하기 위해 전문적 주식 사무 능력을 갖추는 문제는 또 다른 과제가 될 수도 있다.

그러나 현재 주식에 대한 전자등록기관의 권리행사 지원 업무는 명의개서대행회사의 주식 사무와 상당 부분 연결되어 있을 뿐만 아니라 전자등록기관이 실제로 명의개서대행업무까지 겸영하고 있어서 불가능한 일은 아니다.

오히려 발행회사가 전자등록기관 네트워크에 직접적으로 참여하지 않고 발행 정보의 등록과 주식 사무를 위해 명의개서대행회사를 경유해야 하는 현재의 구조로 인해 비효율과 문제점이 발생하기도 한다.

명의개서대행업무는 오랫동안 낮은 보수체계로 인해 높은 전문성에 비해 소수 인력만으로 운영되고 있어서, 연간 결산을 진행하는 시즌에는 과중한 사무 부담이 발생하고 그만큼 오류, 누락 등의 리스크가 증가한다.

그러한 와중에 전자등록기관은 명의개서대행회사가 전송한 전문 등에 의해 발행회사의 주식 일정 등 사무정보를 수집하게 되는데, 주식의 종류와 수, 사무처리 기준일 등 권리 내용에 관한 오류와 누락 등이 두 기관 사이에서 완벽하게 검증되지 않는 경우가 드물지만 발생한다.

이러한 문제를 해결하기 위해서는 발행회사와 명의개서대행회사, 전자등록기관 간에 직접적인 소통에 의한 확인이 필요한데, 소수의 인력으로 다수 발행회사의 사무를 처리하며 기관 간 소통까지 하여 완벽하게 하는 것은 쉽지 않은 작업이다.

만일 토큰증권의 전자등록을 담당하는 회사가 명의개서대행회사의 기능까지 수행하게 된다면 발행회사와 직접적인 네트워크를 구축하고, 적정한 인력투입과 보수체계, 사무 개선 등이 전제된다면 두 기능을 효과적으로 통합하여 수행할 수 있게 될 것이다.

이를 위해 분산원장 기술에 의해 작성된 전자등록계좌부에 주주명부등의 효력을 부여하는 방향으로 법안이 마련된다면, 하나의 장부를 통해 법적 장부의 효력과 주주명부등의 효력을 모두 부여하게 되어, 별도로 주주명부등을 만들어 낼 필요성 자체가 없어지고, 단일한 법적 장부를 기반으로 증권발행 및 권리관리 업무를 수행함으로써 사무를 더욱 효율화할 수 있게 될 것이다.

즉 토큰증권의 법적 장부인 분산장부를 관리하는 기관은 장부를 관리할 뿐만 아니라 명의개서대행회사의 역할을 동시에 수행하게 되어 불필요한 증권 사무 부담과 비용을 줄일 수 있다. 그리하여 토큰증권 도입의 혁신성과 전자증권제도 개선을 동시에 이루어 내는 성과가 달성되는 효과를 기대할 수 있다.

토큰증권의 증권 실무

6.1 토큰증권에서의 증권 권리행사 프로세스

토큰증권 도입으로 단층(1-Tier)구조를 취하는 경우 토큰증권의 권리행사 프로세스에서 여러 변화가 발생할 수 있다. 그중 대표적인 변화는 기명증권의 주주명부등 작성 프로세스의 변화이다. 단층구조를 취하는 경우 주주명부등을 작성하기 위해 전자등록기관과 계좌관리기관에 분산된 전자등록계좌부 기재내역을 합산할 필요가 없어지고 분산장부의 권리자 계좌별 증권보유내역을 그대로 읽어 주주명부등을 작성해도 된다.

복층(2-Tier)구조 방식의 현행 전자증권은 증권보유자가 계좌관리기관별로 계좌를 보유할 수 있어서 한 증권보유자가 가진 증권 보유내역을 파악하기 위해서는 우리나라에 존재하는 모든 계좌관리기관의 계좌를 확인해야 한다. 하지만 단층구조인 분산장부에서 증권보유자는 여러 노드에 의해서 관리되는 하나의 분산장부에 기록된 하나의 계정(주소)만을 가질 수밖에 없어서 단지 그 기록만 읽어내면 증권보유자별 증권보유내역을 확인할 수 있게 된다. 그리고 모든 증권보유자의 증권보유내역을 정리하면 그대로 주주명부등이 완성된다.

그렇기 때문에 단층구조를 취하는 경우 기명증권의 주주명부 작성에 필요한 전자등록기관과 계좌관리기관, 명의개서대행회사 간 업무프로세스가 분산장부관리기관 단독으로 수행하는 방식으로 간소화될 수 있다.

물론 형식적으로는 분산장부에 주주명부의 효력을 부여하지 않는다면 토큰증권의 권리행사 프로세스는 현행 전자증권과 큰 틀에서 차이가 없다. 단층구조를 취하더라도 기존과 마찬가지로 발행회사가 증권 권리 내용을 확정하고, 전자등록기관이 소유자 명세를 작성하여 명의개서대행회사에 전달하면 명의개서대행회사는 주주명부를 작성하고 발행회사에 전달하여 증권 권리 사무를 수행하여야 한다.

하지만 분산장부에 주주명부의 효력을 부여하고 토큰증권 분산장부를 관리하는 기관이 명의개서대행회사의 역할을 맡는다면 토큰증권에서의 권리행사 프로세스는 크게 달라진다. 구체적인 실무는 실제 토큰증권제도가 도입되어 증권 권리행사 실무를 설계해 봐야 확정되겠지만, 분산장부와 주주명부가 통합되고 분산장부관리기관이 명의개서대행회사의 역할을 수행하게 된다면, 전자등록기관 또는 계좌관리기관과 명의개서대행회사가 분담하여 수행하던 업무가 통합되어 실행될 수 있다.

이러한 증권 권리 사무의 변화는 토큰증권에서 증권업무 후선 인프라의 구조를 변화시킬 수도 있다. 현재 주주명부 작성 과정에서 전자등록기관과 명의개서대행회사 업무 사이에는 이해 상충이 크지 않은 것으로 알려져 있기 때문에 금융시장 인프라 간의 기능적인 분리 필요성이 크지 않다. 또한 다음의 '6.2 1-Tier 총량 관리'에서 후술하는 바와 같이 토큰증권에서는 전자등록기관과 계좌관리기관의 총량 관리를 통한 상호감시가 분산장부를 구성하는 노드 사이의 합의 알고리즘을 통한 실시간 합의로 전환된다.

6.2 1-Tier 총량 관리

전자증권제도는 전자등록기관의 계좌부와 계좌관리기관의 계좌부 간의 수량 일치를 확인하는 총량 관리를 통해 총수량의 오류를 확인하며, 전자등록기관과 계좌관리기관들 사이의 상호감시를 통해 총량 기재내역의 조작을 방지한다. 하지만 토큰증권제도에서는 합의 알고리즘에 기반해 노드 간 상호 검증 방식에 의해 전자증권제도의 총량 관리 구조를 대체할 수 있다.

분산장부는 한 거래의 트랜잭션(transaction)을 블록 단위로 모아 노드 참가자 간에 합의 검증 절차를 거쳐 복수의 장부에 동일한 내용을 저장하는 장부이다. 분산장부에서 각 노드는 합의 알고리즘에 따른 검증 과정을 통해 이전 블록과 현재 블록 간에 기록의 정합성을 확인하고, 다른 노드에 의한 조작을 막는다.

블록에 대한 검증 절차를 마칠 때마다 각 노드의 분산된 기록장치에 동일한 내용이 기재되므로, 별도의 총량 관리 절차를 거치지 않더라도 특정 노드에 기록된 수량의 합이 다른 노드의 합과 일치하게 되는 결과를 내놓게 된다. 그에 따라 네트워크 안에서는 별도로 관리할 필요 없이 총량이 자동으로 파악된다.

이러한 측면에서 보면 분산등록방식은 기존의 전자등록에 비해 진일보한 기술일 수 있다. 기술적 신뢰를 제공하는 합의 알고리즘에 의해 노드 간 기록의 동일성이 확인됨에 따라 개별 참가 기관의 신뢰도에 의존하지 않고 분산 기록에 따라 안정적으로 토큰의 수량관리를 할 수 있다는 것은 장점으로 평가할 수 있다.

이는 이전 전자증권제도에서 전자등록기관과 계좌관리기관 사이의 수직적인 상호감시를 토큰증권의 분산장부 네트워크를 이루는 노드 사이의 수평적인 상호감시로 전환할 수 있음을 의미한다. 그에 따라 실질적으로 전자등록기관과 계좌관리기관 사이의 위계는 약화되고, 단층(1-Tier) 구조의 장부 구성이 가능해진다.

정리하자면 토큰증권을 도입하는 경우 단층구조와 토큰증권 고유의 등록방식인 분산등록을 별도로 정의해야 하고, 현 전자증권법의 복층(2-Tier) 계좌구조보다는 새로운 전자등록방식인 단층(1-Tier)의 계좌구조를 설계함으로써 종전의 전자등록과 분산등록의 병렬적인 법 구조를 가져가는 것이 바람직하다.

(B) 토큰증권의 초과분 방지 및 해소 문제

현행 전자증권제도에서는 전자증권제도의 안정성을 확보하기 위하여 전자등록기관과 계좌관리기관 간 장부 수량 비교를 통해 총량 관리를 수행하고, 총량을 관리한 결과 초과하는 전자등록이 발생한 경우, 이를 해소할 의무를 진다(전자증권법 제42조 제1항 및 제2항).

데이터베이스 방식의 전자증권제도에서는 오류 또는 고의, 과실에 따라서 계좌부의 수량이 실제 증권의 수량과 불일치 하는 경우가 발생할 수 있으며, 이런 경우를 대비해서 전자증권법은 전자등록기관과 계좌관리기관의 전자증권에 대한 초과분 해소 의무와 그 절차를 법으로 정하고 있다.

토큰증권에서는 합의 알고리즘에 따른 노드 간 검증으로 인해 현행 전자증권에서의 총량 관리를 대체할 수 있다. 특히 금융위원회 정비 방안상 토큰증권은 컨소시엄형 블록체인으로 설계되었으며, 발행인의 특수관계인을 배제하여 네트워크 노드를 구성하도록 하여 노드 간의 담합 가능성을 크게 낮추고 상호 검증을 통해 실제 증권 보유내역을 그대로 반영하도록 한다.

또한 이해관계가 다른 노드의 수가 늘어나면 정확한 검증의 가능성도 매우 높아진다. 하지만 소수의 노드로 구성된 컨소시엄 블록체인 네트워크에서는 네트워크를 이루는 노드 간의 담합 가능성을 완전히 배제하기는 어렵다. 아울러 합의 알고리즘을 통해서도 모든 노드가 잘못된 검증을 하는 경우 등 검증 오류의 가능성을 완전히 배제하기는 어렵다.

예를 들어 PBFT 합의 알고리즘을 통해 블록을 검증하는 토큰증권 컨소시엄 네트워크도 악의적 노드의 수가 전체 노드의 1/3을 초과하는 경우 실제 법률관계와는 다른 잘못된 검증 결과를 만들어 낼 수 있다. 따라서 토큰증권제도에서도 노드 간 담합 및 검증 오류의 가능성을 염두에 두고 잘못된 합의를 발견할 수 있는 방식 및 이를 방지하는 방법과 노드의 법적 책임을 구성할 필요가 있다.

일단 컨소시엄 블록체인 네트워크를 가정하는 현재의 토큰증권에서는 모두가 담합을 하더라도 기술적으로 다양한 방식에 의한 사후적인 검증이 가능하다. 예컨대 제3자 또는 감독기관이 진정한 트랜잭션 기록(거래내역)을 모두 확보하여 직접 합의 알고리즘에 따라 블록을 생성하고 생성한 블록 헤더 값을 네트워크의 블록 헤더 값과 대조하면 별도로 수량에 관한 전수조사 없이 사후적으로 오기재 여부 및 조작 발생 시점, 조작 주체까지도 확인 가능하다. 토큰증권 네트워크 기록의 조작을 발견하는 것 자체는 어려운 일이 아니다.

하지만 네트워크를 이루는 노드들이 조작을 하지 않고 오검증이 발생하지 않도록 인센티브를 만들고 조작 및 오검증 책임의 경중에 따라서 법적 책임을 부과하는 것이 중요하다. 토큰증권의 발행인 계좌관리기관이 되기 위한 등록 요건은 자본금을 기준으로 보았을 때 기존 전자등록기관이나 계좌관리기관에 비해서 상당히 낮은 편에 속한다. 따라서 네트워크 노드 일부에서 오검증이 발생할 여지를 감안하지 않을 수 없고 이러한 오검증에 대해서 모두 높은 법적 책임을 부과한다면 노드로 참여할 기관을 찾기 어려워 토큰증권 사업을 수행하기 어려워질 것이다. 따라서 오검증이 발생하더라도 합의의 오류에 이르지 않는 일부 오검증에 대해서는 책임을 완화할 필요가 있다.

하지만 담합하였거나 오류에 따라 검증이 잘못되었음에도 충분한 조치를 취하지 않아 오기재가 발생하여 투자자에게 피해를 입힌 경우, 합의에 참여한 노드 또는 네트워크에게 초과분 해소 의무 및 손해배상책임 등 민사책임 또는 행정법적 책임을 지도록 하고 오기재에 책임이 있는 노드 경우 형사처벌 책임을 부여할 필요성도 있다. 기재오류는 대국민 서비스로서의 공적 장부에 관한 신뢰를 훼손하는 것이므로 공적 장부를 통해 사업을 하는 자들에게 책임을 지울 필요가 있기 때문이다.

그러므로 단순한 오검증에 대해서는 법적 책임을 면제하고 오기재에 이르는 수준의 오검증에 대해서 높은 책임을 지운다면 일상적으로 발생할 수 있는 오검증에 대해서는 책임 지우지 않더라도 오기재에 이르지 않도록 노드들이 주의를 기울여 검증을 수행할 것이므로 합리적인 수준의 규제가 될 것이다.

6.3 스마트 컨트랙트와 권리행사

이 장 앞부분에서 이야기한 것처럼 많은 사람들이 블록체인 기술을 도입하기만 하면 토큰증권을 통해 주식, 채권 등을 발행하고 스마트 컨트랙트로 배당이나 이자를 지급하는 등 블록체인 기술의 혁신을 바로 수용할 수 있을 것으로 생각했다.

이러한 생각들은 스마트 컨트랙트를 이용함으로써 토큰증권의 발행이나 특정한 권리를 미리 프로그램으로 정의하여 특정 시점에 자동으로 실행할 수 있다는 구상에서 출발한다.

그러므로 스마트 컨트랙트에 의해 특정 시점에 토큰증권 발행량이 자동으로 증가하고, 토큰증권의 소유권이 자동으로 다른 사람에게 넘어가는 등의 권리가 실행되므로 제3자의 개입이 필요 없는 완벽히 자동화된 시스템 체계를 구축할 수 있다고 생각하는 것이다.

사실 증권업무를 처리하는 실무적인 방식은 법령을 통해 규제되지 않는 한 업무처리기관의 자율로 결정할 수 있다. 따라서 법령에 따른 규제가 없는 한 스마트 컨트랙트 활용은 충분히 가능하다. 하지만 스마트 컨트랙트 활용은 스마트 컨트랙트의 기술적인 제약으로 인해 실무 적용에 한계가 존재한다.

6.3.1 스마트 컨트랙트의 실무 적용 시 문제점

스마트 컨트랙트를 통해 증권업무를 수행하기 위해서는 먼저 블록체인에 증권의 다양한 권리행사를 모두 프로그램 코드로 구현할 수 있어야 하며, 다음으로 권리행사가 제3자의 개입 없이 모두 시스템 안에서 이루어져야 한다. 그러나 이 두 가지 가정은 현실적으로 가능하지 않다.

기재 정보의 양과 내용

그 첫 번째 이유는 증권 실무에서 필요한 정보의 양이다. 주식의 경우 취급해야 할 발행회사 정보와 종목(권리)정보가 다양하고, 권리행사 건마다 세부적으로 다른 내용의 정보들을 관리해야 하며, 정보 중에는 간단한 형태의 단위 정보도 있지만, 서술형 정보도 다소 포함되어 있으며, 심지어 특이한 권리관계로 인해 상황과 조건에 따라 권리관계를 해석해야 하는 경우까지 존재한다.

블록체인은 단일한 주체에 의한 조작을 막기 위해 모든 노드가 동일한 트랜잭션 기재 행위를 중복적으로 수행하고 그 결과를 일치시키는 비효율적 작업을 진행해야 하는 기술인데, 블록체인 네트워크 안에서 서술형 정보까지 포함해 수많은 증권정보를 자동으로 기록하고 확인하여 처리하기란 매우 어려운 일이다.

처리 업무의 다양성

두 번째 이유는 증권의 권리관계를 처리하는 업무의 종류도 다양하다는 점이다. 증권의 종류도 매우 다양하지만, 크게 보자면 ① 발행(등록), 결제, 계좌간 대체 등 일반업무, ② 주식 배당이나 채권 이자 지급, 수익 배분 등 과실의 귀속, ③ 담보제공에 따른 질권설정, 신탁의 표시, 법원 등의 압류, 공탁 등 처분제한, ④ 매수청구, 중도 상환, 옵션 행사, 전환·교환·인수권 등 권리행사, ⑤ 분할, 합병, 증자, 감자, 상호변경, 소유자 명세 작성 등 발행회사 일정 사무처리 등이 기본적으로 처리해야 하는 증권의 권리관계로 인해 발생하는 업무들이다.

위와 같이 다양한 증권 사무의 복잡한 프로세스를 모두 블록체인 메인넷이 처리하는 것은 가능하지도 않고 매우 비효율적이므로 전통(Legacy) 시스템이라 불리는 기존기술의 협업이 필요하다는 점을 생각해 보아야 한다.

중개 기관 협업의 복잡성

또한 해결해야 할 과제는 정보의 개수와 양, 권리의 종류에만 그치지 않는다. 스마트 컨트랙트를 통한 증권업무처리가 어려운 세 번째 이유는 증권업무를 처리하기 위해서는 다양한 중개 기관이 협업에 참여한다는 점이다.

상장증권 발행에 협업하는 중개 기관에는 금융감독원, 전자등록기관, 거래소, 금융투자회사(증권회사), 은행, 명의개서대행회사(주식 발행 관련), 사채관리회사(사채 발행 관련), 신용평가기관(사채 발행 관련) 등이 있다.

1) 앞의 주식 권리행사 프로세스에서 이미 살펴보았던 상장주식의 발행 절차를 기준으로 중개 기관 협업에 대해 살펴보면 다음과 같다.

주식이 전자등록기관의 법적 장부에 기재되고 시장에서 거래되기 위해서는 전제조건 중 하나로 ① 발행회사를 대신해서 주식 발행, 주주명부 작성 및 관리, 주주총회 등 주식 일정 사무를 담당할 명의개서대행회사를 선임(위탁계약 체결)해야 한다.

모든 발행회사가 전자증권인 주식, 채권, 수익증권 등 어떤 종류의 증권을 발행하는지에 관계 없이 증권의 발행을 계획하는 초기 단계에는 ② 전자등록기관에 대한 전자등록업무 참가 신청 및 발행인관리계좌 개설이 필요하다. 이는 전자증권제도 시행에 따라 상장증권에 대해 전자증권으로 발행하는 것이 의무화됨에 따른 절차로 최초에 한 번만 하면 되는 절차이다.

다음으로 주식 발행을 위한 ③ 발행회사 이사회(주주총회) 결의를 거쳐 발행하고자 하는 주식의 종류와 수량, 발행 방법 등을 결정하고, ④ 주식의 인수·모집 업무 등을 수행하는 주관회사 선정 및 인수계약을 체결하는데, 이 두 절차는 이사회 결의 이전에도 가능하다.

이후 ⑤ 금융감독원에 대한 유가증권신고서 제출, ⑥ 거래소에 대한 표준코드 신청, ⑦ 증권회사의 인수·모집에 따른 투자자의 청약내역에 따라, ⑧ 청약 대금 납입은행에 대금 납입이 확인되면, ⑨ 전자등록기관이 인수 증권회사별로 증권을 배분해 주고, ⑩ 인수 증권회사는 자신의 고객에게 다시 증권을 배분(고객계좌부 등록)해 주며, ⑪

금융감독원(금융위원회)에 증권발행 실적보고서를 제출하는 과정을 거친다. 이처럼 주식 발행 절차를 축약해서 설명해 보았는데, 상장주식 발행에 다양한 중개 기관이 역할을 하게 됨을 알 수 있다.

2) 상장채권의 발행 절차도 주식과 크게 다르지 않지만, 명의개서 대행계약은 관련성이 없으며, 최초로 상장채권(전자증권)을 발행하는 경우라면 마찬가지로 ① 전자등록기관에 대한 전자등록업무 참가 신청 및 발행인관리계좌 개설이 필요하다.

다음으로 회사채 발행을 위한 ② 발행회사의 이사회 결의를 통해 발행하고자 하는 채권의 명칭, 종류와 수량, 발행일, 상환일, 이자율, 이자 지급과 원금 상환 방법 및 기한 등을 결정한다. 이사회를 전후하여 ③ 2개 이상의 신용평가기관에 의한 신용등급 평가와 ④ 회사채의 인수·모집·주선을 담당할 대표주관회사를 선정한다. 이때 신용평가와 대표주관계약 체결은 이사회 결의를 전후하여 순서와 관계 없이 진행해도 된다.

이사회 결의 후에는 ⑤ 은행과의 원리금 지급 대행 계약 체결, ⑥ 사채관리회사[27]와의 사채관리계약, ⑦ 인수 증권회사와의 인수계약을 진행하고, ⑧ 금융감독원(금융위원회)에 증권신고서 제출, ⑨ 거래소에 대한 표준코드 및 상장신청, ⑩ 사채의 청약 및 납입, ⑪ 전자등록계좌부에 인수자별로 등록, ⑫ 발행 완료 후 금융감독원(금융위원회)에 증권발행 실적보고서 제출 절차를 거치게 된다.

상장 회사채 발행에 관해서는 신용평가기관, 사채관리회사, 원리금 지급 대행 기관(은행) 등의 개입이 주식 발행에 관여하는 중개 기관과 다른 부분이다.

---

27 사채관리회사는 발행회사와의 사채관리계약에 의거 발행회사의 회사채 상환을 위한 계약상의 의무이행과 재무 및 신용 상태를 감시하며, 발행회사가 채무 불이행 상태에 빠지면 사채권자의 권리 보전을 위한 제반 조치를 실행하는 역할을 한다.

이상과 같이 주식과 채권의 발행과 관련된 중개 기관들을 각각의 역할과 함께 살펴보았는데, 다수의 중개 기관이 협업하는 증권발행 사무를 블록체인 네트워크 안에서 모두 자동화하여 처리하기란 정말 어려운 일이 될 것으로 보인다. 또한 다음에서 설명할 스마트 컨트랙트의 적용과 관련해서도 여러 제약이 따를 것으로 보인다.

6.3.2 스마트 컨트랙트 적용 가능성

스마트 컨트랙트로 증권을 발행한다는 얘기는, 스마트 컨트랙트 프로그램을 입력해 놓으면 위에서 설명한 것과 같이 다수의 중개 기관이 한 블록체인 시스템 내에서 자동으로 연결되어 모든 처리가 이루어지게 만들어야 하는데, 절차의 복잡성으로 볼 때 이것이 과연 가능할지 의문이다.

증권의 발행이나 권리행사의 모든 프로세스를 스마트 컨트랙트로 구현하는 일은 가능하지 않지만, 비교적 복잡성이 낮은 단위 증권업무는 스마트 컨트랙트로 대체할 가능성이 있다. 예컨대 앞에서 설명한 채권 등의 권리행사 절차는 비교적 간단한 구성이므로, 몇 가지 조건만 맞고 기술적으로 구현이 가능한 범위에서는 생각해 볼 수 있는 일이다.

다만, 그 가능성은 블록체인 기술이 증권시장에서 작동하기 위해서 전통 시스템과 연동되어야 한다는 전제에서 출발한다. 이미 블록체인 기술의 속성에서도 살펴본 바 있지만, 블록체인 참가자 간의 기술적인 신뢰의 네트워크 안에서 거래내역의 원본성을 보장하는 것이 주요 역할이고, 세부적인 업무처리는 전통 시스템과의 연동이 필요하다.

물론 여전히 데이터베이스 방식의 전통 시스템은 분산장부의 처리 속도보다 훨씬 빠르다. 즉, 대량의 증권에 대한 효율적인 업무처리를 위해서는 여전히 중앙집중 방식의 업무수행이 적합할 수 있다는 것이다.

그렇지만 현행의 데이터베이스 기반 증권 실무를 토큰증권에도 그대로 적용하는 것은 증권시장 발전이나 혁신의 여지를 원천적으로 배제하는 것과 마찬가지이므로, 블록체인의 특성과 조합하여 실무절차를 새로 구성해 보는 시도가 필요하다는 생각이다.

그러한 전제하에 스마트 컨트랙트를 적용할 수 있는 조건을 살펴보면, 토큰증권이 발행되거나 원인행위가 되는 권리나 의무가 최초에 효력을 가지게 된 시점에 미리 정해진 금액, 기간 또는 기준일, 권리내역 등의 조건들이 최종적으로 실행되는 시점까지 변동되지 않아야 한다.

증권의 기본 속성은 발행자와 권리자 간의 의무와 권리관계가 미리 정해진 조건에 따라 실행된다는 것에 있다. 그러므로 발행자와 권리자가 동의한 바 없고 알지도 못하는 권리관계의 변동은 있을 수 없다.

만일 토큰증권의 권리자가 정해진 권리 조건에 따라 청구하고, 이후 절차가 미리 정해진 조건에 의해서만 처리될 수 있다면 스마트 컨트랙트의 적용 가능성이 높아 진다.

권리행사 중간에 중개 기관을 거치는 경우 해당 중개 기관이 블록체인 네트워크의 참가자이고, 블록체인 네트워크와 전통 시스템이 상호 연동하여 이음새 없는 처리가 가능하다면, 중개 기관의 인적 개입에 의한 별도 승인 절차를 거친다 해도 다소 처리 시간이 늦어질 뿐 스마트 컨트랙트에 의한 처리가 불가능해 보이지는 않는다.

요약해 보면, 현실적으로 증권업무의 복잡성으로 볼 때 모든 증권업무에 대해 스마트 컨트랙트를 활용해 처리하기는 쉽지 않지만, 일부 업무는 스마트 컨트랙트로 처리될 가능성이 있다. 다만, 이러한 구성이 가능하더라도 분산장부는 처리 속도의 문제로 인해 실무에서는 더욱 제한적으로 사용될 수 있다.

토큰증권의 결제

7.1 증권 결제의 이해

증권 결제는 증권을 사고파는 매매의 거래가 발생하였을 때, 거래 당사자 간에 실제로 증권을 인도하고 대금을 지급함으로써 매매에 따른 거래를 최종적으로 완료시키는 행위를 말한다.

여기에서 매매의 거래와 결제는 각각 분리된 행위이며, 결제는 매매의 거래에 부수하여 발생한다. 이때 거래당사자 간 매매 계약의 체결과 이후에 매매의 목적물 인도 및 대금 지급이 실행되는 절차로 나누어지는데, 앞의 행위가 매매의 거래이고, 후자를 결제로 보면 된다.

우리 민법 제568조에서는 매도인과 매수인 간 매매의 효력으로써 매도인은 매수인에 대해 매매의 목적이 되는 권리를 이전하여야 하며, 매수인은 매도인에게 그 대금을 지급하여야 한다고 규정하고 있다.

그런데 실물 증권과 대금을 직접 주고받기 위해서는 이동·보관의 시간과 취급 사무에 따른 비용이 발생한다. 또한 도난·분실·사고 등의 위험이 발생하게 되는데, 증권시장 발달에 따라 대규모 거래가 필요하게 되면서 증권과 대금을 직접 인수·도하는 방식으로는 증권 사무를 감당할 수 없게 된다.

이러한 문제를 해결하기 위해 증권을 한 곳에 집중·보관하고 전산화에 기반하여 장부상 기재에 의해 증권의 권리를 관리하는 증권예탁제도와 결제기관을 통해 증권을 인도하고 대금을 지급하는 증권결제제도가 발달하게 되었다. 이 두 제도를 통합하여 증권예탁결제제도라 부른다.

증권예탁결제제도를 통해 증권이 매매된 후에 예탁결제기관이 관리하는 법적 장부인 계좌부상에서 계좌간 대체의 기재에 의해 증권의 인도를 갈음하고, 예탁결제기관의 대금결제 계좌를 경유하여 대금이 지급되는 절차가 이루어짐으로써 결제 행위가 완결된다.

예탁결제기관에서는 계좌부 관리와 결제 처리가 시스템적으로 연결되어 처리되므로 효율적인 증권 사무가 가능하게 된다.

결제 절차를 간략하게 살펴보면, 거래소시장으로부터 결제명세서를 접수한 예탁결제기관은 증권 매도인 계좌의 증권에 대해 처분을 제한하고, 증권 매수인의 대금 완납을 확인한 후 예탁결제기관의 증권 및 대금 결제계좌를 통해 증권을 인도하고 대금을 지급하여 결제를 종결한다.

7.2 증권 결제의 방법

증권 결제는 차감 여부, 대금 지급 조건, 결제의 집중 여부, 결제 기간, 반대매매 여부 등에 따라 다양한 방법이 사용되고 있는데, 그중에 총량결제와 차감결제, 분리결제와 동시결제가 가장 대표적인 기준이 되는 방법이다.

증권거래에 있어 각각의 매매 건별로 증권 전량과 대금 전액을 한꺼번에 교환하는 방식을 총량결제라 하고, 여러 건의 거래에 대해 서로 주고받을 증권과 대금을 차감하여 그 잔량에 대해서만 주고받는 방식을 차감결제라 한다.

총량결제는 거래상대방 간에만 이루어지므로 결제위험이 다른 참가자에게 전파될 가능성이 작으며 신속하고 안정적인 장점이 있는 반면에 결제가 건별로 분리되어 있어서 다자간에 연쇄적으로 일어나는 결제에는 적용하기 어렵다. 총량결제는 비교적 거래 건수가 적고 거래 건당 결제 규모가 큰 경우에 적합하다.

증권시장에서는 개인투자자 거래도 많지만, 증권회사, 은행은 물론 연기금이나 헤지펀드 등 수많은 기관투자자에 의한 대규모 거래가 지속 증가하는 추세에 있다.

이러한 정규시장에서 총량결제 방식을 채택한다면 참가자로 하여 결제에 대비해서 증권과 대금 계좌에 매우 많은 잔고를 유지해야 하는 부담을 주고, 해당 수량의 활용도 일정 기간 불가능하게 만든다.

그에 반해 차감결제는 다수의 매매 당사자 간에 주고받을 채권·채무 관계를 차감하여 결제 규모와 건수를 축소 시킴에 따라 신용위험과 유동성위험을 감소시키는 효과가 있다. 그러나 차감결제가 결제를 위한 증권과 자금조달의 부담을 경감시키는 장점이 있는 반면에 결제 불이행이 일어나는 경우 다른 참가자에게도 불이행이 전파됨에 따라 시장의 체계적 위험이 증대되는 단점이 있어서 청산기관 설치, 결제기금 조성이나 결제이행 보증을 위한 안전장치가 추가로 필요한 방식이다.

차감결제가 두 거래상대방 간에 직접적으로 이행된다면 두 당사자 간에 결제이행 책임이 한정되므로 별도의 보증 장치가 필요하지 않다. 그런데 다자간 차감결제는 증권과 대금 수량의 차감 과정에서 여러 상대방과의 채권 채무 관계로 전환되기 때문에 양자 간의 결제에 비해 결제가 이행되지 않을 위험성이 증대됨에 따라 별도로 결제를 보증하는 장치가 필요하게 된다.

이러한 다자간의 채권 채무 관계에서 모든 당사자에 대해 결제 상대방이 되어서 결제에 대한 이행 책임을 지는 기관을 두거나, 결제기금을 조성하여 결제 불이행 시에 활용할 수 있도록 하는 등의 다양한 결제이행 보증 장치들이 사용되고 있다.

한편 증권의 인도와 대금의 지급이 별도로 이루어지는 분리결제와 그것이 동시에 이루어지는 동시결제로 구분된다.

분리결제는 증권거래의 특성상 증권의 인도와 대금의 지급 간에 시간적인 차이가 발생함에 따라 의무를 먼저 이행한 측은 상대가 의무를 이행하지 않을 가능성에 의해 원본위험에 노출된다.

동시결제는 시차에 따른 결제위험이 제거되는 방식으로써 증권과 대금의 차감 방식에 따라 3가지 모델로 구분된다. 첫 번째는 증권과 대금 모두 총량을 동시에 결제하는 모델, 두 번째는 증권은 총량으로 결제하고 대금은 차감하는 모델, 세 번째는 증권과 대금 모두 차감하는 모델로 구분할 수 있다. 이러한 차감결제 모델은 시장과 거래의 특성에 따라 달리 선택할 수 있다.

7.3 토큰증권의 결제

다자간 상대매매

2023년 초 정부가 발표한 토큰증권 정비 방안은 토큰증권에 대해 다자간 상대매매 방식을 전제로 하는 장외거래중개업 신설의 내용을 담고 있다.

다자간 상대매매는 시스템을 통해 매도와 매수 주문을 올리고, 해당 호가를 보고 거래를 원하는 투자자들 간에 거래를 체결시켜 주는 방식이며, 거래상대방 간 협상을 통해서도 매매체결이 이루어질 수 있다.

게시판에 올려진 매도 및 매수 의사를 보고 상호 연락하여 거래를 진행하는 게시판 형태와 중개업자가 매도자와 매수자를 연결해 주는 방식이 있고, 시스템적으로 자동화된 체결시스템을 운영하는 방식이 있다.

게시판 형태로는 서울거래비상장, 증권플러스비상장, P-Stock, 38 커뮤니케이션 등이 있다.

금융투자협회가 비상장 주식의 매매거래를 위하여 운영하는 K-OTC 시장의 다자간 상대매매는 매도호가와 매수호가의 가격이 일치하는 경우, 일치하는 수량의 범위 내에서 자동으로 매매가 체결되는 방식이다.

토큰증권은 블록체인 기술의 특성상 기본적으로는 상대매매에 적합한 방식이라 할 수 있다. 거래 트랜잭션이 매도인으로부터 매수인에게, 메인넷 안의 주소에서 주소(address to address)로 이전되는 형태로써 한 건의 매매기록이 그대로 분산장부에 기재되기 때문이다.

이러한 상대매매에 대한 결제는 매매 건별로 처리하는 총량결제 방식이 적합하다. 또한 분리결제에 의해 거래당사자 일방이 원본위험에 노출되지 않도록 하기 위해서는 동시결제 방식이 병행되어야 할 것이다.

이는 앞에서 설명한 몇 가지 결제 방법 중에 증권과 대금 수량을 차감하지 않은 전체 수량을 동시결제 방식으로 처리하는 모델이 될 것이다.

다자간 경쟁매매

다자간 경쟁매매 방식은 국내에서 한국거래소 수준의 정규시장에서 채택하여 쓰는데, 정규시장에서의 다자간 경쟁매매는 무수히 많은 참가자에 의한 대량의 거래를 소화하기에 적합한 방식이다.

상기 정규시장에서의 다자간 경쟁매매에 대해서는 일반적으로 차감결제와 동시결제 방식이 적용되는 경우가 많다. 그런데 증권 결제의 방법에서 언급한 바와 같이 다자간 차감결제는 결제 상대방 간에 주고받을 채권 채무의 규모가 변경되고, 어떤 경우에는 서로 상쇄되어 주고받을 채권 채무가 Zero가 되는 경우가 발생할 수 있다.

최초에 발생한 거래내역과 달리 분산장부에 기록할 내용이 변경되거나 없게 되면, 분산장부의 기재 내용을 통해 거래내역의 원본성을 확인할 수 없는 문제가 발생한다.

특히 블록체인은 트랜잭션 내역의 진위를 확인해 주는 합의 알고리즘이 작동하여야 하는데, 분산장부에 기재하기 전에 차감결제 방식으로 인해 거래내역이 변경되면 트랜잭션에 대한 진위확인은 가능하지 않게 된다. 다만 다자간 경쟁매매라 할지라도 차감 방식을 적용하지 않는다면, 거래내역이 그대로 분산장부 기재에 반영될 것이므로 적용을 고려해 볼 수 있다.

그 외에 일정 기간의 거래를 모아 해당 거래내역 전체를 차감한 내역을 하나의 단위로 암호화하여 분산장부에 기재하는 방법을 생각해 볼 수도 있다. 거래내역 그대로 분산장부를 이루는 각각의 노드들이 공유하고 각각의 노드가 차감을 수행하며, 각 노드가 차감을 수행한 결과를 공유하여 동일성을 확인한다면 실질적으로 조작을 방지하는 효과가 생길 수도 있을 것이다. 다만 이 경우 트랜잭션의 진위 검증을 위한 디지털서명 방식이 무력화될 여지도 있고 개별 거래내역의 암호화에 대한 합의 알고리즘이 이에 맞게 변형될 여지가 있다. 또한 1-Tier 방식의 장부에서 현실적으로 차감 방식을 통해 결제 건수를 획기적으로 줄이지 못할 여지도 많다.

지금까지 살펴본 바와 같이 블록체인 거래는 총량결제와 동시결제 방식이 적합해 보이며 다자간 차감결제를 적용하기에는 어려움이 있어 보인다. 다만 블록체인 기술에 절대적 기준이 있는 것이 아니고, 기술의 진보와 다양한 접근방식에 따라 새로운 길의 가능성은 열어두어야 한다는 생각이다.

Part **6**

토큰증권 정비 방안과 관련 법 개정안 분석

주요 내용

1.1 토큰증권 발행·유통 규율체계 정비 방안(2023.2.6.)

금융위원회는 토큰증권 정비 방안에서 자본시장법과 디지털자산 기본법을 통해 디지털자산 시장 전반을 규율한다는 규제 구상을 밝혔는데, 증권에 해당하는 디지털자산에 대하여 자본시장법상의 발행과 유통에 관한 규율을 적용한다는 계획과 토큰증권에 대한 증권성 판단 원칙을 제시하였다.

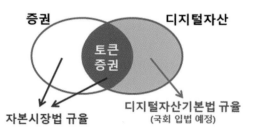

방안의 주요 내용은 토큰증권에 대한 증권성 판단 원칙, 전자증권으로 토큰증권 발행 허용, 발행인 계좌관리기관 신설, 공모 규제 완화, 투자계약증권과 수익증권의 장외거래중개업 신설 등으로 구성되어 있다.

1.1.1 증권성 판단 원칙

다양한 비정형적 권리를 새로운 증권상품으로 수용하기 위한 증권성 판단 원칙과 적용례를 제시하고, 개별 사안에 따라 디지털자산의 증권성 여부를 판단하여 증권에 해당하면 증권규제가 적용됨을 설명하였다.

증권성 판단은 자본시장법상 증권의 정의(법 제4조 제1항) 및 투자계약증권의 정의(법 제4조 제6항)에 기반하여 다음에 네 가지 증권성 판단 원직을 제시하고 있다.

① 권리의 실질적 내용을 기준으로 개별 사안별로 판단, ② 증권성 검토·판단, 증권규제준수 의무는 발행·유통·취급 당사자에게 있음, ③ 해외에서 발행된 경우도 국내 투자자에게 청약·권유하는 등 그 효과가 국내에 미치는 경우 포함, ④ 증권규제의 취지와 투자자 보호 필요성을 위해 적극적으로 해석·적용한다.

■ **자본시장법상 증권의 정의(제4조 제1항)** ■

'내·외국인이 발행한 금융투자 상품으로서 투자자가 취득과 동시에 지급한 금전 등 외에 어떠한 명목으로든지 추가로 지급 의무를 부담하지 아니하는 것'

1.1.2 투자계약증권의 요건

토큰증권의 대상이 되는 증권으로서 자본시장법상 증권 중 채무증권, 지분증권, 수익증권, 파생결합증권, 증권예탁증권 등 다섯 유형은 정형화된 증권으로 적용례가 보편적인 것에 비해, 보충적 개념에 해당하는 투자계약증권(법 제4조 제6항)의 요건을 다음과 같이 제시하고 있다.

1) **공동사업** 2인 이상의 투자자 간의 수익 관련성 또는 투자자와 발행인 간의 수익 관련성

2) **금전 등을 투자** 투자되는 금전이 반드시 법정통화(금전)일 필요는 없으며, 법정통화의 교환 가능성, 재산적 가치의 유무 등을 고려

3) **주로 타인이 수행** 타인의 노력이 중대하고 사업의 성패를 좌우하는 필수적인 경영상의 노력, 발행인이 모든 사업을 직접 수행하지 않더라도, 투자자 외에 사업 주체의 공동적·집단적 노력이 있는 경우 포함

4) **공동사업의 결과에 따른 손익을 귀속 받는 계약상의 권리** 발행인이 투자자에게 사업 수익을 직접 분배할 것을 명시적·묵시적으로 약속하거나, 발행인이 제3자와의 계약 등을 바탕으로 해당 제3자가 투자자에게 사업 수익을 분배할 것을 약속하는 등 투자자와 발행인 간 계약에 따른 수익 청구권이 인정되어야 함

5) **이익획득 목적** 투자자는 투자 이익을 목적으로 금전 등을 투자하였어야 함

■ **자본시장법상 투자계약증권의 정의** ■

'특정 투자자가 그 투자자와 타인 간의 공동사업에 금전 등을 투자하고 주로 타인이 수행한 공동사업의 결과에 따른 손익을 귀속 받는 계약상의 권리가 표시된 것'

1.1.3 토큰증권을 전자증권으로 수용

토큰증권을 전자증권법상의 증권발행 형태로 수용하는 것은, 토큰증권이 실물을 발행하는 증권이 아닌 전자증권임을 의미한다. 우리나라의 전자증권은 주식, 채권, 수익증권 등 증권의 권리를 전자등록계

좌부에 전자적으로 등록한 것을 말한다.

증권의 디지털화를 위한 제도적 인프라인 전자증권법에서 혁신적인 분산원장 기술을 수용하여, 전자증권법상 계좌부 기재·대체에 있어 분산원장인 전자등록계좌부를 이용할 수 있도록 하였다.

분산원장 기술을 이용한 계좌부에 등록된 토큰증권은 계좌간 대체기재의 방식으로 이전되고, 분산원장 상의 토큰증권 기재에 법적 효력(권리추정력, 제3자 대항력 등)이 부여되어 분산원장 기술을 사용한 계좌부도 법적 장부로서 효력을 인정받게 된다.

1.1.4 발행인 계좌관리기관 신설

발행인 계좌관리기관을 신설하여 일정 요건을 갖춘 발행인이 분산원장에 토큰증권을 직접 등록하여 관리할 수 있도록 하였다. 다만 요건을 갖추지 못한 발행인의 경우에는 기존의 전자증권과 동일하게 증권사 등의 지원을 받아 토큰증권의 발행이 가능하다.

토큰증권을 등록할 수 있는 기관은 3가지 유형으로 나뉘는데, ① 일정 요건을 충족하는 분산원장 기술을 사용한 발행인 계좌관리기관, ② 기존 계좌관리기관, ③ 전자등록기관이 계좌부를 통해 토큰증권을 등록할 수 있게 된다.

1.1.5 공모 규제 완화, 장외거래중개업 신설 등

정부는 투자자 피해가 적은 증권에 대해서는 공모 규제를 일부 완화하여 전문투자자 사모 제도를 도입하고, 소액 공모 제도를 확대하여 한도를 종전의 10억 원에서 30억 원으로 상향하며 Tier Ⅱ의 경우는 최대 100억 원까지 올린다는 내용이다.

유통에 관해서는 투자계약증권과 수익증권의 장외거래 중개 인가 단위를 신설하여 다자간 상대거래 중개업무를 허용하고, 이를 통한 소액투자자 매출 공시를 면제한다. 그에 더하여 ST(Security Token; 토큰증권) 발행과 유통을 담당하는 중개업자를 분리하여 발행·인수·주선 중개업자에 대한 해당 ST 위탁매매업무를 금지한다.

마지막으로 투자계약증권과 수익증권을 대규모로 거래하는 KRX 디지털 증권시장을 개설하여 완화된 상장요건과 공시를 적용한다는 내용으로 구성되어 있다. 다만 이 경우 다수 투자자의 참여를 고려하여 토큰증권의 성격을 걷어내고 기존 전자증권으로 전환해야 한다.

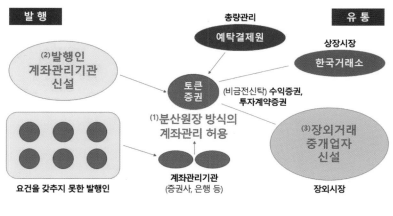

[유통] 투자계약증권 및 수익증권 제도 정비

출처 : 토큰증권 발행·유통 규율체계 정비 방안(금융위원회, 2023.2.6.)

1.2 전자증권법 개정안(2023.7.28.)

2023년 2월 금융위원회의 토큰증권 정비 방안과 관련하여 같은 해 7월에 국회에서 의원 입법으로 발의된 전자증권법 개정 법률안의 내용[1]은 크게 분산원장을 이용한 전자증권 도입과 발행인 계좌관리기관 신설로 구분하여 볼 수 있다.

먼저 ① 분산원장을 이용한 전자증권 도입과 관련해서는 분산원장 정의, 분산원장의 이용과 책임, 개인정보 파기 의무 특례, 분산원장의 요건, 이용 방법 등 위반 시 제재 처분에 대하여 정의하고 있고, ② 발행인 계좌관리기관 신설에서는 발행인 계좌관리기관의 등록제, 분산원장 이용 의무, 초과분 해소 의무 이행을 위한 재원 적립 의무, 분산원장 의무 이용 등의 위반 시 제재를 규정하고 있다.

1.2.1 분산원장 등의 정의

블록체인을 전자증권법의 체계로 수용하는 관점을 알 수 있도록 관련 용어를 다음과 같이 정의하고 있다.

'분산원장'이란 주식 등에 관한 정보가 다수 참여자에 의해 시간 순서대로 공동 기재되고, 공동관리 및 기술적 조치를 통하여 무단 삭제 및 사후적 변경으로부터 보호되는 장부로 정의하였고, '분산원장등록주식등'이란 분산원장인 전자등록계좌부에 전자등록된 주식 등으로, '발행인 계좌관리기관'이란 분산원장을 이용하여 자신이 발행하는 주식 등을 전자등록하려는 자로 정의하고 있다.

---

1   주식·사채 등의 전자등록에 관한 법률 일부 개정 법률안(의안 번호 제2123533호)에 대한 정무위원회 검토 보고(2023.11월).

1.2.2 발행인 계좌관리기관의 등록 등

개정안은 현행의 계좌관리기관 자격을 확대하여 토큰증권의 발행인이 직접 계좌관리기관이 되어 자신이 발행한 토큰증권을 등록할 수 있도록 아래와 같이 발행인 계좌관리기관에 대한 등록 요건 등을 규정하였다.

발행인 계좌관리기관이 되려고 하는 자는 금융위원회에 등록하게 하고, 등록의 요건으로 상법에 따른 주식회사일 것, 10억 원 이상의 자기자본, 권리자 보호와 계좌관리기관 업무수행에 충분한 인력, 전산 설비, 그 밖의 물적 설비를 갖출 것, 자신이 발행하는 주식 등을 위한 분산원장이 전자등록에 적합할 것, 대주주의 충분한 출자 능력, 건전한 재무 상태, 사회적 신용을 갖출 것, 이해 상충 방지 체계를 구축하도록 하였다.

계좌관리기관이 등록의 신청, 등록 요건의 유지, 계좌관리기관으로서 업무를 수행하지 않거나 할 수 없는 경우 등에 관해서는 등록의 직권 말소 근거 등을 규정하였다.

1.2.3 분산원장의 이용 등

개정안에서 전자등록기관 및 계좌관리기관은 분산원장을 이용할 수 있고, 다만 발행인 계좌관리기관은 분산원장만을 이용하도록 제한하였다.

세부적인 사항으로 분산원장을 이용하여 전자등록을 할 수 있는 증권의 종류, 전자등록에 적합한 분산원장의 구체적 요건은 대통령령으로 정하도록 하였고, 분산원장인 고객계좌부는 계좌관리기관이, 분산원장인 계좌관리기관등 자기계좌부는 전자등록기관이 작성 및 관리책임을 지도록 규정하였다.

그 외 분산원장을 이용하려는 계좌관리기관은 이용하기 4주 전에 전자등록기관에 통지하고, 전자등록기관이 고객계좌부의 열람, 복사, 출력을 요청하는 경우 응해야 하는 사항, 전자등록기관은 권리자 전원의 동의가 있거나 증권시장 상장 등 대통령령으로 전하는 사유가 있는 경우 분산원장등록주식등과 전자등록주식등을 상호 전환 가능하다는 내용을 규정하고 있다.

1.2.4 개인신용정보의 관리, 초과분 해소 등

분산원장에 기재된 정보는 삭제 또는 사후적 변경이 어려운 특성이 있어서 일반의 개인신용정보와 동일한 방법으로 관리하기에는 한계가 있는 점을 고려하여, 전자등록기관 및 계좌관리기관은 분산원장에 기재된 개인신용정보에 대해 신용정보법에 따른 파기 의무를 적용하지 않도록 특례를 부여하고 있다.

발행인 계좌관리기관에 대해서는 자신이 관리하는 분산원장인 고객계좌부에 등록된 분산원장등록주식등 수량이 원래의 등록 수량보다 초과하는 경우 이를 해소하기 위해 별도의 재원을 적립하도록 하고 있다.

또한 분산원장이 전자등록에 적합한지를 심사하는 권한을 금융위원회나 금융감독원장이 따로 지정하는 전자등록기관에 위탁하는 규정을 두고 있는데, 이는 토큰증권의 등록심사와 총량 관리를 담당하는 전자등록기관이 분산원장과 연계하여 효율적으로 기능하도록 권한을 위임하는 방식으로 이해된다.

1.3 자본시장법 개정안(2023.7.28.)

　　앞의 전자증권법 개정안과 함께 의원 입법으로 발의된 자본시장법 개정 법률안[2]의 내용은 금융위원회의 토큰증권 정비 방안에서 언급된 투자계약증권에 대한 유통규제 적용, 장외거래중개업자를 통한 다자간 장외거래 허용, 토큰증권에 대한 일반 투자자의 투자 한도 제한 등을 규정하고 있다.

　　개정안은 분산원장을 통한 투자계약증권이 향후 토큰증권의 다양한 유형의 하나로 자리 잡게 될 것으로 예상하여 투자계약증권 등[3]에 대해 자본시장법 전체의 유통규제를 적용하도록 규정하였다.

　　그리고 장외거래중개업자를 통한 다자간 장외거래 허용에 있어, 그동안은 주식·채권 장외시장이 허용되었던 기존의 협회나 종합금융투자사업자 외에는 장외거래 시 매도자와 매수자가 1 대 1 방식으로 거래하도록 하였는데, 개정안에서 대통령령으로 정하는 투자중개업자를 통해 주식·채권 외에도 투자계약증권 등에 대해 다자간 장외거래를 추가로 허용하고 있다.

　　한편 일반 투자자가 장외거래를 할 수 있는 금액 한도에 대해서는 투자자의 목적, 재산 상황, 투자 경험, 증권의 종류 등을 고려하여 대통령령으로 정하도록 하고 있다.

2　자본시장과 금융투자업에 관한 법률 일부 개정 법률안(의안 번호 제2123531호)에 대한 정무위원회 검토 보고(2023.11월).

3　합자회사, 유한책임회사, 합자조합, 익명조합의 출자지분을 표시한 지분증권으로 권리 내용이 비정형적이고, 현실적으로 유통 가능성이 적다고 보아 온라인 소액 투자중개업자 등에 대한 특례(자본시장법 제2편 제5장), 발행공시 규정(제3편 제1장)과 부정거래 행위 중 일부(제178조 및 제179조)를 적용하는 경우만 증권으로 인정한다.

정부 방안과 법 개정안의 긍정적 측면

금융위원회가 제시한 방안은 현행 전자증권법의 개정을 최소화하고 종전의 체계를 그대로 적용하는 방식이므로 토큰증권의 신속한 도입을 가능하게 한다.

토큰증권을 도입하기 위해서는 우선, 토큰증권의 법률상 효력(기재를 하면서 발생하는 효력)과 블록체인을 적용한 장부의 법률상 지위(위상, 요건)를 규정하는 입법이 필요한데, 금융위원회의 정비 방안은 현행 전자증권법의 개정을 통해 블록체인 기술을 수용하고 토큰증권에 법률상 효력을 부여함으로써, 디지털자산과 관련된 민사법을 추가로 제정하지 않더라도 토큰증권이 증권으로서 효력을 가지게 하는 간편한 입법방식을 제시하고 있다.

전자증권법 개정안에서는 블록체인 기술을 적용한 법적 장부를 분산원장인 전자등록계좌부로 정의하고, 토큰증권을 분산원장인 전자등록계좌부에 전자등록된 주식 등으로 규정하고 있다.

나아가 분산원장인 고객계좌부는 계좌관리기관이 작성 및 관리책임을 지고, 분산원장인 계좌관리기관등 자기계좌부는 전자등록기관이 작성 및 관리책임을 지도록 하였다. 이 중 전자등록기관이 분산원장인 자기계좌부를 작성·관리할 수 있도록 한 부분은, 금융위원회의 정비 방안에서는 언급되지 않은 자기분 토큰증권의 등록에 관한 사항을 포함한 것이다.

그리고 조각투자 사업자 등을 위해 발행인 계좌관리기관을 도입함으로써 사업자들이 증권사를 통하지 않고도 계좌관리기관으로서 블록체인을 운영하고 이를 통해 사업할 수 있는 길을 열어 주었고, 발행인 계좌관리기관이 되기 위한 자본금 요건도 10억 원으로 낮추어 시장 사업자에 대한 진입장벽을 완화하고 있다.

한편으로 자본시장법 개정안은 다양한 비정형 증권의 유통에 관한 시장의 요구를 받아들여 투자계약증권에 대해서도 유통시장이 형성될 수 있도록 길을 열어 주기 위해 투자계약증권 등에 대해 자본시장법상의 유통규제를 적용하도록 하고, 다자간 상대매매 방식으로 다양한 권리를 거래할 수 있도록 허용하고 있어서 시장을 위한 긍정적 시도로 평가할 수 있다.

큰 틀에서는 토큰증권을 자본시장법과 전자증권법의 법리에 따라 규율하는 허가형(컨소시엄형) 블록체인을 도입함으로써 기존 금융규제를 토큰증권에도 일관성 있게 적용하고 익명성에 근거하여 위법한 거래의 수단이 될 수 있는 개방형 블록체인의 문제를 차단한다는 데에 의미를 부여할 수 있다.

검토 및 논의 과제

한편으로 정비 방안 및 개정 법안과 관련하여 추가적인 검토와 논의가 필요한 사안들을 살펴보고자 한다.

3.1 높은 발행인 계좌관리기관 진입규제

진입규제 완화

전자증권법 개정안은 발행인 계좌관리기관의 인가가 아닌 등록제로 허용하고, 자본금 요건도 10억 원으로 낮추는 등 기존 금융투자회사의 요건에 비해 파격적인 수행 자격 완화의 내용을 담고 있다.

증권기록 관리자에 대한 신뢰에 기반한 중앙화된 기존의 금융시스템에서는 금융회사에 높은 신뢰성을 요구하기 때문에, 금융회사에 대해 높은 수준의 인적 물적 요건의 진입규제를 가하여 높은 신뢰성을 갖추도록 해 왔다.

하지만 블록체인을 이용해 금융업에 진출하려는 업체 중에는 중소규모의 신규 사업자이거나 IT 기업이 많은데, 금융업 수행에 대해 낮은 등록 요건을 적용한다 해도, 현행 금융시장에 존재하는 수준의 증권규제를 따르기 위해서는 높은 전문성과 노하우를 갖추어야 하는데, 이를 확보·유지하기 위해 상당한 비용을 감당해야만 한다.

그에 더해 현행 증권시장과 동일한 규제가 토큰증권에 적용되면,

현행의 증권규제가 전제하는 기술적 특성과의 차이로 인해, 블록체인 기술 적용의 장점보다는 오히려 블록체인의 한계와 비효율성이 더 부각될 수 있어서 토큰증권의 도입을 더욱 어렵게 만들 수 있다.

진입규제 완화와 투자자 보호

하지만 진입규제 완화의 시각과는 반대로 투자자 보호 측면에서 보면, 발행인 계좌관리기관의 자본금 요건을 포함해 인적 물적 요건을 대폭 완화하는 것은 시장의 안정성과 책임성을 저하하게 하고 결국 투자자 보호 실패의 원인으로 작용할 수 있다.

즉 영세한 발행인 계좌관리기관이 자신의 자본금과는 비교도 되지 않을 만큼 큰 규모의 토큰증권의 등록, 결제 등의 사무처리는 물론, 그에 따른 리스크에 적절히 대응하고 책임질 수 있는 능력을 담보할 수 있는지에 관한 근본적인 의문이 들 수밖에 없다.

특히 정부 당국의 차원에서는 무엇보다 안정적인 시장 운영과 투자자 보호는 반드시 달성해야 할 궁극의 목표이므로 계좌관리기관에 대한 진입규제 완화는 신중하게 접근해야 하고, 완화한다고 해도 보완적인 안전장치를 만들어 둘 필요가 있다.

3.2 공개형 토큰증권

공개형 토큰증권의 규율

토큰증권을 현행 전자증권법상의 증권발행 형태로 수용하는 정비 방안의 내용을 살펴보면, 블록체인 네트워크 구성으로 허가형 블록체인을 채택하는 것으로 볼 수 있다.

그러나 금융위원회 정비 방안의 토큰증권 가이드라인에 따르면 공개형 블록체인 네트워크로 발행된 가상자산 중 증권성이 있는 가상자산이 존재할 가능성을 배제하고 있지 않으며, 공개형에 대해서는 후속적인 조치를 진행한다는 선에서 방안을 제시하고 있다.

그러나 현행 전자증권제도가 개별적인 투자자의 명칭을 포함한 ID를 특정하여 보호·관리하는 체계이다 보니, 증권성 있는 공개형 가상자산을 규율하기에는 일부 제약이 따를 수 있고, 반대로 허가형 토큰증권이 공개형 블록체인으로 발행되기에는 전자증권법상 분산원장 요건과 공개형의 익명성에 의해 제약이 발생한다.

증권성 판단은 토큰증권이 증권에 해당하는지를 판단하는 것이기 때문에, 토큰증권 가이드라인에 따라 증권성 판단의 결과 어떠한 네트워크 유형인지를 떠나 증권으로 판단된다면 금융위원회의 관련 정비 방안이 제시하는 규율체계를 따라야 한다.

그런데 만일 공개형 가상자산 중에서 증권성이 있는 것으로 판단되는 경우, 그 공개형 가상자산을 규제하기에는 허가형 블록체인 네트워크를 전제로 한 금융위원회 정비 방안은 다소 부족한 것으로 보인다. 따라서 공개형 블록체인 프로젝트를 금융위원회 정비 방안상의 토큰증권 네트워크로 전환할 때 필요한 요건 또는 절차를 제시하거나 증권성이 인정되는 공개형 블록체인 프로젝트를 위한 별도의 규율 방안을 제시하는 등 적합한 대안을 마련해야 할 것이다.

공개형 토큰증권의 도입

금융위원회 정비 방안 중 토큰증권 가이드라인이 가상자산에 적용됨에 따라 증권성이 인정되는 공개형 가상자산의 규율이 당장 해결해야 할 문제라면, 처음부터 공개형으로 발행되는 토큰증권을 시장에

도입하는 것은 향후 해결해야 할 과제이다.

물론 미국 등 여러 국가에서 공개형 네트워크에서 토큰증권 발행이 시도되고 있으나,[4] 현행의 금융위원회 정비 방안에서는 공개형 네트워크에서 토큰증권을 발행할 것을 전제로 하고 있지 않다. 하지만 세계적으로 공개형 네트워크에서 토큰증권이 시도되고 있으므로 우리나라에서도 향후 공개형 네트워크에서의 토큰증권이 발행 유통될 수 있도록 제도적인 준비가 필요하다.

공개형 토큰증권의 도입을 위해서는 익명성, 탈중앙화, 탈중개화를 현행 금융법 체계에서 어떻게 이해할지에 대한 체계적인 논의에 따른 적절한 규제 방식이 필요하다.[5] 또한 기술적으로는 공개형 네트워크에서의 토큰증권규제를 적절히 지원하는 기술이 개발되어야 하며, 기존 허가형 네트워크의 토큰증권에서 공개형 네트워크의 토큰증권으로 전환하는 방식 등이 마련되어야 한다.[6]

---

4 미국에서는 다양한 공개형 토큰증권이 이미 발행되어 유통되고 있다. 예컨대 BlackRock사가 2024년 3월 출시한 BUIDL(BlackRock USD Institutional Digital Liquidity Fund) 토큰은 SEC Regulation D, The Investment Company Act의 Section 3(c)(7) Exception을 적용받아 이더리움 네트워크에 발행되었으며 화이트리스트된 사용자들만 거래할 수 있다. 이더리움 컨트랙트: https://etherscan.io/address/0x7712c34205737192402172409a8f7ccef8aa2aec. BlackRock사의 BUIDL토큰뿐만 아니라 INX사의 INX토큰, ONDO사의 OUSG토큰 등 다수의 토큰증권이 이더리움 네트워크에서 유통 중이다.

5 예컨대 공개형 토큰증권에 대한 금융 인프라는 어떻게 구성할지, 실명거래를 어떻게 실현할지, 몰수, 강제집행 등을 어떻게 공개형 네트워크에서 수행할지, 금융법 체계 내에서 블록 검증, 보상 등 그 실질을 어떻게 파악하고 규제할지 등이다.

6 구체적으로 어떤 방식으로 공개형 네트워크에서 토큰증권이 도입될지는 매우 다양한 방향성이 존재한다. 다만 금융위원회 정비 방안에서 전제한 허가형 토큰증권 분산원장 네트워크에서도 공개형 방식의 토큰증권으로 제한적으로 지원할 수 있다. 물론 금융위원회 정비 방안상 허가형 네트워크에서 토큰증권을 발행해야 하므로 공개형 네트워크를 직접적으로 도입할 수는 없다. 하지만 허가형 블록체인 네트워크를 전제하더라도 토큰증권 보유자에게 자신의 계좌에 대한 개인키를 직접 보유하게 한다면 네트워크에 노드로 자유롭게 참여하지 못할 뿐 토큰증권을 공개형 네트워크의 가상자산과 유사한 방식으로 거래할 수 있다. 따라서 구체적인 규제 방향성이 정해진다면 금융위원회 정비 방안상 토큰증권 또한 공개형 네트워크로 빠르게 전환될 수 있는 여지도 존재한다.

3.3 인프라의 효율성 문제

3.3.1 DB 기술을 전제로 한 2-Tier 계좌구조

기존금융은 법률과 시장구조를 통한 신뢰성을 전제로 한다. 따라서 기술에 의한 신뢰를 전제로 하는 블록체인 기술과는 달리 관리자에 대한 신뢰를 전제하는 데이터베이스 기술에 의해 제도가 설계되어 있다.

즉, 현행 제도하에서 블록체인을 적용하기 위해서는 DB를 전제로 한 기존 제도에 끼워서 맞춰야 하는데, DB와 블록체인은 기술적 특성이 서로 매우 달라서 블록체인에 기존 법률을 적용하는 데에 큰 어려움이 존재한다.

이미 언급한 바 있지만, 현재 우리나라에서 증권적 권리의 유통과 이전을 규율하는 전자증권법은 2단계(2-Tier)의 장부구조(DB 기록)를 활용하여 총량을 관리하여 전산오류에 의한 초과분 발생을 방지하는 방식으로 발행 수량을 일정하게 관리하고 기재의 신뢰성을 확보한다. 하지만 블록체인의 경우 일반적으로 거래기록(트랜잭션)이 하나의 장부 내에 기재되는 방식이므로 현재의 2단계 구조가 적합하지 않다.

만약 현행의 제도에 그대로 블록체인을 수용하면 블록체인 메인넷이 2개 이상으로 분리될 수밖에 없다. 만약 2단계 구조가 증권적 권리의 기록에 도움이 된다면 2단계 구조를 적용하는 실익이 있겠지만, 블록체인은 1단계의 1-Tier 장부만으로도 이중 지불을 방지하는 특성이 있어서 2개의 분리된 장부에 기록하는 것은 실익이 없다.

오히려 블록체인이 분리되는 문제로 인해, 현행법 체계를 지키기 위해 일부의 동일한 거래기록이 서로 다른 메인넷에 기록되고 매도·매수 양방 중 한쪽은 기록의 법적 효력이 발생하지 않게 되는 문제가 발생할 수 있다.

또 이런 문제로 인해 다양한 비효율이 발생하여 비용이 증가하며, 기술적 문제를 보완하기 위한 불필요한 기술적·법적 장치를 추가로 마련해야 할 수도 있다.

현행의 2-Tier 구조를 토큰증권에 그대로 적용하게 된다면, 기존 증권규제가 그대로 적용되는 것과 더불어 기술적 특성에 맞지 않는 규제로 인해 시장의 규제 부담이 가중될 것이다. 이와 같은 문제점이 아직은 크게 부각 되고 있지 않지만, 법률안의 구조적인 측면에서는 다시 한번 고려해 볼 필요가 있는 사안이다.

3.3.2 장부 관리자와 권리행사 업무 수행자의 분리

전자등록기관의 수동적인 총량 관리

발행인 계좌관리기관의 경우 발행인이 증권사(계좌관리기관)를 거치지 않고 자신이 발행한 토큰증권을 직접 분산원장 기술을 적용한 계좌부에 직접 등록할 수 있도록 허용하고 있고, 해당 토큰증권의 총량을 전자등록기관에 통보하는 구조이다.

발행인 계좌관리기관이 자신이 발행한 토큰증권 총량을 분산원장인 고객계좌부에 등록하기 때문에, 전자등록기관이 노드로 참여하지 않는 이상 기재에 개입하지 않는다.

그에 따라 전자등록기관의 개입 없이 독립적으로 기재된 토큰증권의 수량에 대해 전자등록기관 스스로는 계좌관리기관이 통보한 토큰증권 총수량의 진정성을 확인할 수가 없다.

전자등록기관은 발행 초기 단계에 신고된 수량을 알게 되며, 발행 완료 후 통보를 받아야 비로소 총수량을 수동적으로만 파악할 수 있다.

즉, 발행인 계좌관리기관은 전자등록기관으로부터 독립적으로 분산원장에 토큰증권 내역을 기재하므로, 전자등록기관은 토큰증권 발행 시와 발행 완료 시 그리고 시간 간격을 두고 주기적으로 발행인 계좌관리기관이 신고한 수량만을 파악할 수 있을 뿐 상시적으로 발행인 계좌관리기관 분산원장상의 토큰증권 내역을 파악할 수는 없다.

통보 수량에 의존한 권리행사

그럼에도 현행 전자증권법 체계는 전자등록기관이 전자등록주식 등의 권리행사를 대행하도록 하고 있어서 법적 장부 관리자인 발행인과 권리행사 수행자인 전자등록기관이 분리된다.

Part 5에서 이미 설명한 바와 같이 기존의 전자증권법은 2-Tier 장부구조에 의해 전자등록기관이 증권 총량을 관리하는 구조이며, 해당 체계 내에서 중앙의 전자등록기관이 직접 관리하는 자기계좌부는 물론 계좌관리기관의 고객계좌부에 등록된 증권에 대한 권리행사를 대행하도록 규정하고 있으므로, 전자등록기관은 분산원장 기술에 의한 계좌부를 관리하지 않는 상태에서 발행인 계좌관리기관이 통보한 토큰증권 총량만을 근거로 전자증권법 제41조에 의거한 권리행사 업무를 지원하게 한다.

물론 전자등록기관이 발행인 계좌관리기관의 노드로 직접 참여하여 기재된 내역을 직접 확인하는 방식이 확실하지만, 다수의 발행인 계좌관리기관이 존재하게 되고 기술적으로도 다양한 방식이 적용될 수 있는 문제로 인해 현실적으로 전자등록기관이 모든 블록체인에 노드로 참가한다는 것은 어렵다.

이러한 장부 관리와 권리행사 업무 간의 물리적 분리는 전자등록기관과 계좌관리기관 양측에서 각각의 비효율과 문제 발생의 원인이 될 수 있다.

권리행사 비효율

　먼저 전자등록기관으로서는 권리자 등에 관한 데이터를 알 수 없는데도 권리행사를 대행하게 됨으로써 사후에 문제가 되었을 때 대응할 방법이 마땅치 않게 되고, 전자등록기관의 책임이 없는 문제에 관해서도 법률 분쟁과 책임 관계의 위험에 노출될 여지가 생긴다.

　또한 발행인 계좌관리기관으로서도 자신이 직접 관리하는 토큰증권 투자자에 대해서 전자등록기관이 수행한 권리행사 내용을 수동적으로 받아들일 수밖에 없으므로 권리행사 처리결과에 관한 상세 내용을 파악하기 쉽지 않고, 권리행사와 관련한 개별적인 민원 등 문제 사안 발생 시에 대응능력을 갖추기 어렵게 된다.

　이처럼 발행인 계좌관리기관과 전자등록기관 사이에서 장부 관리와 권리행사 업무의 분리로 인해 발생할 수 있는 비효율을 사전에 방지할 수 있는 대안을 제도 시행 전에 준비할 필요가 있다.

3.3.3 토큰증권의 주주명부 작성

　예탁제도와 전자증권제도는 중앙예탁기관(CSD)과 전자등록기관 역할을 하는 한국예탁결제원(전자등록기관이자 예탁결제기관)이 실질주주명부 합산 절차와 소유자 명세 작성 절차를 통해 명의개서대리회사가 주주명부등을 작성하는 것을 도와 기명식 증권의 권리행사를 돕는다.

　전자등록기관(예탁결제기관)이 주주명부등을 작성하는 역할을 하는 이유는 증권의 보유내역이 여러 계좌관리기관(증권사 등)에 분산되어 기록되어 있을 뿐만 아니라 전자등록기관이 계좌관리기관이 보유한 증권에 대한 기록을 관리하고 있어서, 주주명부등을 작성하기에 효율적인 위치에 있으며 모든 계좌관리기관과 전용선으로 연결되어 네트워크의 중앙에서 가장 효율적으로 주주명부등을 작성할 수 있기 때문이다.

그런데 정부 방안 등을 살펴보게 되면, 단지 토큰증권의 합산 또는 소유자 명세 작성을 위해 반드시 전자등록기관을 거쳐야 하는지의 필요성에 의문이 든다.

토큰증권 보유내역을 전자등록기관이 기록하지 않고, 분산원장 기술에 의한 고객계좌부를 운영하는 계좌관리기관이 전적으로 관리하며, 전자등록기관은 단지 총량 관리의 역할만을 담당하기 때문이다.

또한 실무적으로도 합산 절차 없이 하나의 계좌부만을 읽어도 주주명부를 작성할 수 있으므로, 전자등록기관의 개입 없이도 계좌관리기관 단독으로 분산원장의 노드를 스캔하여 주주명부를 작성할 수 있게 된다.

만약 토큰증권제도에서도 현행 전자증권법상의 소유자 명세 작성 절차에 따라 전자등록기관이 전자등록주식등의 소유자 명세를 작성한다면 분산원장 노드 기록을 전자등록기관에 전달하고 내용의 변경 없이 구성만 조정하여 주주명부등을 작성해서 명의개서대행회사에 전달하게 될 것이다.

이처럼 토큰증권에 대해 데이터베이스 기반의 현행 전자증권법상에서 규정된 권리업무 절차를 그대로 적용하게 되면 분산원장 기술 체계에서는 불필요한 절차로 인해 불가피하게 비효율이 발생하게 되므로, 불필요한 절차를 생략할 수 있도록 관련 제도의 변경이나 개선을 검토할 필요성이 있다.

3.3.4 스마트 컨트랙트를 통한 권리행사 가능성

또한 계좌관리기관이 권리행사 업무를 수행한다면 향후 상법 개정 등을 통하여 분산원장이 주주명부등으로 법적 효력을 인정받은 이후 스마트 컨트랙트를 활용한 권리행사의 기초가 될 수 있다.

만약 전자증권법상 권리행사 업무를 전자등록기관이 관여하여 수행한다면 스마트 컨트랙트를 통한 증권 권리행사 과정에 전자등록기관의 개입이 불가피해져 운영의 효율성이 떨어지게 된다.

따라서 토큰증권에 대해서는 계좌관리기관이 전자등록기관에 대해 독립적으로 권리행사 업무를 수행할 수 있도록 함으로써 권리업무의 효율성을 높이고 향후 스마트 컨트랙트를 통한 권리행사의 가능성을 열어둘 필요가 있다.

3.3.5 계좌관리기관의 독립성 증가

현행 전자증권법은 전자등록기관의 고유업무로 전자증권의 등록, 전자등록계좌부의 작성 및 관리, 계좌 개설 및 관리, 소유자 명세 작성, 권리행사 대행, 발행 정보 공시 등을 규정하고 있고, 부수하는 업무로 주식 등의 담보 관리, 펀드 운용지원이 있고, 겸영 업무로 명의개서대행업무, 증권 대차 중개 주선 등을 열거하고 있다.

앞에서 열거한 고유업무 중 전자등록계좌부의 작성 및 관리와 권리행사 업무수행이 가장 핵심적인 기능이며, 부수 업무와 겸영 업무를 포함한 나머지 업무는 전자등록계좌부를 중심으로 증권 사무 취급에 필수적으로 동반 또는 연결되는 업무들이다.

분산원장의 보유 및 토큰증권 기록과 권리행사 업무를 계좌관리기관에서 독립적으로 수행하게 된다면, 분산원장을 관리하는 계좌관리기관은 전자등록기관과 유사한 형태가 된다. 그에 더해 부수 및 겸영 업무를 수행하게 된다면 어느 정도 독립성을 갖춘 전자등록기관으로 기능할 수 있다.

하지만 금융위원회 정비 방안과 개정 법안은 발행인 계좌관리기관을 신설하여 발행인이 분산원장(전자등록계좌부)에 자신이 발행하는 증권을 직접 등록하여 관리하고, 증권회사 거래시스템과 연계하는 내용을 담고 있는데, 발행인 계좌관리기관의 권리행사 업무 등에 대해서는 언급하고 있지 않다.

현행 전자증권법에 따르면 발행인 계좌관리기관의 전자등록계좌부는 고객계좌부에 해당하므로 전자등록기관이 권리행사 업무를 담당하게 된다. 따라서 종전과 같이 고객계좌부와 권리행사 업무가 분리되어 발행인 계좌관리기관은 전자등록기관의 권리행사 업무 지원을 받아야 하므로 독립적인 증권 사무 수행은 가능하지 않게 된다.

이는 앞서 언급한 증권 장부의 보유자와 권리행사 업무 수행자의 분리에 따른 비효율 발생과도 관련된 문제이다.

3.4 발행과 유통 분리 원칙의 해석

3.4.1 발행과 유통 분리 원칙

금융위원회의 토큰증권 정비 방안은 2022년 4월 발표한 조각투자 가이드라인에서 언급된 발행과 유통의 분리 원칙을 전제하여 만들어졌다.

즉 발행회사가 발행인 계좌관리기관이 되어 토큰증권을 발행하고 토큰증권의 보유내역을 관리하는 법적 장부를 관리할 수 있도록 하는 길을 열어두었으나, 발행인 계좌관리기관이 유통 기능을 수행할 수 없게 하였고, 비상장 토큰증권의 유통은 장외거래중개업자가 담당하게 하였다.

금융위원회는 조각투자 가이드라인에서, 발행회사가 유통회사를 동시에 운영하는 경우 발행회사의 증권에 대해 높은 유통가격을 책정하여 이득을 취할 수 있는 등 이해 상충의 문제와 투자자 피해를 발생시킬 가능성이 있으므로 발행회사가 유통시장을 함께 운영할 수 없다는 발행과 유통의 분리를 원칙으로 내세우고 있다. 금융위원회는 자본시장법상 명문화된 규정은 없지만 발행과 유통의 분리 원칙을 자본시장법의 기본원칙으로 보아 자본시장법이 적용되는 모든 영역의 이해 상충 방지 원칙으로 삼은 것으로 보인다.

사실 이는 투자자 보호를 위해 나름의 의미 있는 정책이다. 만일 발행회사가 유통시장을 운영한다면 실제로 공모가를 높게 책정하거나, 발행회사의 주식 가격을 높이기 위해 불공정거래행위를 할 유인이 높으며, 유통시장의 다른 증권에 비해서 자신이 발행한 증권을 우대하는 조치를 하여 가격 상승을 유도할 수도 있기 때문이다.

또한 발행과 유통의 분리 원칙은 미국 증권거래법 초안에도 고려되었던 원칙이며,[7] 증권과 관련하여 발행회사로부터 유통 기능을 분리하는 것은 나름의 타당성과 근거가 있는 이해 상충 방지 조항이다. 그러한 맥락에서 금융위원회의 정비 방안은 토큰증권에 대해서도 발행과 유통의 분리 원칙을 유지하는 방향성을 가지고 있다.

3.4.2 증권의 발행플랫폼과 유통플랫폼

다만 금융위원회의 토큰증권 가이드라인이 언급한 발행과 유통의 분리라는 기준의 의미가 발행 주체(발행인)와 유통 기능 간의 분리만

---

7 Security Exchange Act in 1934의 초안이었던 The Fletcher-Rayburn bill Section 10에는 중개인이 공정하게 투자 자문하도록 할 목적으로 투자자와 상담할 때 자기 회사가 발행한 신규 증권을 선전하는 것을 방지하기 위해 중개인이 딜러 또는 인수인 역할을 하는 것을 금지하는 내용이 있다. 이 조문은 당시 증권 업계의 반발로 Security Exchange Act in 1934에 포함되지 않게 된다[출처 : Seligman, Joel. The Transformation of Wall Street, Third Edition (A History of the Securities and Exchange Commission and Modern Corporate Finance). Kindle Edition. Aspen Publishers (Wolters Kluwer Legal)].

을 의미하는 것인지, 또는 발행과 관련된 모든 기능과 유통 기능 간의 분리까지 의미하는 지를 자세하게 따져 볼 필요가 있다.

증권의 발행 과정에는 발행회사(발행인)와 발행의 인수·모집을 대행하는 증권사만 참여하는 것은 아니다. 발행인은 증권을 발행하는 주체로서 증권발행 절차의 일부에만 그 역할이 한정되며, 발행의 인수·모집을 대행하는 증권회사도 발행시장의 중개 기관 중 하나로서 역할을 담당하는 것이다.

발행인을 제외하고 발행플랫폼의 기능을 수행하는 기관에는 증권회사(모집, 주선, 청약 및 인수), 금융감독원(유가증권신고서를 심사), 거래소(상장심사), 예탁결제원(등록심사), 금융기관(대금 납입), 명의개서대행회사(주식의 경우 발행 사무 지원), 사채관리회사(회사채의 경우 사채관리계약 등) 등을 열거해 볼 수 있다.

이들을 통해 증권과 권리 내용이 관련 법규와 실무에 따라 처리되지 않으면 발행 절차가 완성되지 않는데, 이러한 기능을 수행하는 기관을 한데 아울러 발행플랫폼이라고 할 수 있다.

그런데 금융위원회 정비 방안에서의 발행과 유통 분리 원칙은 발행인 또는 발행인과 이해를 같이하는 자들로부터 유통시장(유통플랫폼)을 분리하는 것에만 한정되고, 발행플랫폼 전체로 확장하여 유통플랫폼과의 분리를 의미하지는 않는다고 본다.

발행플랫폼과 유통플랫폼 사이의 이해 상충 문제

현행의 전자증권제도에서 증권의 발행회사 또는 인수·모집인을 제외한다면, 앞에서 열거한 증권 발행플랫폼에 해당하는 기관의 경우 거래플랫폼과 이해 상충 관계라기보다는 오히려 유기적인 협업의 관계에 있다고 볼 수 있다.

예를 들어 전자등록기관이나 계좌관리기관은 증권발행 시에 증권을 전자등록계좌부에 등록하여 발행플랫폼의 기능을 수행하지만, 유통플랫폼의 중심인 거래소시장에서 증권이 거래되면 전자등록계좌부상의 계좌간 대체기재를 통해 거래 결과를 등록(결제)하는 역할도 하므로 유통플랫폼과 연계된 기능(거래의 종결)을 수행하는 것으로 보아야 한다.

나아가 거래소시장을 거치지 않고 참가자 간에 발생한 상대거래 등에 따른 계좌간 대체(이전등록)와 관련해서는 전자등록기관이나 계좌관리기관이 증권의 유통플랫폼으로서도 기능한다고 볼 수 있다.

발행회사 또는 인수·모집인들의 경우에는 발행 증권의 가격 측면에서 이해관계가 얽힐 수는 있다. 발행 증권의 가격이 높으면 발행회사 또는 인수·모집인들이 이익을 보게 되며, 발행 증권의 가격이 낮으면 반대로 이익이 줄어들 수 있기 때문이다.

그러나 전자등록기관 등 발행플랫폼에 속하는 기관들은 발행 증권의 가격이나 수량과 관련해 각 기관의 역할에 따라 소정의 수수료를 받지만, 증권의 가격에 따른 직접적인 이해관계가 유통플랫폼 등을 상대로 발행 증권의 수량 등을 조작하여 이익을 추구할 만큼 존재하지는 않는다.

그런데 단일의 기관이 운영하는 발행플랫폼과 유통플랫폼의 경우는 증권의 가격보다는 오히려 증권 기재 내역의 조작 가능성 문제를 유발할 수 있다. 거래자료와 권리 보유내역을 동시에 장악하여 단일의 기관이 권리 보유내역을 조작할 수 있기 때문이다.

토큰증권의 해법

하지만 토큰증권의 경우에는 증권 기재내역을 다수의 금융기관이 노드로 참여하여 공유하는 방식이므로 발행플랫폼과 유통플랫폼을 통합하더라도 단일한 관리자에 의한 조작의 문제가 해소될 수 있다. 분산장부 네트워크에 참여하는 기관들은 합의 알고리즘에 따른 검증을 통해 블록을 생성할 때마다 장부 기재내역에 대해 상호감시를 수행하게 된다.

따라서 법률로 분산장부 네트워크에 참여하는 기관들이 서로 다른 이해관계를 갖도록 구성한다면 조작의 문제를 해결할 수 있게 된다. 오히려 발행플랫폼과 유통플랫폼의 통합을 통해 불필요한 비효율적인 절차를 줄이고 증권의 발행·유통·권리행사 업무를 매끄럽게 통합하여 처리할 수 있도록 구성할 수 있을 것이다.

그러므로 발행과 유통의 분리는 발행사 및 발행사와 이해를 같이 하는 인수·모집인들로부터 유통플랫폼을 분리하는 의미로 제한적으로 해석해야 한다. 그리고 발행플랫폼과 유통플랫폼 사이의 이해 상충의 문제는 발행과 유통의 분리 원칙과는 별개로 판단할 필요가 있다. 즉 발행과 유통의 분리에 대한 제한적인 해석을 통해 이해 상충 문제를 발생시키지 않으면서도 블록체인 기술을 도입하여 토큰증권을 통한 증권시장의 혁신을 추구할 수 있을 것이다.

3.4.3 발행인 계좌관리기관

토큰증권 정비 방안과 관련 법안은 발행인 계좌관리기관이라는, 전자증권법상의 등록 업무 수행기관을 추가하여 발행인으로 하여 분산원장 기술을 활용한 고객계좌부를 운영하고 자신이 발행한 토큰증권을 해당 고객계좌부에 등록할 수 있도록 하고 있다.

그리하여 토큰증권의 발행인이 독립적인 전자등록기관이나 증권회사와 같은 계좌관리기관으로서 기능하도록 가능성을 제시하였다는 데에 큰 의미가 있다고 평가할 수 있다.

2023년 7월에 발의된 전자증권법 개정안에는 세부적인 사항을 정의하고 있지 않지만, 관련한 시행령이나 감독규정에서 어떠한 기능을 부여하게 될지 귀추가 주목된다.

위와 같은 가능성이 열려 있기도 하지만, 발행인 계좌관리기관이 현실에서 작동하기에는 몇 가지 한계점이 있다.

첫 번째는 발행인이 본연의 목적사업 외에 증권을 전문적으로 취급하기 위한 조직과 인력을 갖추기 쉽지 않다는 것이다.

발행인 계좌관리기관이 되면, 단지 증권을 발행해서 매출하는 것으로 끝나지 않고, 고객계좌부를 통한 증권의 권리관계 기록, 관리, 실행을 위한 증권 관계 법규와 실무, 회계, 세무 등 제반 노하우를 갖추어야 한다.

증권 관계 법령에 따른 권리관계를 따져가며 권리행사 실무를 수행하고, 관련 규정을 해석 및 판단하여 개별 권리자를 상대해야 하는데, 이러한 일을 수행하기 위해서는 최소 수년 이상의 숙련된 실무와 법률 등 지원체계가 기반이 되어야 한다.

두 번째는 분산원장 기술을 적용한 고객계좌부 및 관련 시스템 규모를 감당하기 어렵다는 점이다.

대국민 서비스로서 고객계좌부 운영을 포함한 증권업무 시스템은 증권시장의 모든 관계 법규를 실무적으로 수용하고, 국제표준의 규격과 성능, 해킹 방지 등 보안성, 리스크 통제, 백업 체계 등 다양한 측면에서 높은 수준의 시스템과 네트워크를 구축해야 한다. 그에 더해 장기간 운영에 필요한 비용까지 부담해야 한다.

증권업무 시스템은 대형 증권사 정도만 자체 시스템을 구축하여 운영하고, 중소규모의 약 28개 증권회사는 자체적으로 고객계좌부를 구축하지 않고 ㈜코스콤이 구축한 증권업무 시스템(Power Base)을 통해 원장(고객계좌부) 관리를 중심으로 고객 및 계좌관리, 트레이딩 지원, 은행 등 관련기관 연계, 투자 정보 관리, 회계, 세무 등 관련 사무를 수행한다는 점을 참고해 볼 필요가 있다.

세 번째는 수익성 부족이다. 단위 규모의 증권시장 인프라 성격의 시스템과 조직 및 인력을 유지할 만큼 충분한 규모의 증권을 계속해서 발행하여 수익을 올려야 하는데, 전통 형태의 증권을 제외하고 대상으로 언급되고 있는 투자계약증권이나 비금전 신탁수익증권 중에서 충분한 규모의 시장을 형성할 만한 기초자산이나 사업을 확보할 수 있을지 의문이다.

게다가 기존계좌관리기관이나 전자등록기관이 아닌 발행인 계좌관리기관의 경우 타사가 발행한 토큰증권을 등록할 수도 없도록 한 조건에 의해 수익성 측면에서도 추가적인 제약요인이 따를 것으로 보인다.

네 번째는 발행인이 자신이 발행한 토큰증권을 고객계좌부에 등록하는 부분에서 토큰증권 네트워크를 구성하기가 쉽지 않다는 것이다.

금융시장에는 개방형 네트워크가 적합하지 않은 측면이 있어서 정부의 방안은 허가형 네트워크를 전제하고 있는데, 블록체인의 합의 알고리즘을 구성하기 위해서는 허가형 중에서도 컨소시엄형 네트워크를 구축해야 한다.

그런데 발행인이 자신의 토큰증권을 발행하는 경우, 별다른 이익도 없이 제3의 여러 기관이 노드로 참여한다는 것은 현실적으로 어려운 일이다.

노드로 참여한다는 것은 관련 시스템과 네트워크를 구축하고 조직과 인력도 운영해야 하는 일이므로 발행인 계좌관리기관은 그에 부합하는 비용 보전과 수익을 제공해야 한다. 더군다나 노드와 관련해 문제가 발생하게 되면 관련한 책임이 따를 수도 있으므로 노드 참여

문제는 쉽게 판단할 수 있는 사안이 아니다.

마지막으로는 금융위원회의 토큰증권 가이드라인이 발행과 유통을 분리한다는 원칙에 따라 발행인이 토큰증권을 유통하는 시장을 운영할 수 없다는 점이다.

자신이 발행한 토큰증권을 직접 운영하는 법적 장부에 토큰증권을 등록하게 한다는 점에서는 좋은 접근이라 할 수 있다. 그리고 발행과 유통의 분리는 건전한 증권시장 운영을 위해서 불가피한 측면도 있다. 하지만 발행인 계좌관리기관은 비교적 소규모로 운영될 수밖에 없는 특성이 있으므로, 유통까지 분리하게 되면 그나마도 부족한 수익모델이 더 축소될 수밖에 없게 된다.

정부는 규제샌드박스를 통해 발행과 유통 기능을 동시에 수행하도록 허용하였는데, 실제 제도 수용에서는 유통 기능 수행을 금지한다면 이미 규제샌드박스에 근거하여 사업을 시작한 모델들은 더욱 곤란을 겪게 될 수도 있다.

3.4.4 발행플랫폼과 유통플랫폼의 통합 가능성

지금까지 토큰증권 발행인과 유통 기능의 분리 원칙, 발행인과 발행플랫폼의 관계, 발행인의 분산원장 기술을 활용한 토큰증권 고객계좌부 운영에 대해 살펴보았다.

금융위원회 정비 방안은 발행과 유통의 분리에 대해 토큰증권의 발행인은 물론 해당 토큰증권의 발행·인수·주선 중개업자도 해당 토큰증권의 위탁매매업무를 금지하고 있다.

그러나 이미 앞에서 제안한 것처럼 토큰증권에 대한 효율적 제도 구성을 위해서는 발행과 유통의 분리를 제한적으로 해석하여 발행인에 대해서만 분리하고 인수·주선하는 중개업자에 대해서도 규제적 시각을 완화해서 볼 필요가 있다.

발행과 유통의 분리 원칙을 확대 적용하여 발행플랫폼의 기능을 수행하는 중개 기관들도 발행인 계좌관리기관 또는 일반의 계좌관리기관과 통합할 수 없다고 한다면 토큰증권 사업에 현행과 같이 많은 중개 기관이 개입하게 되어 시장기능 측면에서의 효율화가 어렵게 된다.

토큰증권을 성공적으로 도입하기 위해서는 블록체인의 혁신 추구를 발전적으로 수용하여 발행플랫폼의 일부 기능과 유통플랫폼을 통합하는 구조를 고려해 보아야 한다.

물론 기존 증권시장에서 발행인과 유통플랫폼은 증권관리의 효율성을 위해 서로 분리되어 발전해 왔고, 발행플랫폼이 유통플랫폼과 서로 통합되는 경우 중앙화된 데이터베이스 방식이라는 특성으로 인해 권리 내역 조작의 위험이 존재하므로, 상호 분리 운영을 통해 시장 운영의 안정성에 기여해 온 것도 사실이다.

즉 기존의 금융시장 인프라는 기능별로 분리되어 운영됨으로써 시장의 효율성을 해치지 않으면서 기관 간 상호감시를 통해 이해 상충의 문제를 해소하는 구조이며, 특히 증권의 법적 장부 운영과 시장 거래 기능을 분리 운영하는 것이 가장 두드러진 이해 상충 방지 체계라 할 수 있다.

통합의 효과

하지만 토큰증권의 경우에는 법적 장부를 여러 기관이 노드로서 동시에 관리함에 따라 상호감시 기능이 작동하게 된다. 또한 장부 기재를 위한 합의 알고리즘이 존재하여 장부 기재에 있어 발행인에 의한 조작을 방지할 수 있게 된다.

또한 거래기록이 그대로 기록되기 때문에 조작 여부를 판단하기에도 용이하다. 실제로 거래체결 기록과 트랜잭션 기록의 일치 여부만을 확인하면 되기 때문에 감독 당국이 사후적으로 조작 여부를 파악하기가 매우 쉬워진다. 다시 말해 분산원장에 기반한 토큰증권제도에서는 권리 기재 내역의 조작 가능성이 매우 낮아진다.

그에 따라 발행플랫폼 기능과 유통플랫폼 기능의 이해 상충을 분산원장 네트워크 안에서 자연스럽게 견제하는 구조가 형성되므로, 이해 상충의 우려 없이도 발행플랫폼 기능과 유통플랫폼 기능을 통합할수 있게 될 가능성이 있다. 만일 상호 견제가 부족하다면 그를 위한시스템 설계와 지배구조를 통해서도 보완이 가능할 것이다.

그리하여 발행플랫폼과 유통플랫폼의 기능을 하나의 플랫폼에서수행한다면, 증권시장의 중개 기관 수 축소, 업무 프로세스와 처리 시간 단축 등이 가능하게 되어 수수료 등 비용을 획기적으로 낮출 여지가생긴다.

즉, 발행플랫폼과 유통플랫폼의 분리를 위해 불가피하게 들어가던비용들을 줄이고, 두 플랫폼에서 기능적으로 중복되거나 불필요한 기능을 제거하여 인프라의 효율성을 높이게 될 가능성이 있다는 것이다.

사실 토큰증권과 관련하여 발행플랫폼에서 가장 중심이 되는 것은 분산원장의 운영, 즉 법적 장부의 운영이기 때문에, 분산원장과 연결된 발행 기능을 최대한 통합하여 수행하도록 하고, 유통플랫폼까지통합 연결하는 구조를 만들어 낸다면 상당한 효율을 달성할 수 있을것으로 기대된다.

해외의 통합 시도와 예상 모델

해외에서는 이미 이런 모델로 블록체인을 이용해 증권시장 인프라를 통합하고 있다. EU에서 MiCA와 함께 통과된 Pilot Regime 법률에서는 거래소와 CSD(예탁결제기관)의 통합을 검토하고 있으며, 스위스에는 2021년 10월 스위스 금융감독청에 의해 거래소 면허와 예탁결제기관(CSD) 면허를 모두 부여받은 통합 플랫폼 모델로서 SDX가 있다. 이 모델은 전통의 증권관리기관이 거래소와 예탁결제기관이 통합된 구조인데, Security Token의 등록과 유통, 결제, 권리관리를 하나의 기관에서 모두 수행하는 방식이다.

발행플랫폼과 유통플랫폼의 통합은 여러 가지 조합을 예상해 볼 수 있다. 분산원장을 운영하는 주체가 단독으로 또는 공동으로 유통 기능까지 One-stop으로 운영할 수도 있고, 그 이전에 분산원장을 공동으로 구성할 수도 있다. 반대로 장외거래중개업자들이 공동으로 분산원장을 운영하는 방식도 가능할 것이다.

여러 참가자가 분산원장과 거래 기능을 공동으로 구축하여 운영하게 된다면 특정 토큰증권의 모집, 주선, 청약을 담당한 증권회사가 해당 토큰증권의 거래 기능을 수행하지 못하도록 제한할 필요성도 사라지게 된다.

해외에서는 이미 발행플랫폼과 유통플랫폼을 통합한 사례가 있고, 시장의 비용 절감과 효율성 개선이 가능하다면 토큰증권의 도입에 있어, 발행과 유통의 분리에 대한 제한적인 해석을 통해 자본시장의 혁신과 성장을 추구할 수 있는 법과 제도의 구성을 추진해 갈 필요가 있다.

Part 7
토큰증권의 미래

증권 영역 확대와 자산 시장 디지털화

1.1 조각투자가 신상품 도전으로

시장에서는 블록체인을 활용해 투자가 가능한 상품을 발굴해서 증권으로 발행하거나 유통하는 방식을 새로운 사업 기회로 삼으려는 시도가 활발하게 이루어지고 있다.

블록체인을 활용하려는 시도는 기존의 증권보다는 새로운 증권상품 즉 신종증권에 집중되고 있는데, 이러한 신종증권의 흐름은 크게 조각투자와 투자계약증권으로 구분해 볼 수 있다.

조각투자와 투자계약증권

먼저 조각투자란 2인 이상의 투자자가 실물, 그 밖에 재산적 가치가 있는 권리를 분할한 청구권에 투자·거래하는 등의 신종 투자 형태를 말한다.[1] 초기에 다수 조각투자회사가 혁신금융서비스를 통해 사업을 수행할 때 블록체인을 활용해서 조각투자상품을 만들어 판매하였던 때문에 토큰증권과 함께 언급되는 경우가 많았고, 그에 따라 상호 높은 연관성을 가지게 되었다. 또한 정부의 토큰증권 정비 방안에서 조각투자와 관련된 내용이 많이 수록되면서 토큰증권과 관련이 큰

---

1 조각투자 등 신종증권 사업 관련 가이드라인.금융위원회, 2022.4.29. 보도자료.

것으로 받아들여지는 분위기이다.

다음으로 투자계약증권은 자본시장법에서 규정한 증권의 한 유형으로서 특정 투자자가 그 투자자와 타인 간의 공동사업에 금전 등을 투자하고 주로 타인이 수행한 공동사업의 결과에 따른 손익을 귀속받는 계약상의 권리가 표시된 것을 말한다(자본시장법 제4조 제6항).

본래 자본시장법상 투자계약증권은 정형적 증권[2]의 보충적인 개념으로서 증권법 규제를 위한 개념이었고, 법률상 또는 계약상 양도가 제한되어 자본시장법상 규제를 그대로 적용할 실익이 없어서[3] 유통규제를 적용하지 않았다(자본시장법 제4조 제1항 단서 제1호).

이른바 Security Token의 자본시장법상 법적 성질이 투자계약증권으로 알려지면서 우리나라에는 투자계약증권에 대한 유통규제가 적용되지 않으므로, 토큰증권을 투자계약증권으로 설계해 규제를 거의 받지 않는 상태에서 자유롭게 거래할 수 있겠다는 발상이 있었던 것으로 보인다. 그러나 조각투자와 투자계약증권 간의 관계에 대해 오해가 있는 것으로 보인다.

조각투자와 블록체인 기술

블록체인 기술은 실상 조각투자와는 큰 연관성을 가지지 않는다. 주식도 회사의 지분을 쪼개서 1주 단위로 거래 또는 권리행사를 하는 것이고, 수익증권도 기초자산을 담보로 수익권을 좌 단위로 조각내어 발행하는 것이다.

---

2 지분증권, 채무증권, 수익증권, 파생결합증권, 증권예탁증권과 같이 투자계약증권 이외에 자본시장법상 규정된 다른 유형의 증권.

3 김건식·정순섭, 자본시장법(제3판), 두성사(2013), 93면; 임재연, 자본시장법(2015년판), 박영사(2015), 54면.

최근 조각투자라고 불리는 투자 방식은 시장에서 자발적으로 발생하기 시작하여, 조각투자 가이드라인과 토큰증권 정비 방안, 신탁업 혁신안 등으로 관련 증권규제가 갖추어지면서 가능해진 것일 뿐 블록체인 기술과는 근본적으로 큰 관련성이 없다. 조각투자의 관점에서 보면 블록체인 기술이 아니라 해도 현행의 법적 도구들을 이용하여 유동화하는 등 기존의 방식으로도 가능하였으므로 블록체인과 조각투자를 결부시키는 것은 설득력이 약하다.

사실 블록체인 기술을 활용해 직접 조각 설계로 활용하는 내용을 찾아보기는 어렵고, 단지 가상자산이 소수점 이하 거래가 가능하다는 점에서 조각투자의 개념과 연관되어 있다고 생각할 수 있으며, 그 외에 단순히 고가의 건물이나 예술품 등을 일반인이 투자가 가능한 가격 수준으로 조각내서 파는 방식이 왠지 블록체인과 맞아떨어져서 조각투자와 연관되어 있다고 볼 수 있는 정도이다.

투자계약증권에 대한 발상 또한 토큰증권과 관련이 그리 크지 않다. ICO 규제 이후 발행된 Security Token 모델이, 종전에는 구체적인 증권상품으로 설계 및 유통되지 않았던 자산을 대상으로 하다 보니 그것을 투자계약증권이라고 오해한 측면이 있는 것 같다.

그러나 토큰증권도 권리의 속성이 정형적 증권(지분증권, 채무증권, 수익증권, 파생결합증권, 증권예탁증권)에 해당하면 정형적 증권으로서의 규제를 받게 된다. 토큰증권이 투자계약증권에 해당하더라도 현재 입법이 진행 중인 토큰증권 정비 방안에 따라 자본시장법 제4조 제1항 단서를 삭제하여 투자계약증권에도 유통규제를 적용하도록 하는 개정안이 통과하는 경우 다른 증권의 종류와 마찬가지로 자본시장법상의 정식 규제를 받을 수밖에 없다.

물론 토큰증권 정비 방안에도 일부 포함되어 있듯이 사모증권 및 소액 공모 제도와 같이 토큰증권에 일부 완화된 자본시장법상 규제가 적용되는 내용도 존재한다. 하지만 토큰증권이 도입되어 완화된 규제를 적용받게 된다면 그것은 토큰증권의 기술적 특성에 기인하기보다는 시장 규모가 작다는 측면과 초기 시장을 활성화할 필요가 있다고 정책당국이 판단하기 때문일 가능성이 높다. 이는 토큰증권 정비 방안에서 사모증권 및 소액 공모 규제에 관한 내용이 토큰증권에 한정되지 않고 모든 증권에 적용되는 이유이기도 하다.

블록체인과의 연관성이 크지는 않음에도 불구하고, 조각투자 및 투자계약증권과 같은 신종증권은 증권 부문에 대한 블록체인 기술 도입이 시도되는 초기의 새로운 투자상품 발굴 노력과 함께 집중적으로 다루어지면서 토큰증권제도와 깊은 연관성을 가지며 성장하고 있다.

1.2 비금전 신탁수익증권의 허용

토큰증권에 대한 오해에도 불구하고 토큰증권을 계기로 신종증권이 판매되기에 이르렀으며, 토큰증권 정비 방안이 도입되기 이전부터 그동안 발행이 허용되지 않았던 비금전 신탁수익증권이 블록체인을 활용한 금융규제 샌드박스를 통해 발행되어 유통되었다. 그리고 최근에는 최초의 투자계약증권이 발행되기도 하였다.

국내에서는 자본시장법과 신탁법에 의거 금전신탁이나 특정금전신탁에 대해서만 수익증권을 발행해 유통할 수 있었는데, 조각투자 가이드라인과 토큰증권 도입에 따른 투자계약증권 유통규제 적용, 2022년 10월 발표된 신탁업 혁신 방안에 의해 음원 등 저작권, 공연, 미술품, 부동산 등 금전 형태가 아닌 기초자산을 베이스로 수익증권을 발행할 수 있는 길이 열리고 있다.

토큰증권 정비 방안 및 신탁업 혁신안과 관련한 법률 개정 방향이 어느 정도 윤곽을 잡아가면서 시장에서는 다양한 상품의 설계 검토가 진행되고 있어서 새롭게 출시되는 증권상품들이 다수 나타나게 될 것으로 예상된다.

실제로 토큰증권 및 신탁업 혁신안과 관련된 법률 개정이 이루어지지 않은 동안에도 기존 제도와 금융혁신법에 따른 금융규제 샌드박스를 통해 이미 신탁수익증권과 투자계약증권으로 다양한 증권상품이 만들어지고 있다.

신탁수익증권의 대표적인 예는 뮤직카우의 저작권료 참여 청구권에 대한 증권의 발행이다. 2022년 4월 증권선물위원회는 뮤직카우의 저작권료 참여 청구권 상품들은 투자계약증권으로 판단하였으나, 뮤직카우는 2022년 9월 혁신금융서비스로 지정되어 비금전 신탁수익증권을 발행·유통할 수 있도록 특례를 부여받아 현재 투자계약증권이 아닌 수익증권의 형식으로 음악 수익증권을 발행하여 유통하고 있다.

기존의 금전신탁에만 허용되던 수익증권이 비금전 신탁에도 허용된 것은 블록체인 도입의 영향으로 파생된 상당한 진전이며 향후의 규제 정비와 시장화 정도에 따라 추가적인 성장이 기대된다.

또한 앞서 언급한 것과 같이 투자계약증권을 통한 증권발행도 점차 시작되고 있다. 업계에서 여러 차례의 시도 끝에 2023년 12월 15일 미술품 조각투자업체인 열매컴퍼니가 제출한 투자계약증권에 대한 증권신고서가 효력을 갖게 되면서 최초의 투자계약증권이 발행된 사례도 앞으로 추가적인 증권상품 출현의 가능성을 보여주고 있다.

1.3 증권 디지털화의 확장

유동화 대상의 확대

블록체인의 또 다른 혁신은 기존 증권시장에서는 기초자산으로 잘 활용되지 않았던 실물자산이나 지적 재산 등 다양한 유무형 자산을 유동화하고, 역시 실물 증권 체계에 머물던 비상장 증권을 제도권의 증권으로 디지털화하는 길을 확장했다는 데에서 중요한 의미를 찾을 수 있다.

디지털화의 대상이 되는 기초자산의 유동화는 수익증권 방식이 주종을 이룰 것으로 보이는데, 어떠한 종류이든 유동화하지 못할 자산은 없다.

이때 대상 자산이 충분한 시장성을 갖추고 있거나, 자산의 보유 관계를 법적 효력이 있는 디지털 표현으로 전환할 필요성이 있다면 비록 상품의 규모가 작다고 해도 유동화의 가능성이 생기게 된다.

결국 이를 통해서 증권시장에 다양한 자산이 증권의 형태로 유입되어 자본시장의 상품 다양성을 높이고 자산의 유동성을 높이는 효과를 기대할 수 있게 된다.

관련하여 2024년 1월부터 시행된 자산유동화법 개정안에는 기초자산의 범위를 기존 채권, 부동산, 기타의 재산권에서 장래에 발생할 채권과 지식재산권까지 확대하고, 자산보유자 요건을 완화하여 자산유동화제도를 이용할 수 있는 범위를 확대하였는데, 토큰증권은 자산유동화의 중요한 수단으로 성장할 것으로 예상된다.

비상장 증권의 디지털화

한편 비상장 증권 영역의 디지털화를 추진하는 방식으로 블록체인을 활용한다면 상장증권의 영역보다는 좀 더 혁신적으로 디지털화가 가능할 것으로 기대된다.

우리 증권시장은 아직도 실물 증권의 개념에 익숙해 있고, 전자증권제도가 시행되었음에도 비상장 영역은 여전히 실물 증권을 취급하는 경우가 대부분이다. 따라서 분실·도난·위변조 등 위험이 지속 발생하고 실물 취급에 따른 각종 비용과 시간이 추가로 발생하는 등 비효율과 불편이 여전히 존재하여 이에 관한 개선이 필요한 실정이다.

이미 비상장 증권 영역을 제외하고는 대부분 디지털화가 많이 이루어진 상황에서 비상장 영역에서만 굳이 실물 증권 취급으로 발생하는 비효율을 그대로 방치하는 것은 바람직스럽지 않다.

만일 블록체인이 도입되면서 초기 단계에 비상장 영역부터 적용된다면, 그동안 전자증권 전환이 비상장 영역에서 답보상태에 머무르던 것을, 블록체인 도입을 계기로 디지털화가 가속화되는 효과를 기대할 수 있게 될 것이다.

상장 부문에 토큰 기술 적용

나아가 현재는 토큰 기술 적용이 비상장 영역에서 주로 일어나고 있지만, 상장 부문에 대한 적용도 검토할 필요가 있다. 특히 토큰증권 기술은 현실적으로 권리업무가 상대적으로 복잡하지 않은 채권에 먼저 적용해 보는 것도 가능할 것이기 때문에, 블록체인 기술의 진보에 따라 채권 등 상장증권을 토큰증권으로 발행·유통하는 것도 생각해 볼 수 있다.

종합해 보면 과거에는 여러 이유에서 거래 필요성이 부족하거나, 적절한 방법이 없어서 또는 규제가 심해서 증권으로 거래되지 못했던 자산이 블록체인 기술 도입을 계기로 제도화된(디지털화된) 시장에 편입되면서 새로운 상품과 유동성을 제공하게 된 측면이 블록체인이 불러일으킨 예상외의 혁신이며 경제적인 의의라 할 수 있겠다.

한발 더 나아가 기술적으로만 다를 뿐이지 현행 전자증권제도의 전자등록 대상에 있어서 등록의 개념을 확장해서 상법상 유가증권은 물론 등록이 가능한 모든 자산을 대상으로 전자등록방식 적용을 논의해 볼 필요가 있다.

그 대상 중에 만일 증권이 아닌 것이 있다면, 마냥 배제하기보다는 그 권리의 특성에 맞는 규제를 차근히 준비하는 것도 디지털화를 효과적으로 활용하는 방법일 수 있다.

그리하여 디지털화라는 대세적 흐름에 맞추어 이제는 등록이 가능한 모든 자산에 대해 실물 증권에서 벗어나는 시도를 해볼 만한 시기로 접어들고 있다. 따라서 토큰증권의 적용 대상을 자본시장법상 증권뿐만 아니라 상법상 유가증권에 이르기까지 전자적인 방법으로 장부에 등록이 가능한 모든 증권으로 범위를 확대해 가는 것이 바람직하다.

증권시장 기능 재구성

　비트코인이나 이더리움 등 일반적인 가상자산 메인넷에는 거래를 매칭시키는 기능이 없다. 온체인 자체로는 가상자산 보유자가 매수 상대방의 주소를 알아야만 송금을 할 수 있으므로 매수자 탐색을 위한 비용이 발생하게 된다.

　이러한 상대거래는 중개업자가 존재하지 않기 때문에, 매수자를 찾기 위해 일정한 노력을 동반하게 되므로 가장 원시적인 거래 방식에 속한다. 그러다 보니 블록체인 메인넷은 거래의 중개인이 필요하게 됐고 해당 기능을 수행하는 기관이 바로 가상자산거래소라 할 수 있다.

　하지만 블록체인이 탈중앙화를 추구하는 것에 반하여 가상자산거래소는 중앙화 금융(CeFi)이라 불릴 만큼 관리자의 신뢰에 의존하여 중앙집중적인 방식으로 운영되고 있다.

　본질적으로 블록체인은 탈중앙화 방식으로 다수의 불특정 노드들이 합의 알고리즘에 따라 집단적인 검증을 수행해 분산장부 기재내역에 대한 신뢰를 형성하는 기술로 볼 수 있으며, 어디까지나 메인넷 기재의 신뢰를 구현하는 기술이라는 점에 한정하여 성립하는 것으로 이해된다.

　그럼에도 가상자산거래소의 존재 등을 비추어 볼 때 블록체인이라는 이유로 해서 중앙화된 중개 기관이 필요 없다는 주장까지 펼치기는 어려워 보인다. 현재 가상자산 생태계뿐만 아니라 가상자산 시장에 대한 규제도 가상자산거래소의 존재를 전제로 이뤄지고 있고 탈중앙화된 생태계 운영 방식과 중앙화 중개 기관이 혼재된 상황에서 관계 당국은 적절한 시장 규율을 모색하고 있다.

한편 블록체인을 통해 탈중앙화 또는 탈중개화의 논의가 전개되면서, 가상자산의 간편한 보유와 거래 방식으로 인해 기존 증권시장에서 기능하고 있는 모든 중개 기관이 그대로 다 필요한지에 대해 처음부터 다시 바라보게 하는 현상을 만들어 냈다.

다시 말해 탈중앙의 논리를 기반으로 증권시장에서 기능하는 전통의 금융기관들이 모두 필요한지, 통합해서 운영할 수는 없는지를 원점에서부터 다시 따져 보는 계기를 만들어 내고 있다는 것이다.

2.1 토큰증권 등록관리와 유통 기능의 단일화

증권시장에 대한 블록체인 기술 도입으로 새로운 증권상품이 도입되어 시장화되기를 원하는 이들이 매우 많다. 하지만 아무리 새롭고 좋은 상품을 설계해서 내놓는다 한들 그것을 직접 발행하거나 거래하는 일에 규제가 많아서 실상 발행하기 어렵거나 경제성이 부족하다면 아무런 실익이 없을 것이다.

토큰증권 상품을 준비하는 업계에서는 현행의 증권규제가 과도하고, 국회나 정부가 내놓은 관련 법 개정안도 규제 수준이 높아서 새로운 증권상품을 시장화해서 거래하기에 부족하다는 것이다.

공저자들이 보기에 가장 큰 장벽의 하나는 시장에서 어떤 사업자가 증권업을 영위하기 위해 갖추어야 할 자격이 높기도 하지만, 겸업에 대한 금지 또는 규제 등으로 각 기능 별로도 업무를 수행하는 주체가 분리되어 있어서 구상하는 사업의 기능을 하나의 플랫폼에 모두

담을 수 없다는 점이다.

　만일 토큰증권을 운영하는 계좌관리기관이 고객을 위해 분산장부를 직접 또는 연합하여 운영하고, 토큰증권의 거래와 권리관리까지 모두 수행하는 독립적인 형태의 사업모델이 허용될 수 있다면, 증권시장의 구조를 새롭게 바꾸는 계기가 될 수 있을 것이다.

　금융위원회가 제시한 기준에 따라 발행과 유통을 분리하기 위해 장외거래중개업자가 토큰증권 발행인과 인수·주선인으로부터 독립하여 운영되더라도, 계좌관리기관의 분산장부를 통한 토큰증권 등록 및 권리관리와 장외거래중개업자에 의한 유통 기능이 한 데 묶여서 각각의 기관으로 분리되지 않는 형태를 상상해 볼 수 있다. 즉 앞서 Part 6에서 언급한 바와 같이 발행플랫폼과 유통플랫폼의 통합 가능성을 생각해 보게 된다.

　지금 시장에서는 여러 금융기관, 기술회사와 조각투자 사업자들이 연합형태의 분산장부를 구성하기 위해 다양하게 합종연횡을 이루고 있고, 수익성 있는 사업모델에 대해 모두가 고민하는 상황에서 이러한 통합모델에 대한 구상을 시도해 볼 필요가 있다.

　해외에서는 일찍부터 이러한 모델로 사업을 수행하고 있다. 앞서 언급했던 스위스 거래소 그룹인 SIX가 설립한 디지털자산 발행·유통 플랫폼인 SDX 사례 등이 있다.

　통합의 구조를 시장의 관점에서 보면 발행인 및 인수·주선인과는 분리되지만 토큰증권의 발행에 따른 분산장부 등록과 거래가 각각의 중개 기관으로 분리되지 않고 통합하여 수행하는 방식이기 때문에, 이해 상충의 문제만 잘 관리한다면 증권 사무처리의 간소화와 비용 절감 측면에서 종전보다 효율적인 시장 인프라로 평가받을 수도 있다.

2.2 취급 상품 확대와 플랫폼 간 경쟁

만일 토큰증권에 대해 등록, 유통, 권리행사까지 부분적 또는 모두 수행할 수 있는 플랫폼이 가능하다고 한다면, 그다음은 그러한 플랫폼이 복수로 설립되어 상호 경쟁을 통해 시장이 성장해 가도록 허용할 필요가 있다.

이미 시장에는 여러 사업자가 각각의 상품을 토대로 토큰증권 플랫폼을 준비하고 있어서 여러 플랫폼이 군소 난립할 가능성도 있다. 장기적인 관점에서 보면 취급 상품에 따라 규모가 작은 시장에서는 규모의 경제가 발생하지 않고 관리 부담으로 인해 독자 생존에 어려움을 겪게 될 것인데, 이들이 규제 장벽과 경제성 부족 등으로 모두 실패하여 그동안 시도해 온 기술과 상품의 혁신성도 모두 사라진다면 사회적으로도 손실이 크고 많은 투자자가 피해를 보게 될 수 있다.

정부의 토큰증권 정비 방안은 발행인 계좌관리기관을 도입하여 자신이 발행하는 토큰증권만을 분산원장인 고객계좌부에 등록할 수 있도록 하였는데, 발행인 계좌관리기관이 일반의 계좌관리기관과 같이 타 발행인의 토큰증권을 등록할 수 있도록 허용하여 사업 기회를 조금 더 확대해 주는 것을 고려할 필요가 있다.

자신이 발행한 토큰증권만을 등록하기에는, 분산장부 운영과 증권 업무 수행에 들어가는 시스템 설비와 전문인력 등에 비해 수익과 비용적인 측면에서 효율을 달성하기가 매우 어렵기 때문에, 여러 상품을 등록하게 하여 시장이 형성되고 수익성이 담보되어야 토큰증권 산업이 안착할 수 있을 것이기 때문이다.

한편 발행인 계좌관리기관이 자신이 발행한 토큰증권만을 등록하여 사업을 영위하는 업체가 이해 상충이 없는 복수의 노드를 구하기란 현실적으로 매우 어렵다. 단일한 사업자가 손익분기점을 달성할

만큼 큰 규모의 조각투자상품을 발굴하기도 어려운데, 아직 수익이 나지도 않는 다른 회사의 블록체인 사업에 노드로 참여해서 시스템, 인력 투자, 관리 부담은 물론 유사시 손해배상책임까지 질 수 있는 문제이기 때문이다.

분산장부는 복수의 참가자가 상호 협업하는 네트워크이고 허가형의 노드로 참가하기 위해서는 그만한 유인이 필요하므로 복수의 상품 등록을 허용하여 수익성이 담보되고 규모가 커진다면, 노드로 참여한 기관들이 분산장부를 기반으로 한 사업적 연계도 시도해 볼 수 있을 것이다.

분산장부 플랫폼이 복수의 중개 기능 수행으로 효율성을 발휘해 사업에 성공하게 된다면, 전통 증권 영역의 거래소시장, 전자등록기관, 금융투자회사 등과도 경쟁하게 되어 블록체인이 역으로 전통 증권시장의 효율화를 견인하게 될 수도 있다는 기대를 해본다.

증권 사무 효율화

3.1 분산장부를 통한 결제 주기 단축

토큰증권의 경우에는 매매 후 결제 주기를 현행보다 단축할 수 있을 것으로 기대된다. 그러나 최대한 단축한다고 해도 당일 결제(T+0) 정도가 적합할 것이며, 가상자산거래소와 같은 24시간 실시간(연속) 거래는 사실상 어렵다.

많은 이들이 블록체인을 통하면 토큰증권도 24시간 실시간 거래와 결제가 이루어지는 것으로 생각하지만, 이는 아마도 전 세계 가상자산 시장이 연중무휴로 돌아가는 체계를 보고서, 토큰증권도 마찬가지라고 여기기 때문일 수 있다.

가상자산의 경우에는 증권과는 달리 복잡한 권리관계가 동반되지 않고, 가격등락에 따른 시세차익을 추구하는 거래 위주의 투자가 이루어지므로 메인넷에의 기재가 빈번하게 일어나지 않아도 24시간 거래에 큰 문제가 되지 않을 수 있다. 하지만 증권의 영역에서는 증권의 권리 내용과 거래에 따른 변동 사항을 증권의 수량과 함께 메인넷인 장부 시스템에 기재하여 매일 단위로 확정하는 마감 작업이 필요하게 된다.

다시 말해 증권의 경우는 가상자산과 달리 가격 변동 외에도 증권의 수량과 연결되어 권리관계에 따른 취급 사무가 발생하고 여러 중개 기관이 연관되어 상호 작용하기 때문에, 기관 간의 업무처리를 포함해 마감하는 절차도 없이 24시간 거래를 유지한다는 것은, 사실상 어려운 일이다. 화폐를 취급하는 은행 업무를 보더라도 자정을 전후해 모든 업무를 중지하고 업무처리 마감 시간을 가진다는 점을 생각해 봐야 할 것이다.

아울러 증권과 관련한 사무는 처리 건수가 매우 많고 다양한 기관이 연결되는데, 관련한 기관들이 운영하는 시스템의 여러 포인트에서 작동이 멈추기도 하고, 처리 용량을 견디지 못하고 다운되는 경우가 드물긴 하지만 발생하고 있다.

이러한 오류는 증권과 대금을 처리하는 시스템에서 발생할 수도 있고, 상호 간 데이터를 주고받는 중계 네트워크에서도 발생할 수 있는데, 시스템이 중지되면 사람이 직접 개입해서 오류를 확인하고 수정할 수밖에 없다. 그런데도 24시간 거래 방식으로 처리한다면 오류에 대응해서 정리할 수 있는 시간 자체가 없게 되는 것이기 때문에, 오류로 인한 위험이 전이되어 시장 전체가 멈춰버리는 일까지 발생할 위험도 있다.

최근에 미국이 증권의 결제 주기를 현행 T+2일에서 T+1일로 단축을 결정하여 2024년 5월 28일에 시행되면서 우리나라는 물론 각국 시장이 업무처리 시간 확보와 오류방지에 적극적으로 나서고 있다.

결제일이 하루가 줄어들게 되는 만큼 지금도 국가 간의 시차로 인해 각국의 업무처리 가능 시간이 달라서 그렇지 않아도 업무를 처리는 시간적 여유가 많지 않은데, 시스템 정지나 오류 등의 사고가 발생하게 되면 대응하고 처리할 수 있는 시간이 그만큼 줄어들게 되므로 시장의 위험이 많이 상승하게 된다.

토큰증권도 역시 증권이기 때문에, 결제 주기와 관련해서는 장기적으로 증권시장의 큰 틀에서 같은 주기로 돌아가도록 구성하는 것이 자연스러운 일이지만, 블록체인 기술의 특성을 살려서 비상장 부문에

서는 현행 증권시장보다는 단축된 결제 주기로 운영해 보는 것을 구
상해 볼 필요가 있다.

3.2 분산장부에 주주명부 효력 부여

주식과 관련해 분산장부가 시장에서 작동하는 구조에서는, 명의개
서대행회사가 작성하는 주주명부와 명의개서업무에 관해 다시 생각
해 보게 되는데, 블록체인 기술에 의한 비상장 증권 디지털화가 진행
되는 경우 분산장부를 주주명부로 인정하는 법제 개선이 필요함을 느
끼게 된다.

이미 Part 5에서 살펴본 바와 같이, 주주명부는 주주총회 개최나
특정의 권리 이벤트가 발생하는 경우 발행회사 입장에서 회사 주식에
대한 적법한 권리자가 누구인지를 명시하는 상법상의 법적 장부이다.
주주명부에 기재된 주주는 발행회사에 대해 자신이 주주로서 실질적
인 권리자임을 증명하게 된다.

그런데 시장에서 돌아다니는 실물 주식에 대해서는 명의자가 누
구인지 실시간으로 확인할 수 없으므로, 주주총회 개최 등 주주를 확
정할 필요가 있는 경우 발행회사가 기준일을 정해 명의개서대행회사
를 통해 주주명부를 작성하게 된다.

실물 주식을 소지하게 되면 주식의 권리자가 되고, 이를 상대방에
게 양도하면 당사자 간에는 거래가 완결되지만, 주주명부에 양수받은
사람의 명의로 명의개서하지 않으면 발행회사를 상대로 한 주주권 행
사가 제약받게 된다. 그리하여 시장에서 실물 주식을 양도받게 되면
명의개서대행회사에 방문하여 주식을 자신의 명의로 변경(개서)하는
절차를 거치는 불편이 동반된다.

전자증권제도가 시행되면서 상장주식에 대해서는 실물 주권 발행

을 폐지하고 모두 전자증권 발행으로 전환하였는데, 그에 따라 실물 주권을 소지한 채로 주주명부상 자신의 명의로 변경하지 않는 문제가 상장주식에서는 원천적으로 사라지게 되었다.

그러므로 상장주식의 경우에는 전자등록계좌부에 기재된 주식의 명의자 내역을 그대로 주주명부로 인정하게 되면 주주명부와 전자등록계좌부의 법적 효력을 별도로 구분할 필요가 없어지므로, 합산(소유자) 명세가 작성되고 이를 바로 주주명부로 인정하게 된다면, 주주명부와 전자등록계좌부라는 두 개의 법적 장부가 따로 작성될 필요가 없게 된다.

그런데 현행 전자증권제도는 증권회사 등이 고객계좌부를 작성하여 예탁결제원에 통보하고 전자등록기관은 자기계좌부의 명세와 합산하여 소유자 명세를 작성하는 과정을 따로 거치게 되는 이중 구조이므로 소유자 명세 작성에 일정한 기간이 소요된다.

토큰증권의 경우도 전자적인 방식에 의해 증권의 권리를 등록하는 방식으로 볼 수 있다. 그러나 현행 전자증권제도와 달리 토큰증권에서는 고객분 주식과 증권사의 자기분(고유분) 주식을 구분해서 기재하지 않기 때문에 사후에 명세를 합산할 필요가 없다. 물론 암호화된 데이터를 읽어서 투자자 식별정보 등 주주명부 작성을 위한 정보 취합 및 확인 절차는 필요하므로 이 절차를 자동화하는 정도에 따라 주주명부 작성에 걸리는 시간이 다소 차이는 있겠지만, 종전보다는 훨씬 빠르게 주주명부를 작성할 수 있게 된다.

토큰증권에서 분산장부에 기재되는 순간 주주가 누구인지 신속하게 파악할 수 있다면, 별도로 상법상의 주주명부와 분산장부의 효력을 구분할 필요 없이, 분산장부를 주주명부로 인정할 수도 있을 것이다.[4] 다만 주주명부 및 명의개서대리인에 관한 사항은 상법에 규정되어 있으므로 이를 위해서는 법률 개정이 필수적이다.

나아가 토큰증권에 대해 분산장부를 주주명부로 인정하는 동시에 분산장부를 관리하는 기관이 명의개서대행회사 역할까지 수행하도록 허용하는 부분도 고려해 볼 필요가 있다.

현재 국내에서는 전자등록기관인 예탁결제원이 명의개서대행회사까지 병행하고 있긴 하지만 엄밀히 기능적으로 구별되어 있고, 전자등록기관과 명의개서대행회사가 하나의 기관으로서 수행하는 것은 아니다.

명의개서대행회사는 근본적으로 전자등록기관과는 별개의 기관이기 때문에 국민은행, 하나은행과 같이 예탁결제원 이외의 금융기관들도 명의개서대행업무를 수행하고 있다.

향후 토큰증권에 대해 분산장부관리기관이 명의개서대행회사의 업무도 수행한다면 보다 효율적인 시스템이 될 수 있다.[5]

---

4 물론 명의개서는 명의개서대행회사의 역할 중에 작은 부분을 차지하는 업무이고, 유무상 증자, 감자, 배당, 합병, 분할, 상호변경 등 발행회사의 일정 사무와 관련한 복잡한 일들을 처리하므로, 명의개서업무가 전자등록방식에 의해 생략된다고 해도 명의개서대행회사의 역할은 필수적이다.
5 다만 발행회사의 주식 사무는 전문적인 노하우는 물론 인력이 많이 소요되고 변수도 많아서 자동화가 쉽지 않은 부분이므로 효율화를 위한 새로운 접근이 필요할 수 있다.

증권시장 법규와 정책적 변화

토큰증권 수용은 우리 증권시장의 운영과 투자 방식에서 있어 매우 중요한 전환점이 될 수도 있다.

블록체인을 증권시장에 수용하기 위해서는 법규와 정책에 있어 많은 변화가 동반될 수밖에 없고, 기존에 경직적으로 운영되었거나 중복 또는 비효율적이었던 요소들을 걷어내는 계기가 될 수 있기 때문이다.

결국에 토큰증권을 수용하게 된다면, 그로 인해 증권시장의 법규와 정책적인 변화가 필연적으로 동반될 것이다.

조각투자에 대한 수요는 비금전 신탁수익증권과 투자계약증권의 등장으로 이어졌고, 동시에 전자적인 방식으로 등록이 가능한 자산 범위의 확대에 영향을 미쳤다. 블록체인의 기술적 특성 수용과 탈중앙화에 대한 고민은 증권의 발행과 유통, 결제, 권리를 취급하는 중개기능 개편의 필요성을 불러일으키고 있으며, 그에 따라 증권 사무 효율화가 이루어져야만 블록체인 수용이 비로소 증권시장에서 의미를 찾게 된다.

다른 국가들에서는 이미 채권이 토큰증권으로 발행되고 있고, 이를 취급하는 중개 기능을 개편하거나 허용한 사례들이 있다. 그러기 위해서는 관련 법규가 이를 허용 또는 지원하도록 정비가 선행되어야만 한다.

금융시장의 흐름은 한 나라에만 국한되지 않기 때문에 법과 제도의 정비를 통해 신속하게 대응하지 않는다면, 관련 투자수요를 해외에 빼앗기게 될 가능성이 높고 그만큼 우리 시장은 경쟁력을 잃게 될까 염려스럽다.

세계 금융시장의 상호 연결성을 고려해 본다면, 이미 다른 나라들에서 시행되고 있는 증권의 발행과 유통 등에 관한 새로운 방식들이 국내에서는 법규와 정책적 제약으로 인해 가능하지 않다고만 주장하기는 어려울 것이다.

토큰증권과 관련한 국내외 상황을 고려해 볼 때 관련 법규와 정책적 변화는 정도의 차이만 있을 뿐이지 결국의 시간의 문제로 이미 우리 앞에 다가와 있다.

이야기를 마치며

　아이러니하게도 블록체인 기술을 증권의 영역에 도입하는 일을 연구하면서 깨닫게 된 의외의 사실은, 실물 등 유무형의 자산이나 비상장 증권의 디지털화를 통한 증권 법제의 개편 등 새로운 시도와 관련해 반드시 블록체인 기술을 사용할 필요는 없다는 점이었다.

　블록체인 기술 적용을 위한 검토를 진행하다 보면 굳이 왜 이런 불편한 기술을 증권에 적용하려는지에 대해 의구심을 품게 되는 순간을 자주 느끼게 되고, 때로는 누군가로부터 블록체인 기술의 한계점에 관한 질문을 받게 되면 난감함을 느낄 때가 많이 있었다.

　공저자들은 블록체인 기술에 대해 편견을 가지지 않으려 노력한다. 어떤 새로운 기술이 초기에는 비효율적일 수도 있지만, 기술이 가진 잠재성과 진보에 따라 우리가 상상하지도 못했던 혁신과 긍정적 효과를 발휘할 수도 있는 것이기 때문에, 아직은 변화와 진보의 과정에 있는 블록체인 기술을 예단해서 배척할 필요는 없다는 생각이다.

　중요한 것은 블록체인 기술이 시장에 이미 많이 퍼져 있고, 블록체인에 기반한 여러 새로운 금융상품들이 금융규제 샌드박스를 통해 발행 및 유통되고 있어서, 관련한 법규의 정비 작업이 진행되고 있는 단계에서 모든 걸 백지화하고 갈 수는 없게 되어 버렸다는 것이다.

　그래서 기왕 대세로 자리 잡은 블록체인이 금융시장에 여러 긍정적인 측면이 있는 점에 비추어, 이 기술의 활용을 좀 더 적극적으로 알아보고 발전시키는 쪽으로 생각을 바꾸는 것이 차라리 시장에 더 도움이 될 것이다.

그동안 증권시장에서는 전통의 증권상품이라는 틀에 갇혀버려 대체 자산 투자에 목이 말라 있었지만, 증권시장의 기존 제도가 정교하게 짜여 있는 제약으로 인해 그 틀을 벗어나 새로운 시도를 하기란 매우 어려운 일이다.

또한 일반적으로 시장성 있는 대체 자산을 찾기란 그리 쉽지 않은 일이다. 토큰증권 발행의 대상으로 떠오르고 있는 실물자산이나 지적재산의 경우에는 그동안 증권의 영역으로 들어올 필요가 없거나, 복잡한 증권규제로 인해 그동안 실익을 따져 볼 만한 기회도 별로 없었을 수 있다.

그런데 때마침 블록체인이 증권시장의 영역에 진입하게 되면서, 과거에는 시도되지 않았던 여러 가지 새로운 상품의 설계와 시장기능 재편에 대한 몇몇 새로운 구상들이 가능하게 되었다.

그 하나가 블록체인을 적용하려다 보니 자산이나 권리의 종류를 가리지 않고 증권화할 수 있는 모든 대상을 원점에서부터 다시 바라보게 된 현상이다. 2022년에 이미 증권성이 있다고 판단한 음원, 미술품, 한우(韓牛)도 있지만, 시장에서는 이미 음원 외에도 저작권, 웹툰, 공연, 선박금융, 탄소 배출권, 각종 개발사업 등에까지 범위가 미치고 있다는 것이다.

우리가 생각하는 증권 영역을 최대한 확장해서 가능한 모든 형태의 자산을 증권화해서 분산장부 메인넷에 등록할 수 있게 된다면 시장의 증권상품 유동성이 풍부해지게 된다.

두 번째는 블록체인 기술 도입이 비상장 증권 부문의 디지털화(전자증권화)를 촉진하여 스타트업을 포함한 비상장 기업의 자금조달과 증권거래를 원활화하는 계기가 되고, 비상장 실물 증권 취급 방식에 기인하는 불편과 비효율도 대폭 개선할 수 있게 된다.

세 번째로는 증권시장의 중개 기능을 담당하는 기관에 대해서도 마찬가지로 기능적인 측면에서 재설계하여 필요한 기능만을 추려내고 굳이 분리할 필요가 없는 것은 통폐합하는 시도가 이루어질 것으로 보고 있다.

그렇게 되면 기능적으로 유사한 부분을 효과적으로 통합 및 연결하고 절차도 간소하게 구성할 뿐만 아니라, 기관을 통폐합하는 경우 경영지원 기능 등의 중복을 피할 수 있으므로 시장 전체의 비용이 절감되는 효과까지 누릴 수 있게 된다.

나아가 토큰증권 거래와 결제 등을 단일 플랫폼이 수행하고 그러한 플랫폼이 복수로 설립되어 시장이 건전한 경쟁을 통해 발전해 갈 수 있을 것이다.

네 번째로 토큰증권을 도입하면서 증권시장의 결제에 당일 결제 또는 그 이상의 단축된 결제 주기를 적용하게 되면 대금 회수가 간편해지고, 시장의 자금 회전 속도가 높아질 것이며, 법적 장부의 효력 부여에 있어서도 주주명부와 분산장부를 별도로 작성하지 않고 이들의 법적 효력이 통합된 소유자 명세(주주명부등)를 준실시간으로 작성함으로써 투자자의 권리확보가 강화되고, 발행회사의 투자자 관리 등 증권 사무가 간편해진다.

마지막으로 증권화에 대한 다양한 시도와 시장기능에 대한 새로운 접근이 이루어지다 보면 현행의 증권 관련 법규를 완화해달라는 요구가 자연스럽게 대두될 수 있게 된다. 이미 그러한 요구가 다양한 루트로 정부에 전달되는 것으로 알고 있는데, 이러한 요구와 변화가 계속되다 보면 증권시장이 법과 제도 측면에서 예전보다 탄력적으로 운영될 수 있는 길이 열릴 수도 있지 않을까 하는 기대를 해본다.

이상과 같이 블록체인 기술이 증권의 영역으로 넘어오면서 전혀 의도하지 않았던 의외의 양상으로 전개되는 현상을 보게 되었다. 그 중 긍정적인 효익만을 정리해 보았는데, 이 중 몇 가지는 현재에도 논의되고 있고 일부 반영될 가능성도 있을 것으로 예상된다.

블록체인은 기술 자체의 한계로 인해 토큰증권 발행 및 유통플랫폼이 시장에서 얼마만큼의 비중을 차지하게 될지는 아직 예단하기 어렵다. 하지만 증권이라는 상품의 설계적 측면과 증권이 취급되는 시장의 기능적 관계와 관련하여, 블록체인으로 인해 모든 사안을 원점에서 새롭게 바라보게 만드는 계기를 불러일으켰다는 점에서는 상당한 의미를 부여할 수 있다.

증권의 세계로 들어오려는 블록체인은 현재에도 가상화폐와 증권이라는 영역의 경계에서 어떠한 방향으로 어느 만큼의 기술적 특성을 전개하게 될지 아직도 명확히 정리되지 않은 모습이다.

현재 시장에는 공개형 블록체인, 즉 가상자산에 적용되는 기술 방식에 의한 접근이 많은데, 공개형 블록체인 기술을 현행 증권제도에는 수용하기에 무리가 있다는 사실을 받아들이기 어렵거나 탈중앙과 익명성을 블록체인의 가장 중요한 특성으로 여기는 시각으로 인해 토큰증권이 시장에 도입되는데 일부 왜곡과 진통을 겪는 측면도 있다.

블록체인 기술의 관점에서도 토큰증권에 대하여 이러한 시각에서 벗어나기 위해서는 증권 법제와 실무에 대한 이해를 바탕으로 토큰증권 논의 과정에 블록체인 기술에 대한 관점에서도 사고의 전환이 필요하다는 생각이다.

위와 같은 문제의식을 전제로 책의 내용을 전개하였으며, 공저자들은 이 책의 제목처럼 블록체인과 증권의 경계에 서서 상호 충돌하는 관점과 기술적 특성들을 연결할 수 있는 균형점을 찾으려 시도해 보았다.

우리는 블록체인 기술을 증권의 영역에 적용해 가는 과정이 우리

증권시장이 한 단계 더 성장하는 혁신의 과정이 되리라는 믿음을 가지고 있다. 또한 그 혁신의 결과물이 전통의 증권시장은 물론 가상자산 시장에도 환류되어 양 시장이 나란히 성장하고 투자자들이 안심하고 투자할 수 있는 제도적 틀이 완성되는 날이 오기를 고대한다.

색인

공저자약력

김종현

성균관대학교에서 경제학을 전공하였고 한국예탁결제원 부장으로 재직 중이다. 자본시장법상 증권 계좌부 체계 개편안 마련, 주주총회 전자투표시스템 구축 및 운영, 상법상 사채관리회사제도 도입 및 실무를 수행하였으며, 2021년부터 토큰 증권 도입을 위한 분산원장 개념검증(PoC) 사업 수행 및 토큰증권 관리시스템 특허 발명자 등록, 토큰증권 법제화 연구용역 진행, 토큰증권 플랫폼 구축 모델(안)과 중장기 로드맵을 수립하고, 2023년에는 금융위원회의 토큰증권 협의체 운영에 협업했다.

이승준

컴퓨터과학을 전공한 후 법학전문대학원을 거쳐 변호사가 되었고, IT 및 법률 분야 이해를 바탕으로 2021년부터 2023년까지 한국예탁결제원 사내 변호사로서 토큰증권 도입을 위해 기술 및 법제 조사, 증권 실무에 기반한 토큰증권 도입의 법률적 이슈 연구, 금융위원회의 토큰증권 TF 관련 협의체 지원 실무를 담당했다. 현재 코인원 법무 셀에서 재직 중이며, 가상자산 증권성 검토 및 제반 법무를 담당하고 있다.

블록체인과 증권

초판발행	2024년 8월 30일
지은이	김종현·이승준
펴낸이	안종만·안상준
편 집	이승현·사윤지
기획/마케팅	조성호
표지디자인	Benstory
제 작	고철민·김원표
펴낸곳	(주) **박영사**
	서울특별시 금천구 가산디지털2로 53, 210호(가산동, 한라시그마밸리)
	등록 1959. 3. 11. 제300-1959-1호(倫)
전 화	02)733-6771
f a x	02)736-4818
e-mail	pys@pybook.co.kr
homepage	www.pybook.co.kr
ISBN	979-11-303-4757-8 93360

정 가   26,000원